ポットブックス

おりがみで作る

かわいい室内飾り 12か月

いまい　みさ

チャイルド本社

おりがみで作る
かわいい室内飾り 12か月

もくじ

4月

ちょうちょうとお花畑の入り口飾り …… 4

ひよこたちの入園おめでとう飾り …… 6

入園式の華やかステージ飾り …… 8

5月

青空にすいすいこいのぼり …… 10

ありがとうのカーネーション …… 12

てんとうむしとお花のさわやかつり飾り …… 14

6月

歯みがきポスターでしゅっしゅっしゅ …… 16

かえるのぴよよん壁飾り …… 18

ふんわりあじさいの置き飾り …… 20

7月

お願いごといっぱい七夕飾り …… 22

２つのあさがおの置き飾り …… 26

8月

涼しいうちわで夏祭り …… 28

元気いっぱいひまわりの花束 …… 30

いるかとかもめの海のコーナー飾り …… 32

9月

まんまる十五夜のお月見飾り …… 34

敬老の日のプレゼントカード …… 36

ねこちゃんの防災ポスター …… 38

10月
がんばったね！ 運動会メダル …… 40
ハロウィンのゆらゆらモビール …… 42
かぼちゃのキャンディーバッグ …… 44

11月
お山のくだもの列車の壁飾り …… 46
おめでとうの千歳飴ぶくろ …… 50

12月
わいわいクリスマスツリー …… 52
ホワイトクリスマスのきらきらリース …… 56

1月
門松とたこのお正月飾り …… 58
遊んで飾れるおしゃれな羽子板 …… 60

2月
かぶって遊ぼう！ おにのお面 …… 62
キラキラ雪の窓飾り …… 64

3月
キュートな壁掛けおひなさま …… 66
スタンドおひなさまの置き飾り …… 68
卒園式の華やかコサージュ …… 70

通年
お部屋を彩るいろいろマーク …… 72

折り紙のサイズ表記 （切って使う場合、このように切ります）

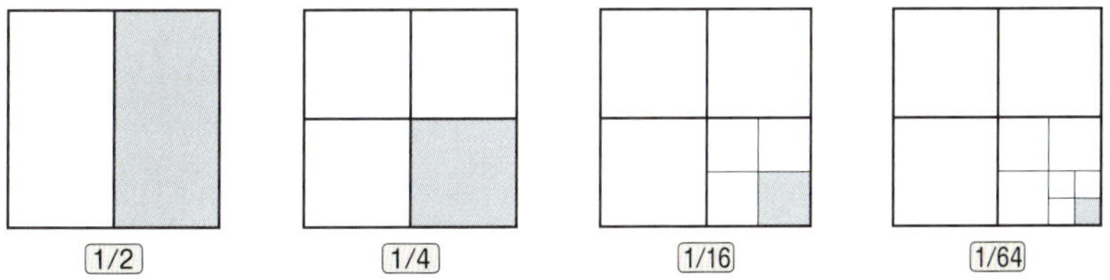

April

4月

ちょうちょうとお花畑の入り口飾り

うめ

お花畑の飾り付けで、
入り口を華やかに演出しましょう。
ちょうちょうさんもやってきて、さらに楽しくなりました。

ちょうちょう

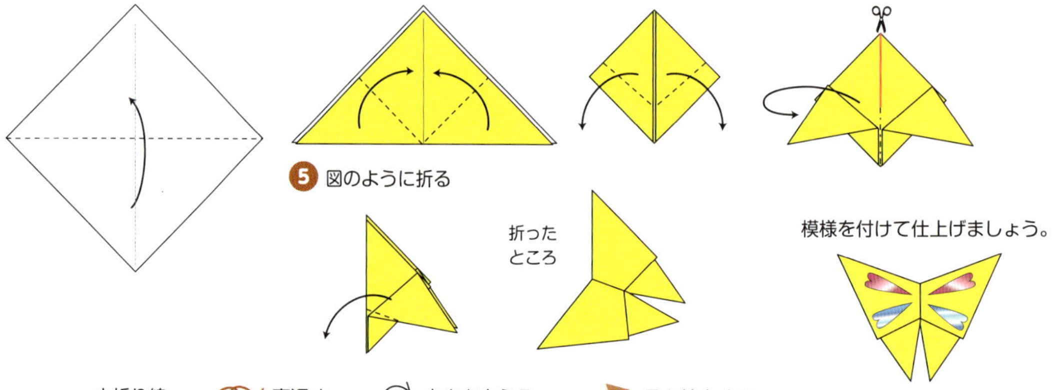

1 三角に折る
2 内側に折る
3 折り開く
4 切り込みを入れて半分に折る
5 図のように折る
折ったところ
模様を付けて仕上げましょう。

谷折り線　山折り線　裏返す　向きを変える　図を拡大する

チューリップ（大）

❶ 4分の1のところに折り線をつける

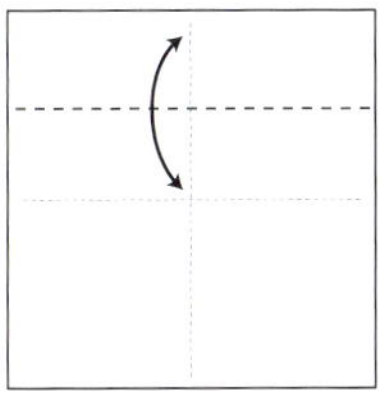

❷ 切り込みを入れて図のように折る

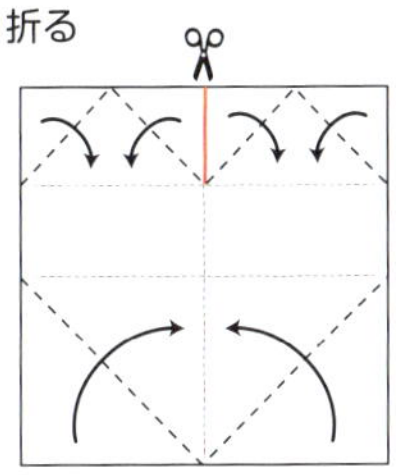

❸ 折り上げる

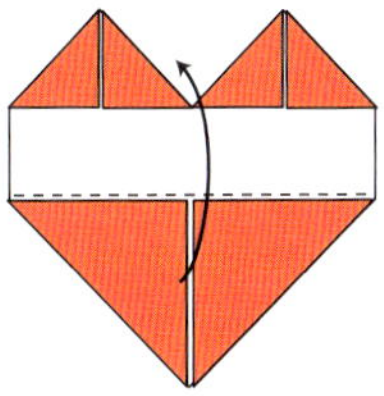

❹ 内側に折る

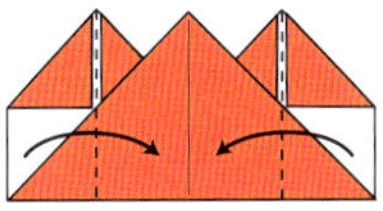

❺ 角を折り込む

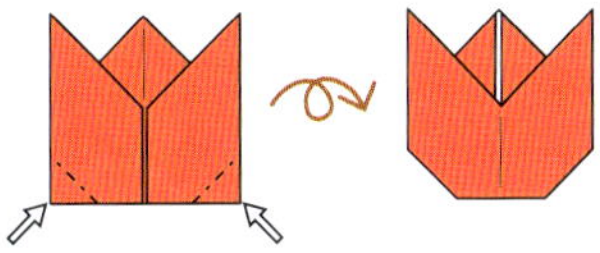

できあがり

チューリップ（小）の作り方

図のように切った折り紙でチューリップ（大）と同様に作ります。

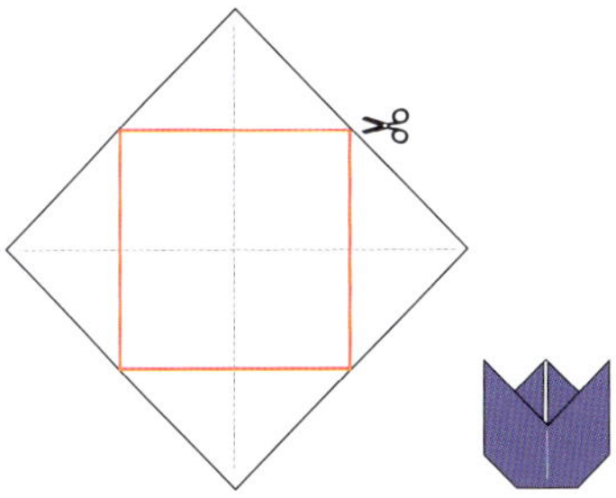

お花

花びら

❶ 半分に折る

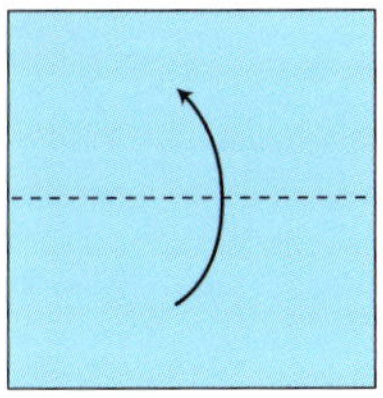

❷ 図のように折る

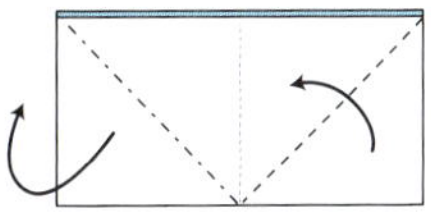

❸ 指を入れて開く

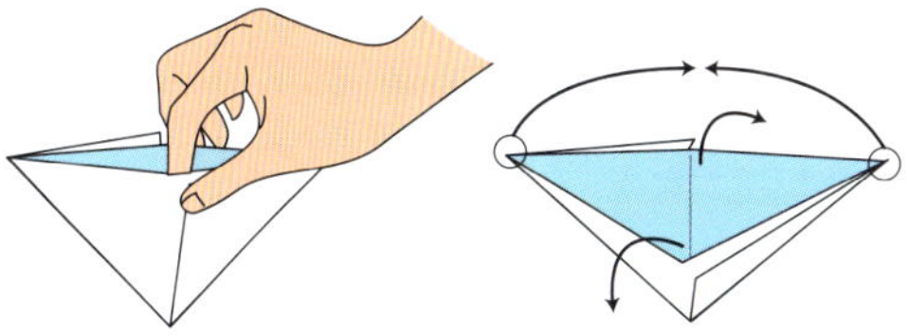

❹ 手前に折る

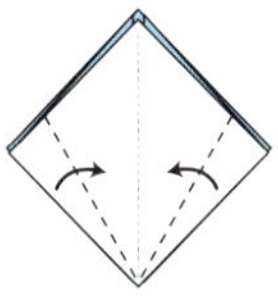

❺ 裏も同様に折って半分に折る

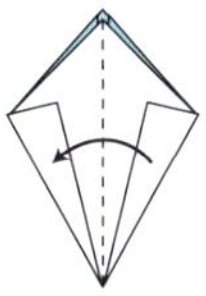

❻ 図のように切る

深めに切るのがポイント！

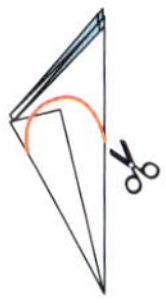

❼ ⑤の状態に戻して折り線をつけて開く

平らになるように折り目をつけながら開きましょう。

開いたところ

花心

❶ 4分の1に切った折り紙を中心に向かって折る

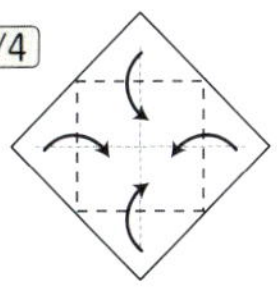

❷ さらに内側に2回折る

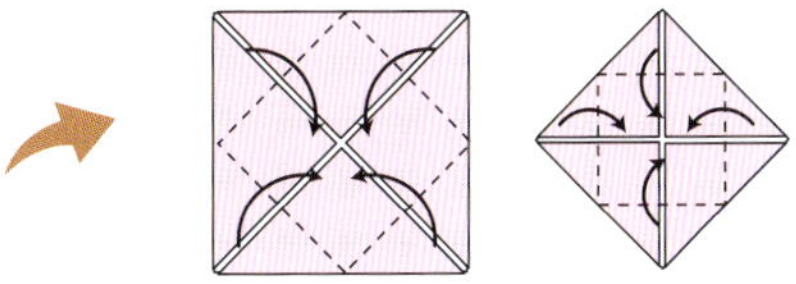

❸ 角を折る

花びらの中心に花心を貼ってできあがり

葉

❶ 4分の3のところで切り取る

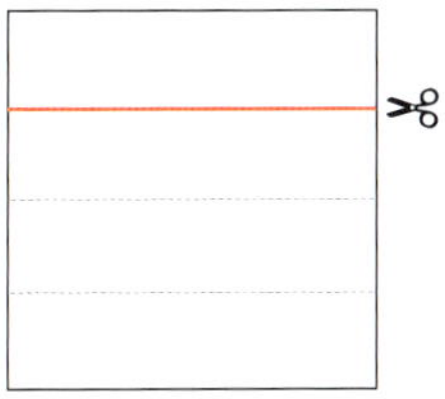

❷ 内側に折る

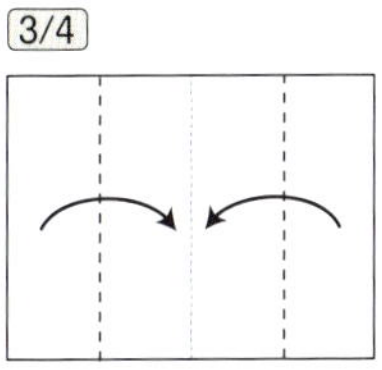

❸ 向こう側に折る

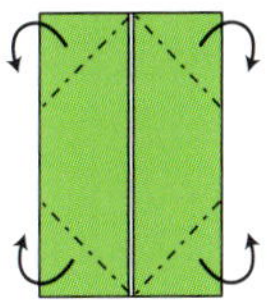

できあがり

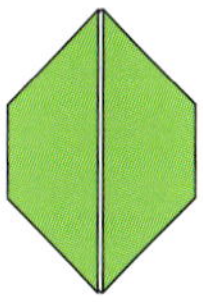

リボンに貼ってつるしましょう。

April
4月

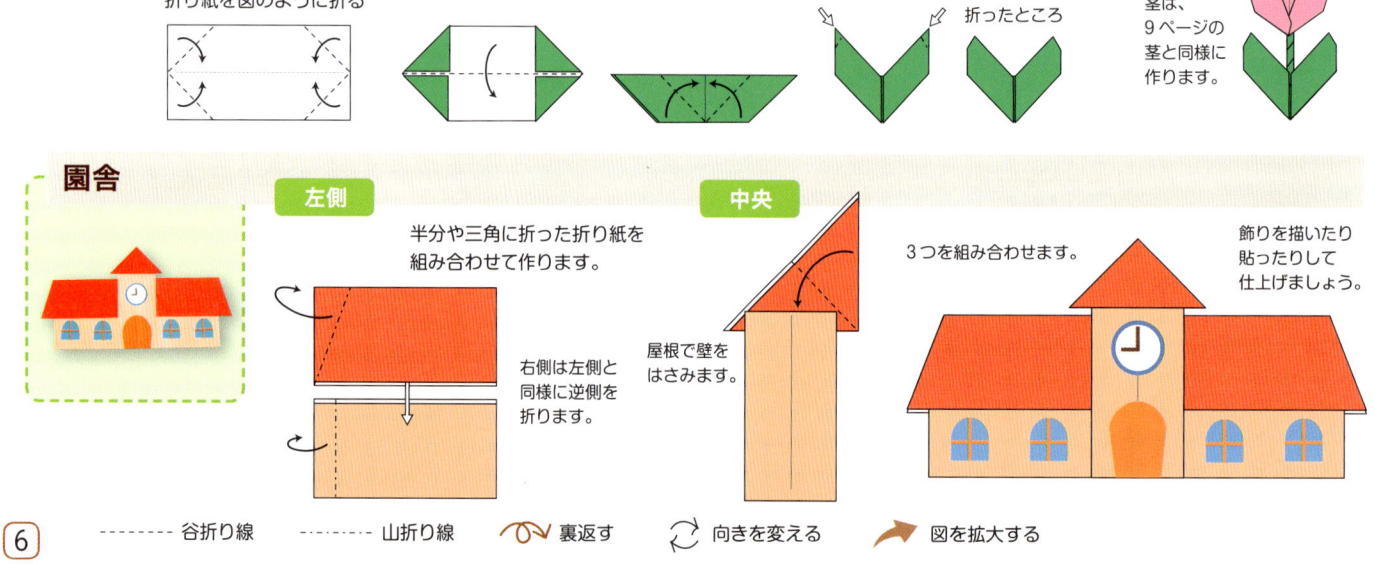

ひよこたちの入園おめでとう飾り

「おはようございます」
新入園児のひよこたちを、
にわとり先生が優しく
迎えてくれています。
チューリップもそろって
咲きました。

チューリップ

花

❶ 4分の1に切った
折り紙を三角に折る

❷ 図のように両側から折る

❸ 両脇を向こう側に折って
角を折り込む

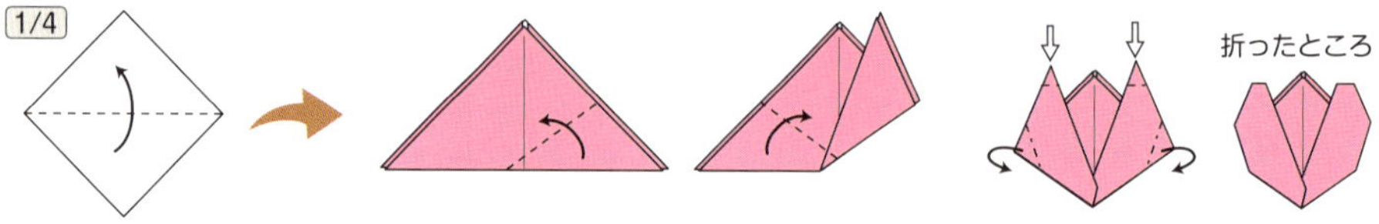

裏側からセロハン
テープで貼って
仕上げましょう。

葉

❶ 2分の1より小さめに切った
折り紙を図のように折る

❷ 半分に折る

❸ 中心に向かって折る

❹ 角を折り込む

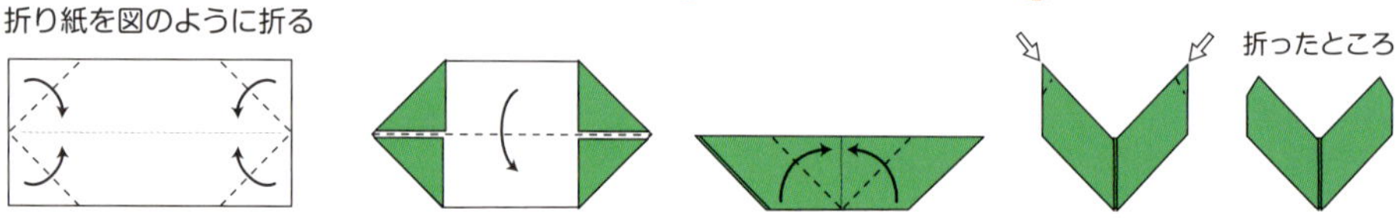

茎は、
9ページの
茎と同様に
作ります。

園舎

左側

半分や三角に折った折り紙を
組み合わせて作ります。

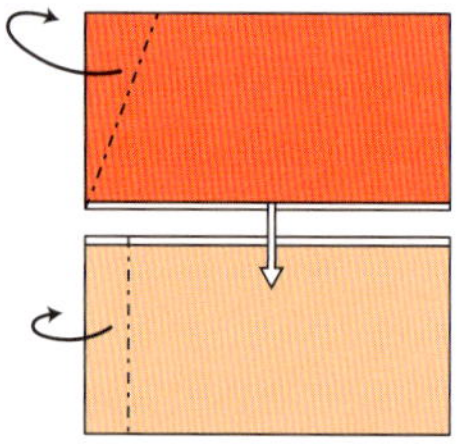

右側は左側と
同様に逆側を
折ります。

中央

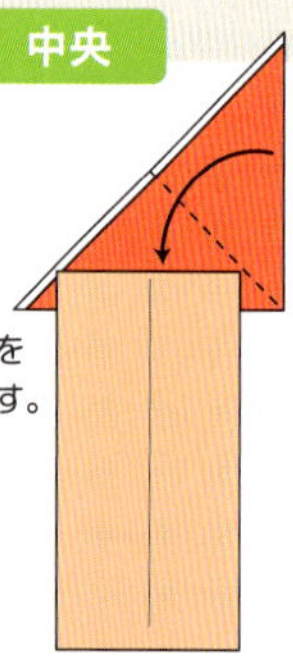

屋根で壁を
はさみます。

3つを組み合わせます。

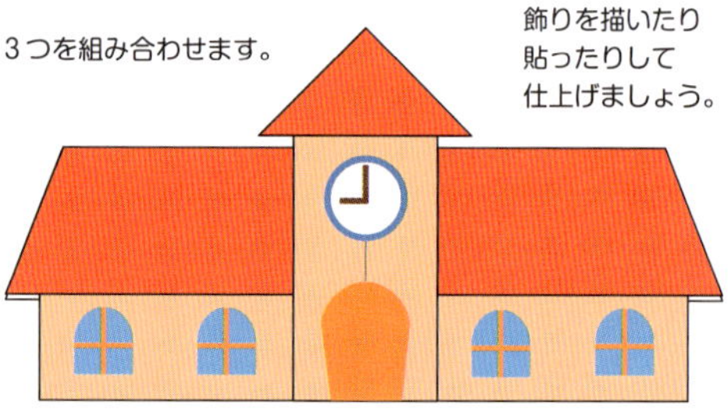

飾りを描いたり
貼ったりして
仕上げましょう。

-------- 谷折り線　-·-·-·-· 山折り線　裏返す　向きを変える　図を拡大する

にわとり

❶ 図のように折る

❷ 折り開く

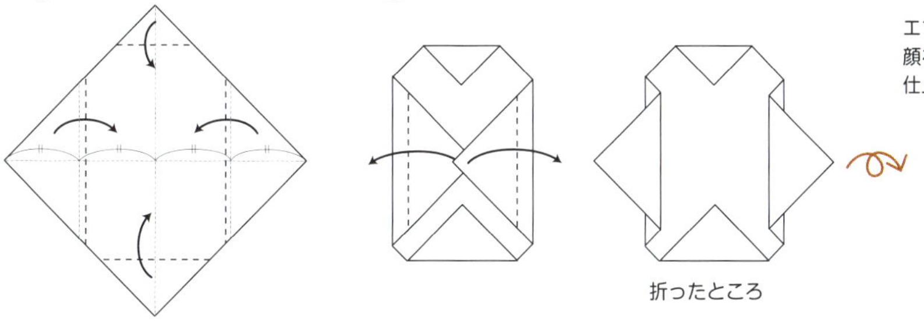

エプロンや足を貼り
顔を描いて
仕上げましょう。

ひよこ

❶ 図のように少し斜めに折る

❷ 斜めに折り開く

❸ 内側に折る

❹ 角を折る

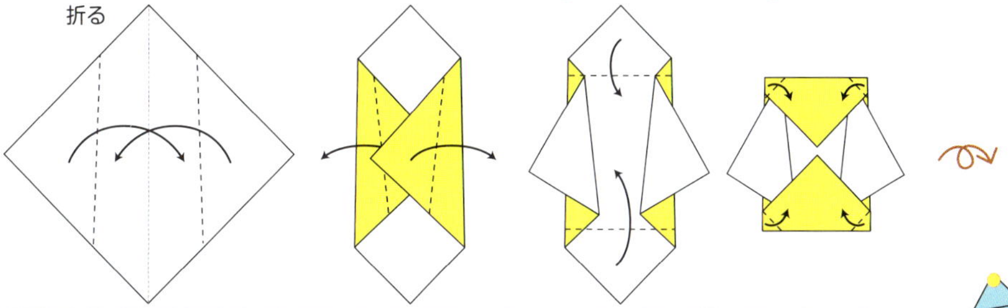

顔と足を付けて
仕上げます。

ぼうしとかばん

ぼうし

❶ 4分の1に切った折り紙を半分に切る

❷ 半分に折る

❸ 図のように折る

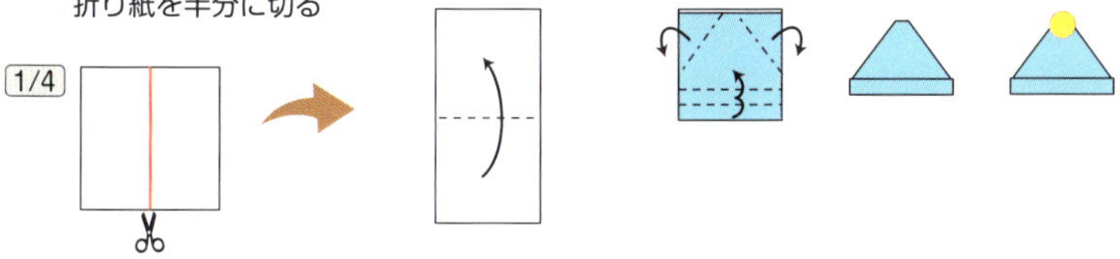

丸シールを
貼りましょう。

ぼうしと
かばんを
付けましょう。

かばん

❶ 4分の1に切った折り紙を中心に向かって折る

❷ 図のように折る

❸ 角を折る

❹ セロハンテープで綿ひもを留め、かぶせて折る

木

葉

❶ 図のように折る

❷ 角を折る

❸ さらに角を折る

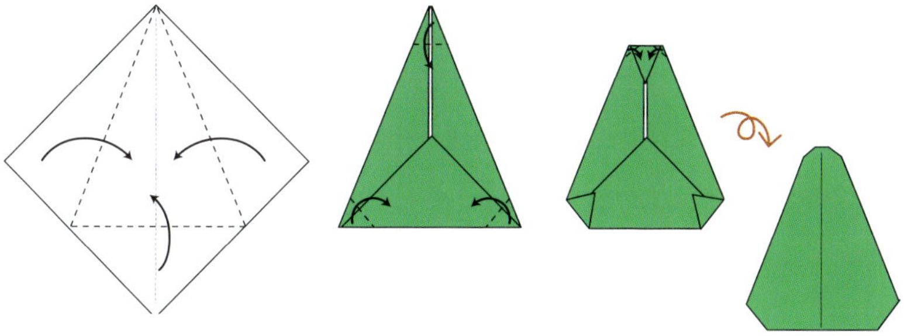

幹

❶ 2分の1に切った折り紙を図のように折る

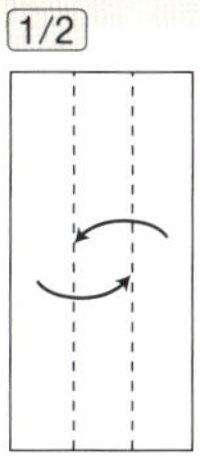

❷ 切り込みを入れて図のように折る

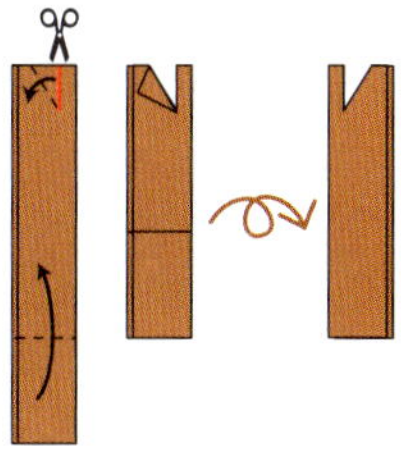

葉の上に
幹を貼ります。

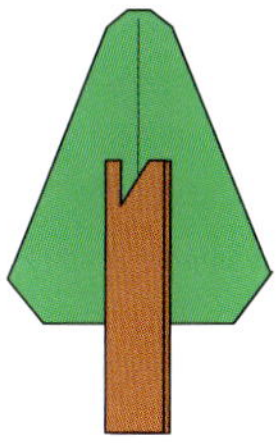

April
4月

入園式の華やかステージ飾り

赤、ピンク、オレンジ、黄色…色とりどりの花が咲きました！
ステージに飾って、新入園児を華やかに迎えましょう。

ハート

❶ 三角に折る

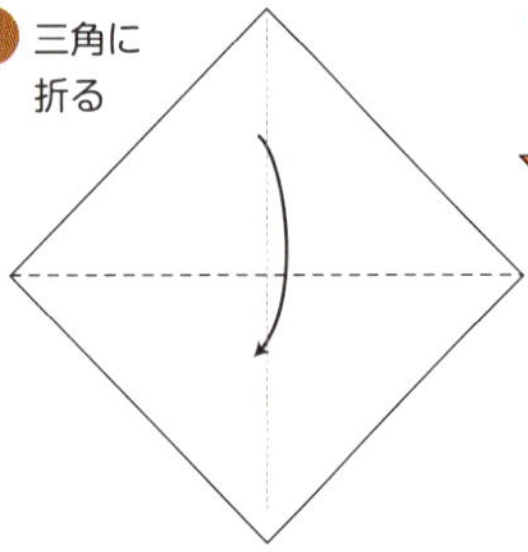

❷ 折り返す

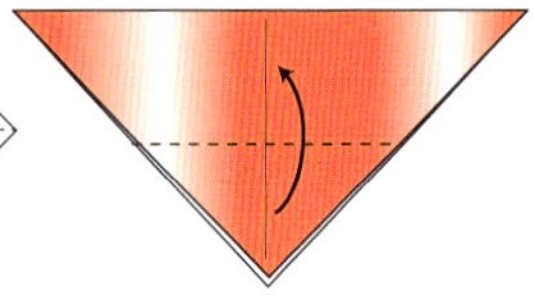

❸ 中心に向かって折る

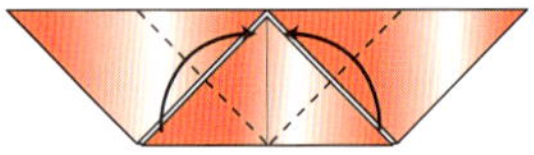

折ったところ

❹ 下に折る

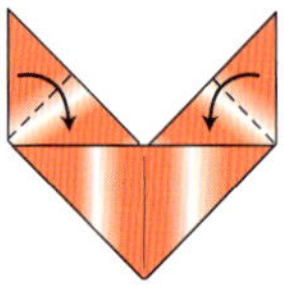

❺ 角を折る

折ったところ

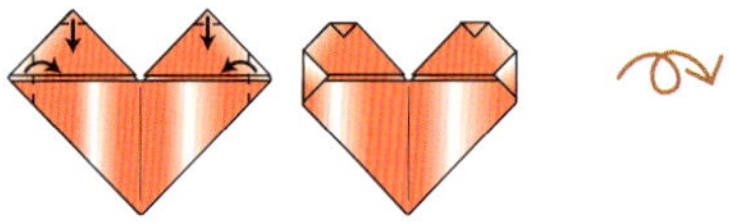

できあがり

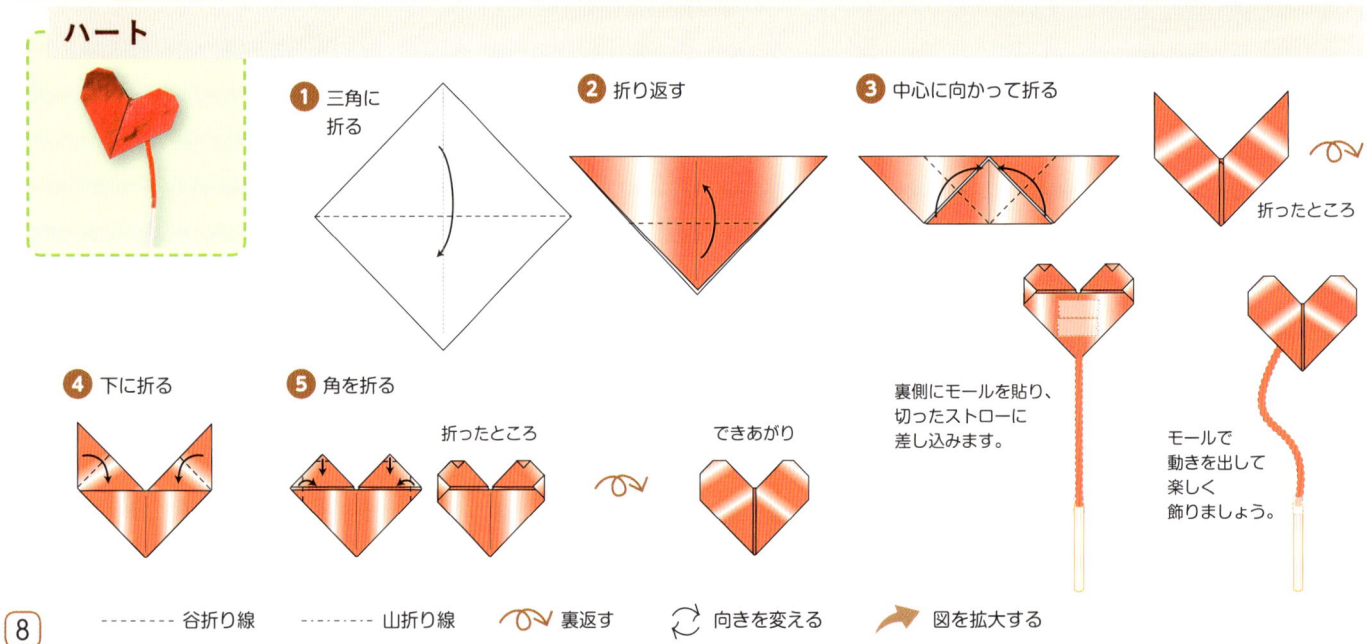

裏側にモールを貼り、切ったストローに差し込みます。

モールで動きを出して楽しく飾りましょう。

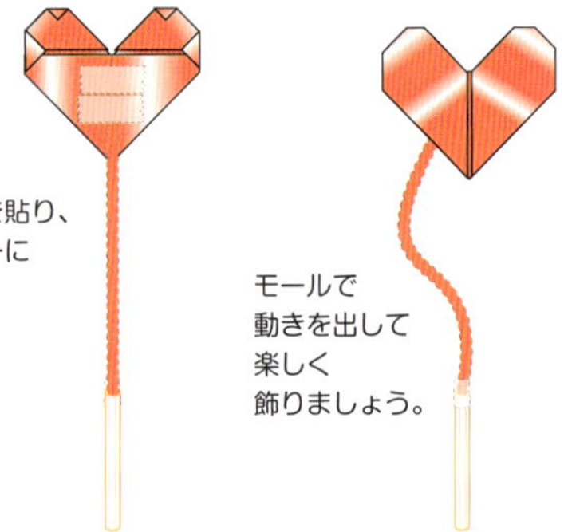

-------- 谷折り線　-·-·-·-· 山折り線　裏返す　向きを変える　図を拡大する

チューリップ

花びら

❶ 中心に向かって折る
❷ 半分に折る
❸ 図のように折る
❹ 指を入れて開く

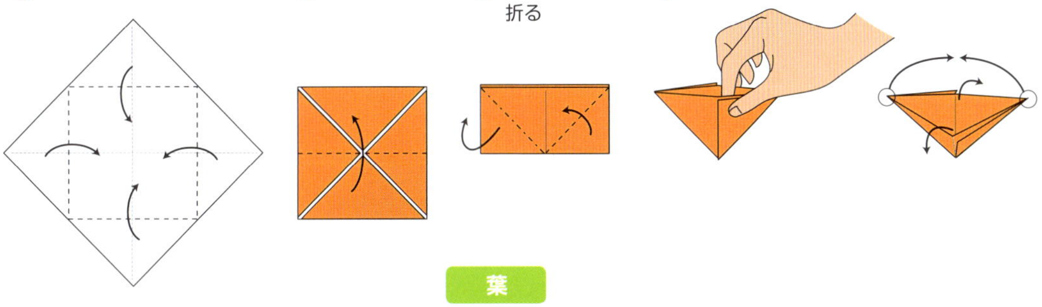

❺ 先を少し開く
❻ 内側に折り込む
❼ 下を少し切る

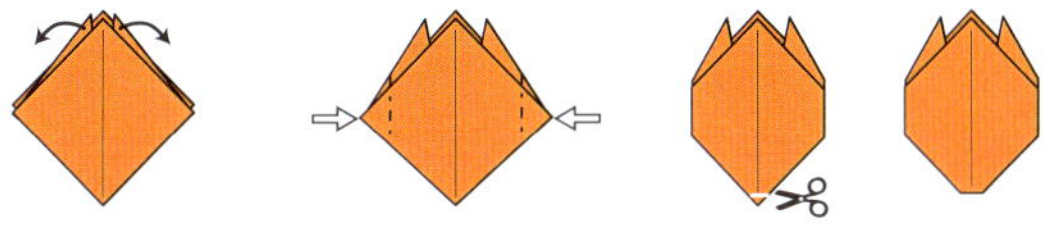

できあがり

葉

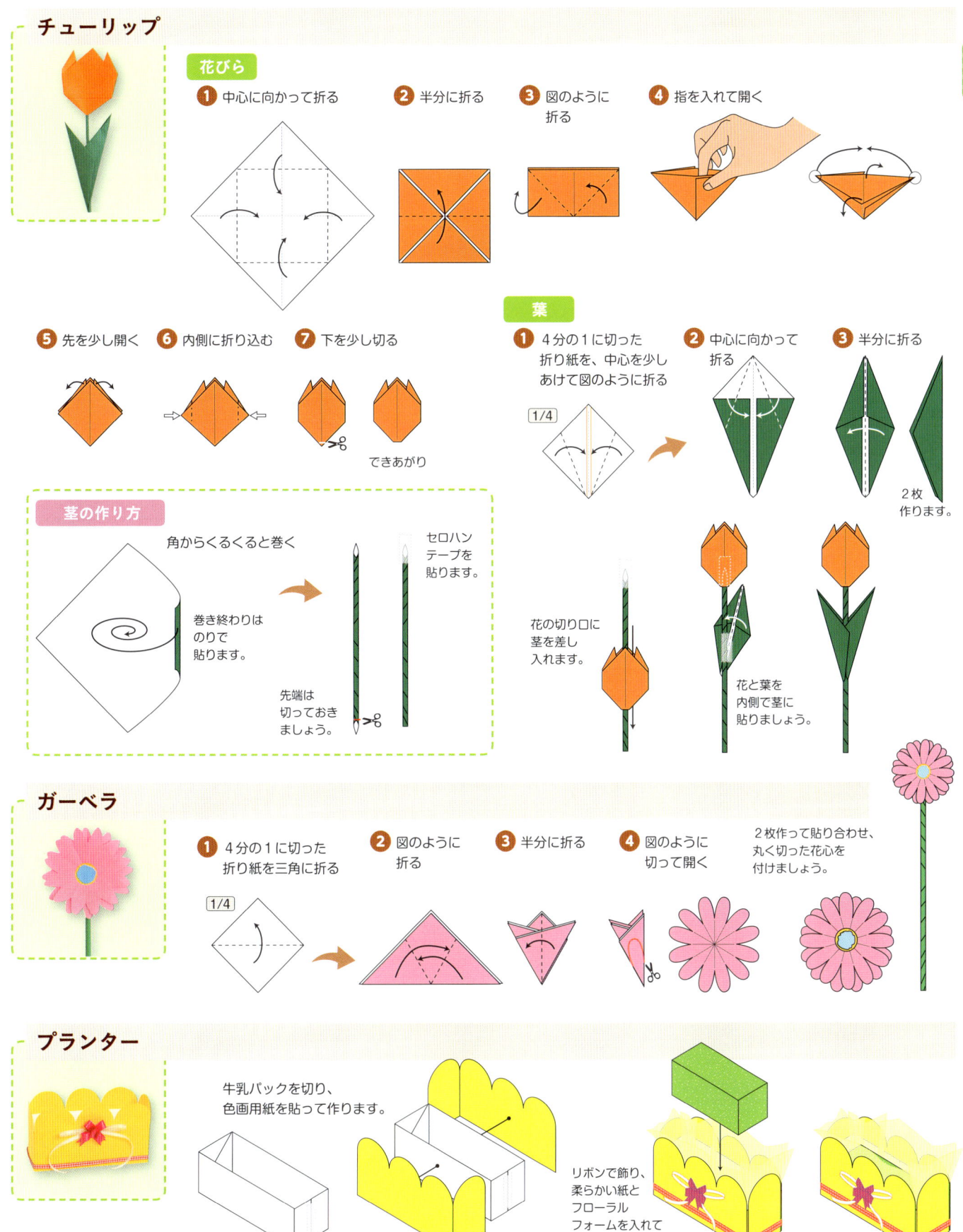

❶ 4分の1に切った折り紙を、中心を少しあけて図のように折る
❷ 中心に向かって折る
❸ 半分に折る

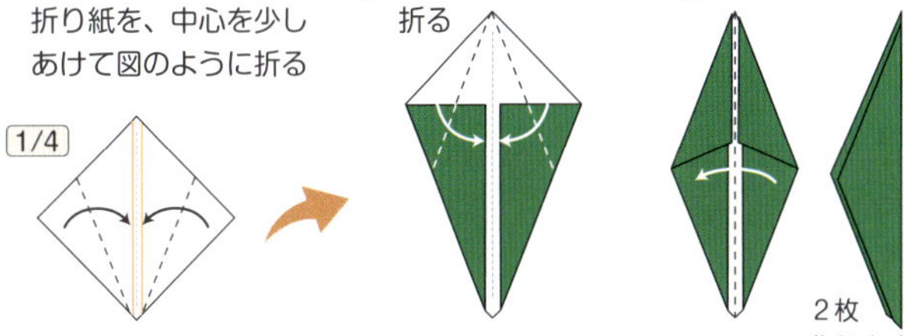

2枚作ります。

茎の作り方

角からくるくると巻く

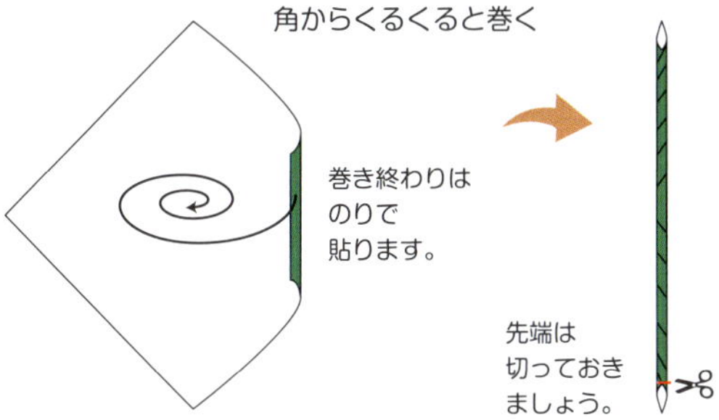

巻き終わりはのりで貼ります。

先端は切っておきましょう。

セロハンテープを貼ります。

花の切り口に茎を差し入れます。

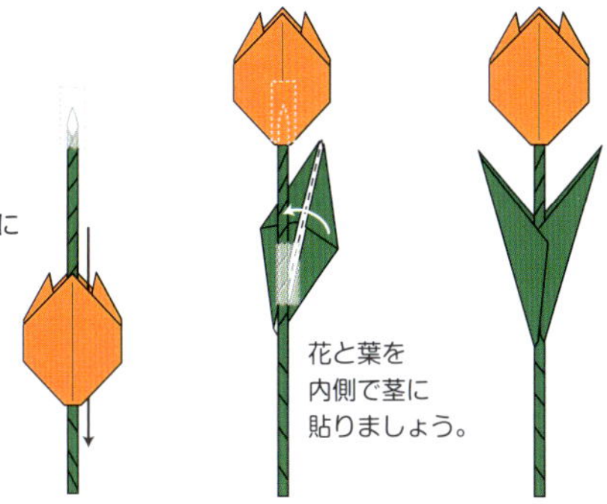

花と葉を内側で茎に貼りましょう。

ガーベラ

❶ 4分の1に切った折り紙を三角に折る
❷ 図のように折る
❸ 半分に折る
❹ 図のように切って開く

2枚作って貼り合わせ、丸く切った花心を付けましょう。

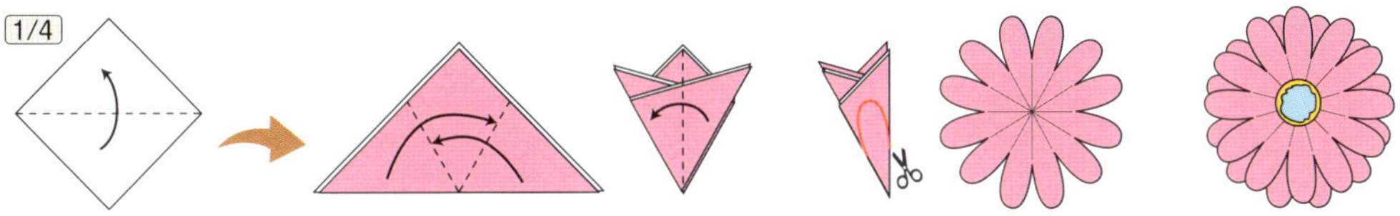

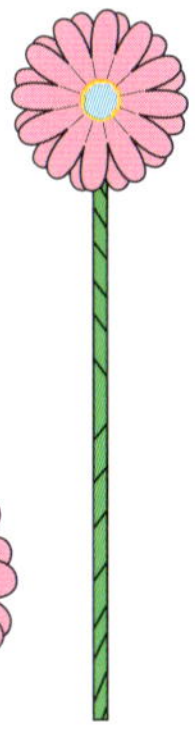

プランター

牛乳パックを切り、色画用紙を貼って作ります。

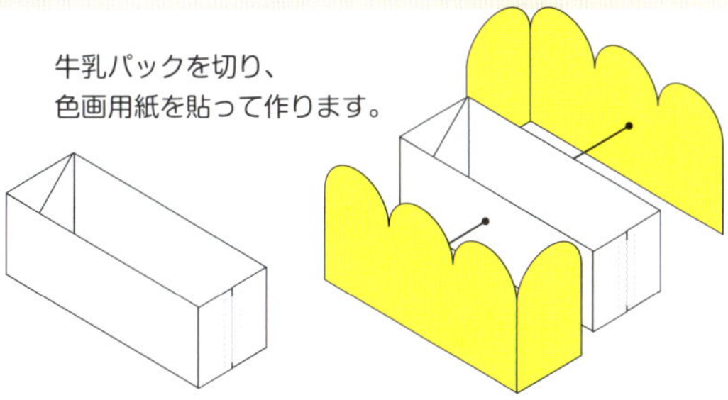

リボンで飾り、柔らかい紙とフローラルフォームを入れて準備OK!

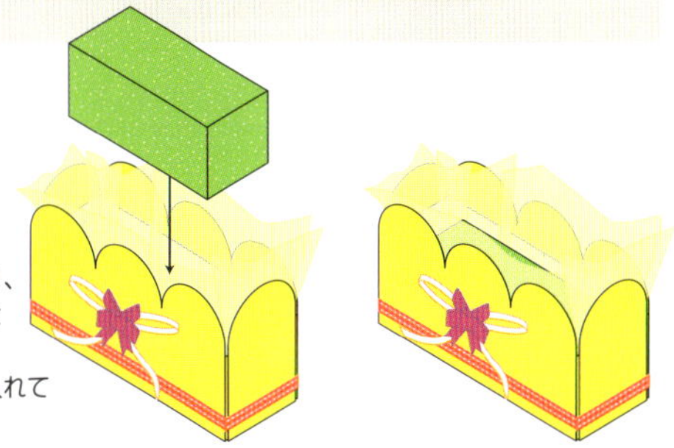

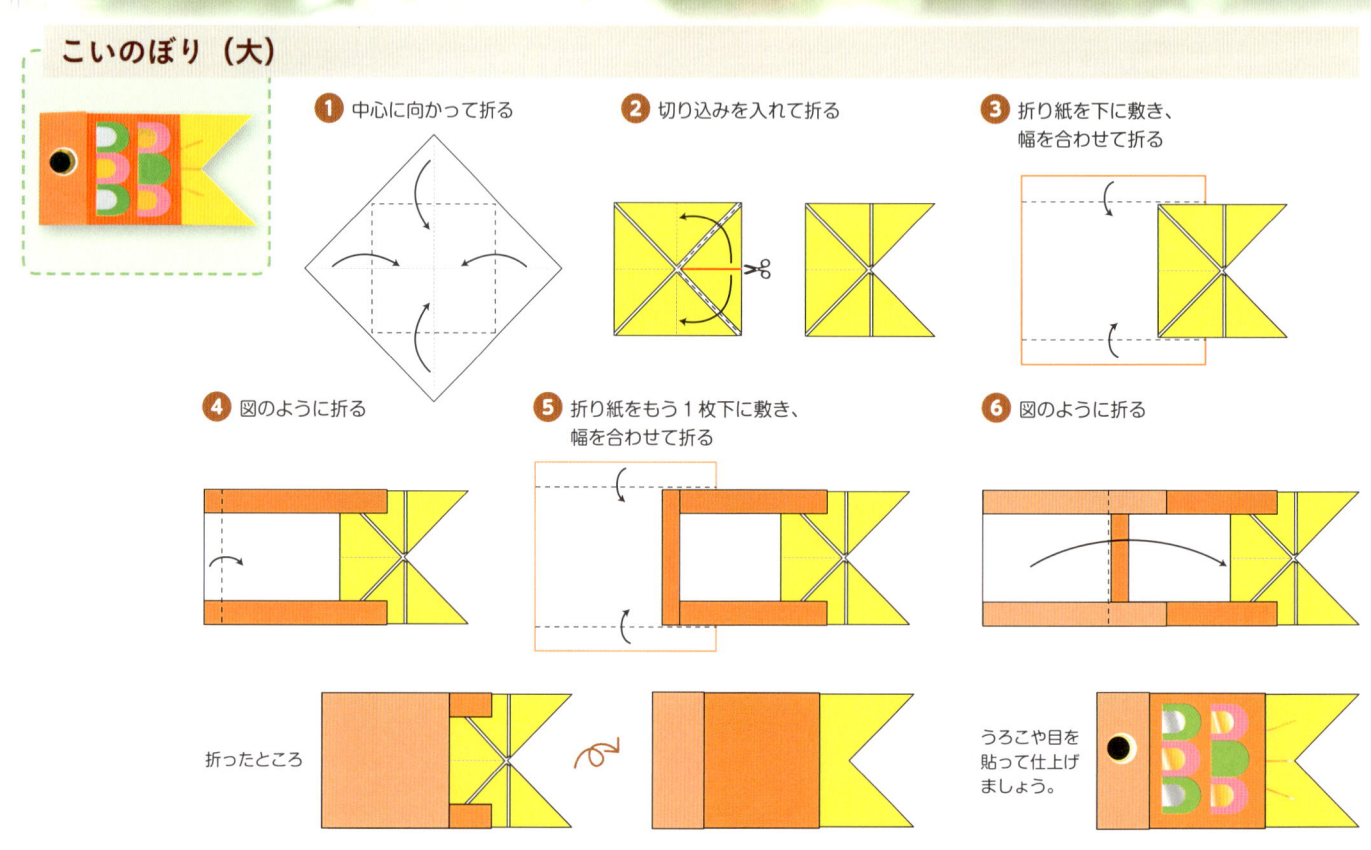

青空にすいすいこいのぼり

窓に貼れば透明感たっぷり。楽しそうに泳ぐこいのぼりが楽しめます。
持ち帰り用には少し小さいものを用意して。

こいのぼり（大）

❶ 中心に向かって折る

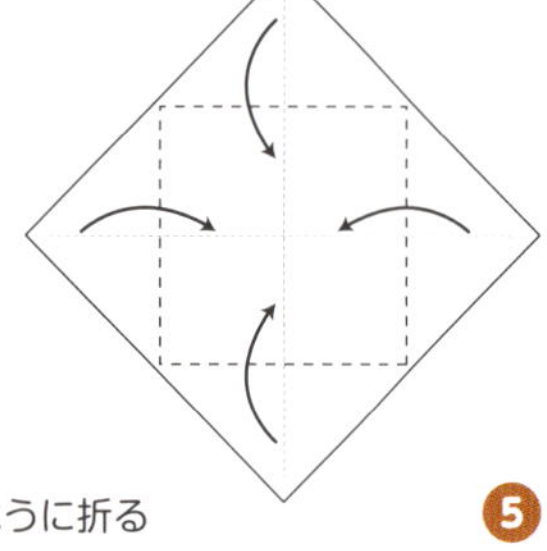

❷ 切り込みを入れて折る

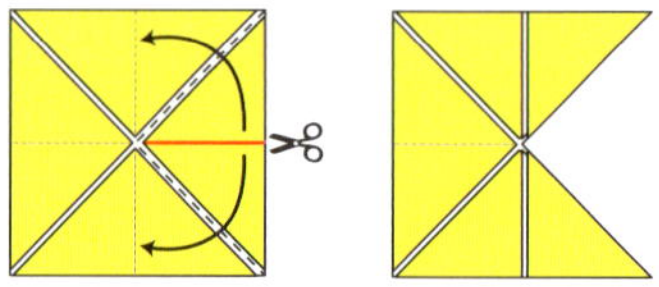

❸ 折り紙を下に敷き、
幅を合わせて折る

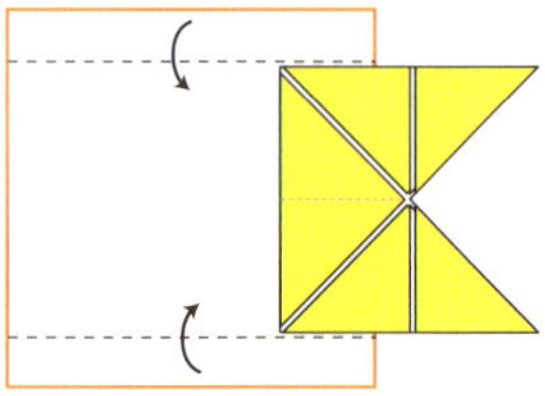

❹ 図のように折る

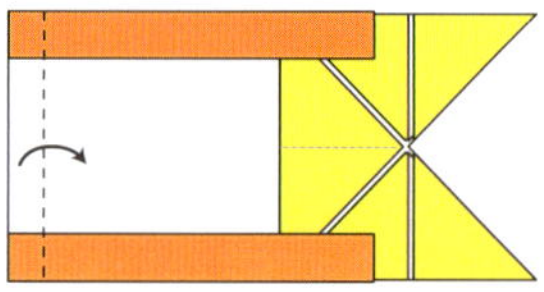

❺ 折り紙をもう１枚下に敷き、
幅を合わせて折る

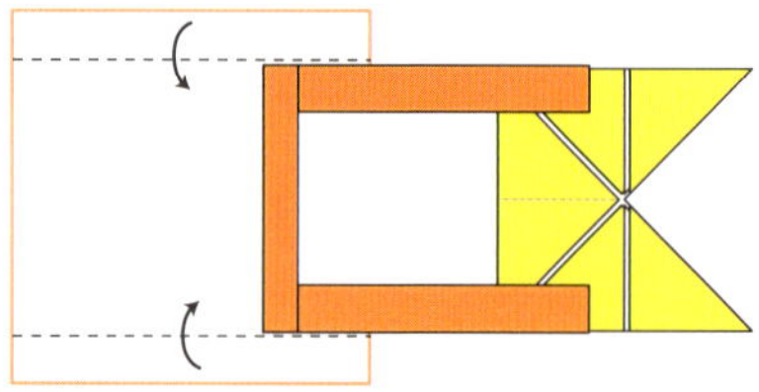

❻ 図のように折る

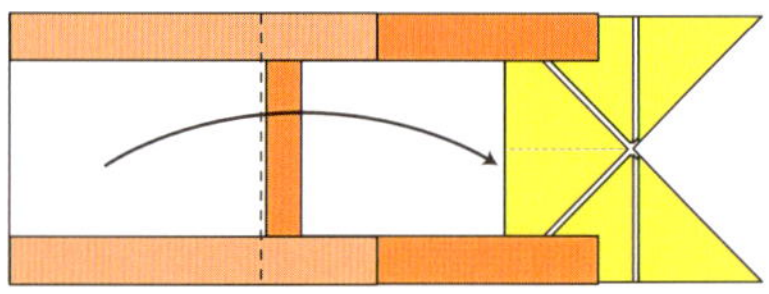

折ったところ

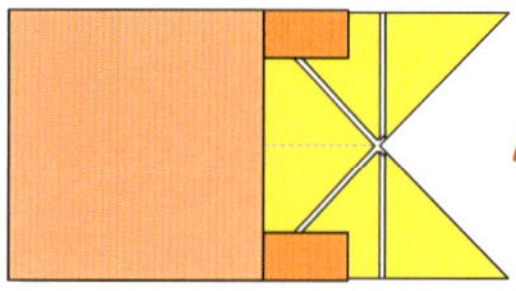

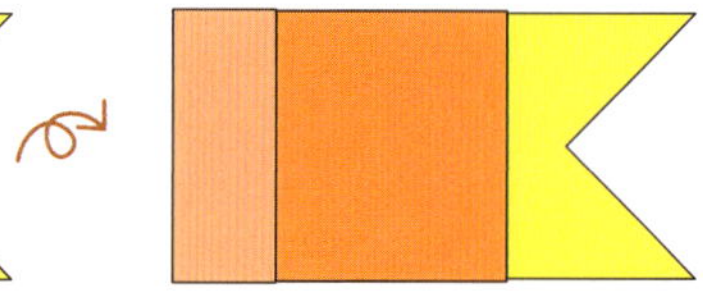

うろこや目を
貼って仕上げ
ましょう。

谷折り線　山折り線　裏返す　向きを変える　図を拡大する

こいのぼり（小）

❶ 2枚重ねて
中心に向かって折る

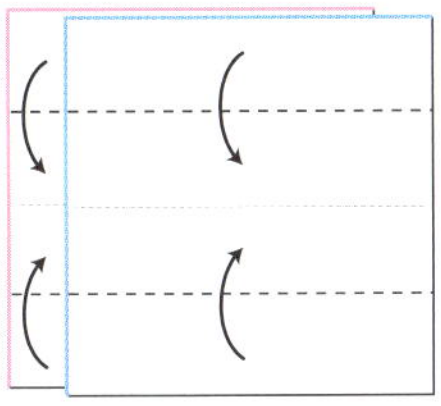

❷ ずらして2回折る

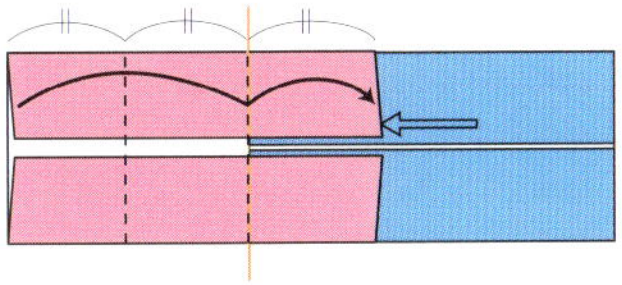

❸ 切り込みを入れて折る

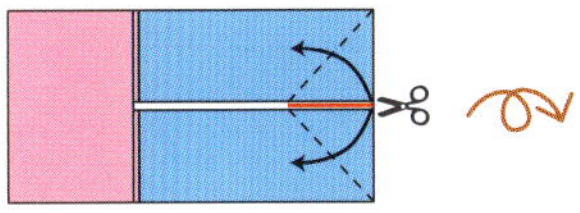

裏返したところ

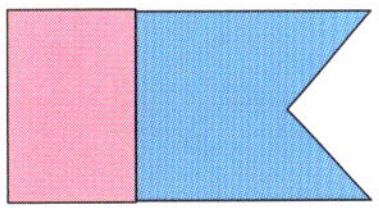

うろこや目を付けて
できあがり

アレンジ

持ち帰り用に

こいのぼり（ミニ）

頭 ❶ 4分の3に切った折り紙を
3分の1に折る

3/4

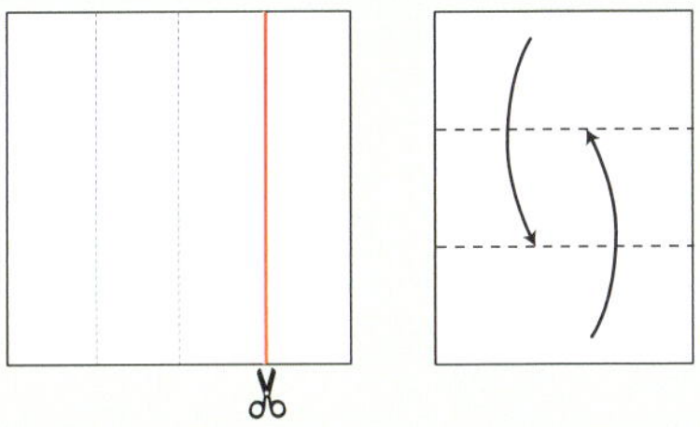

❷ 図のように折る

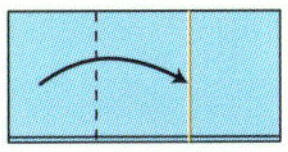

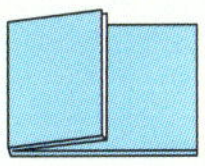

頭のできあがり

体 ❶ 3分の1に折る

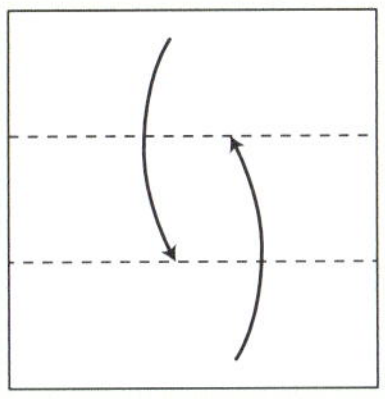

❷ 切り込みを入れて
図のように折る

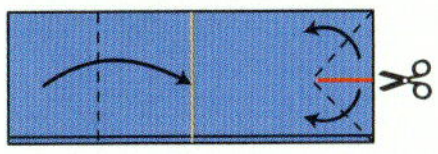

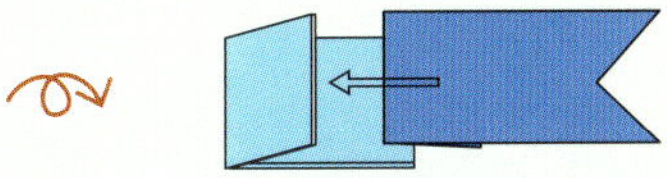

頭にはさみ、
うろこや目を付けて
できあがり

矢車

❶ 中心に向かって3回折る

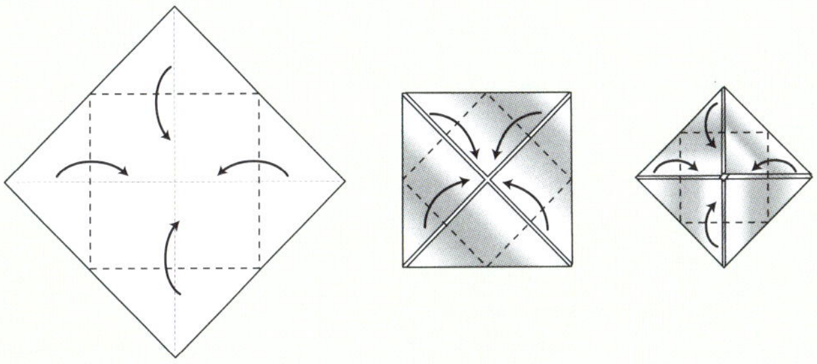

❷ 折り返す

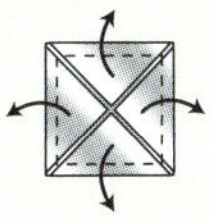

丸シールを貼って
できあがり

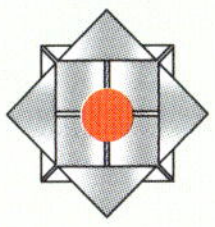

ポールの作り方は、
9ページの茎と
同じです。
3本をつなげます。

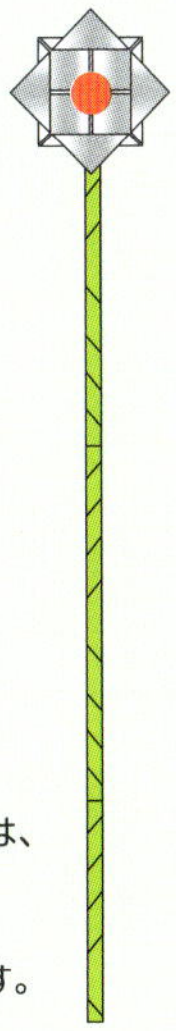

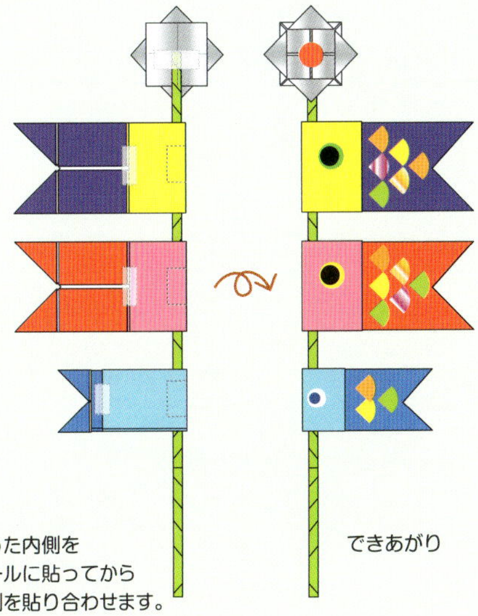

折った内側を
ポールに貼ってから
裏側を貼り合わせます。

できあがり

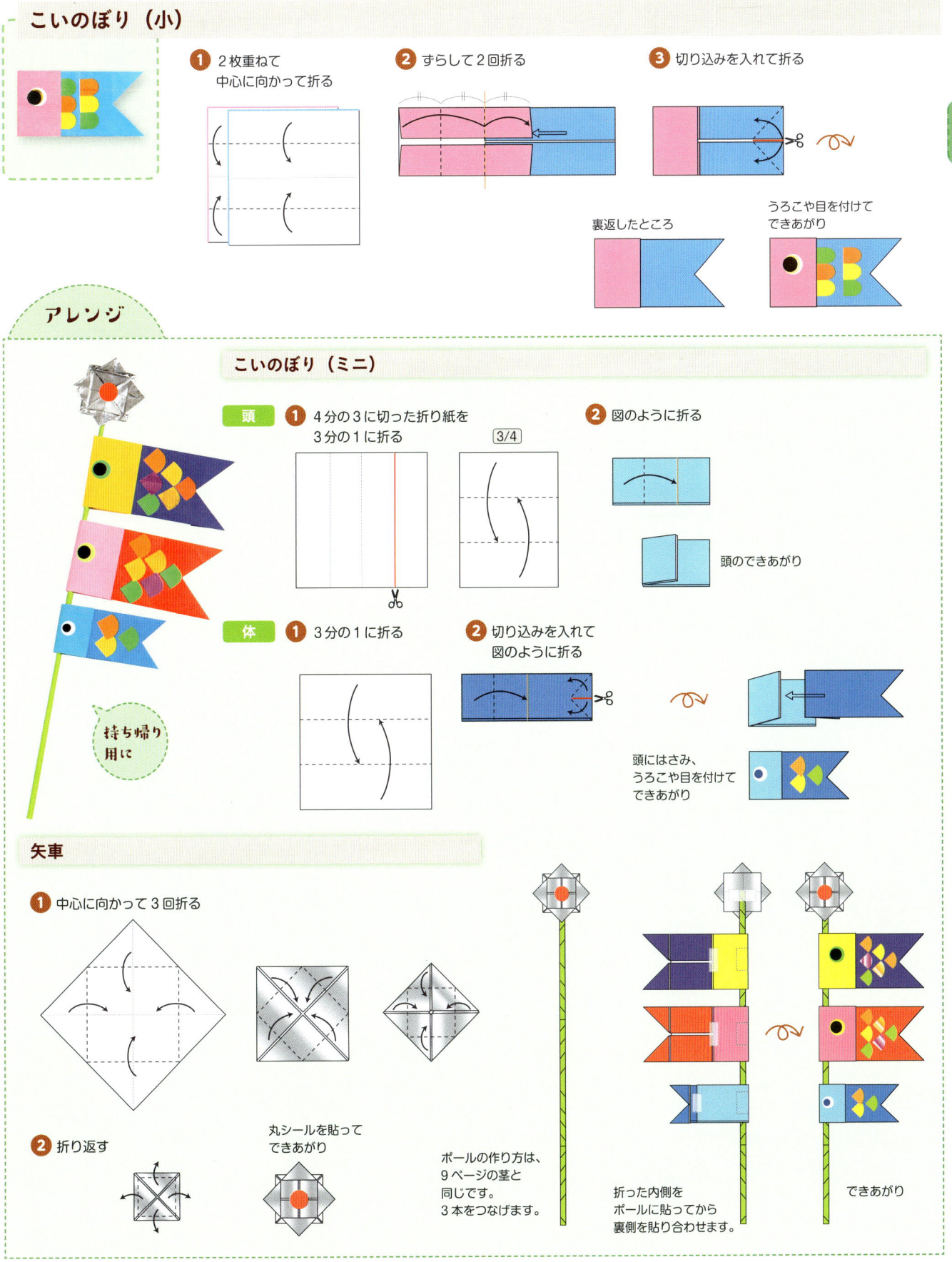

May
5月

ありがとうの
カーネーション

大好きな人に、
感謝の気持ちを込めて作りましょう。
すてきなプレゼントに
きっとうれしい笑顔が
こぼれますよ。

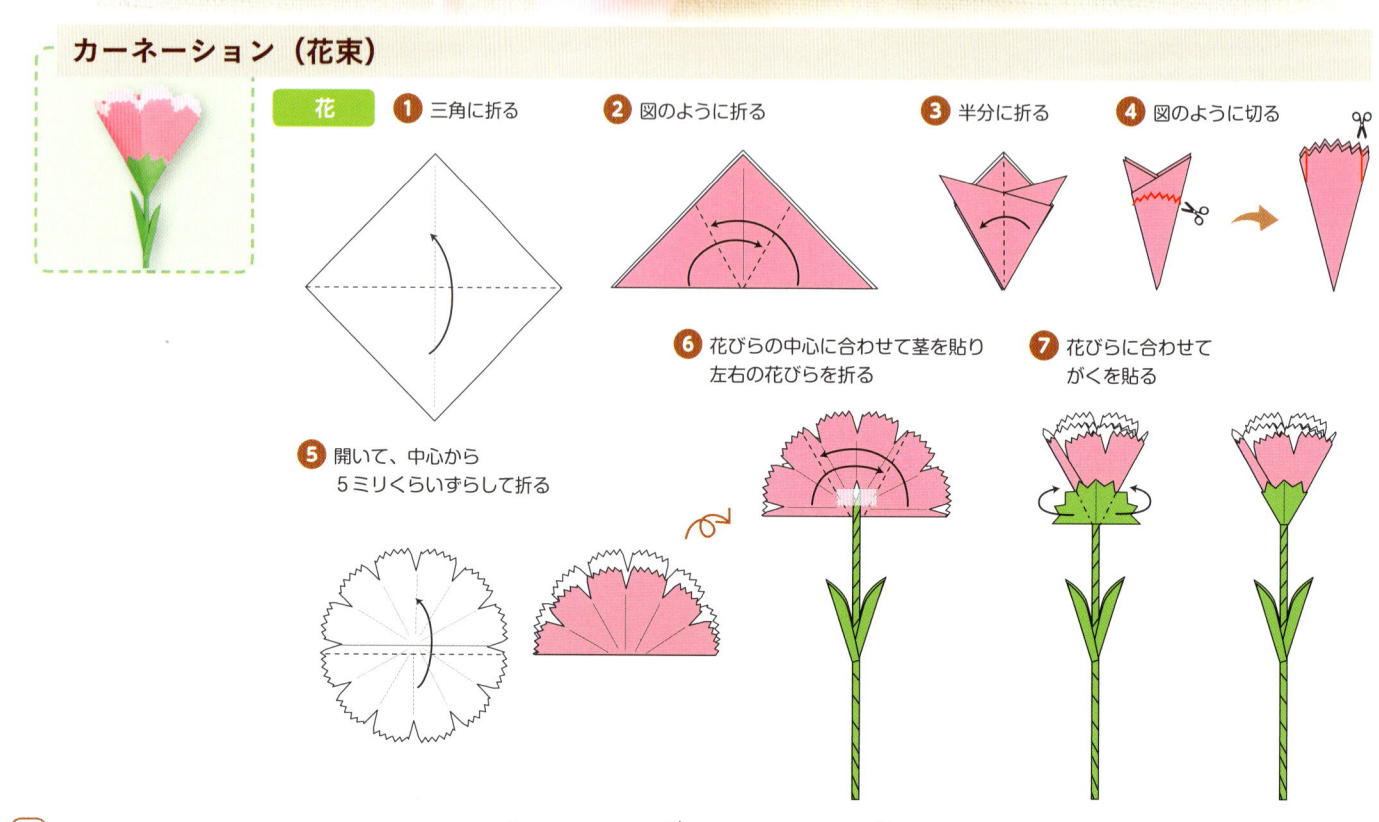

カーネーション（花束）

花

❶ 三角に折る

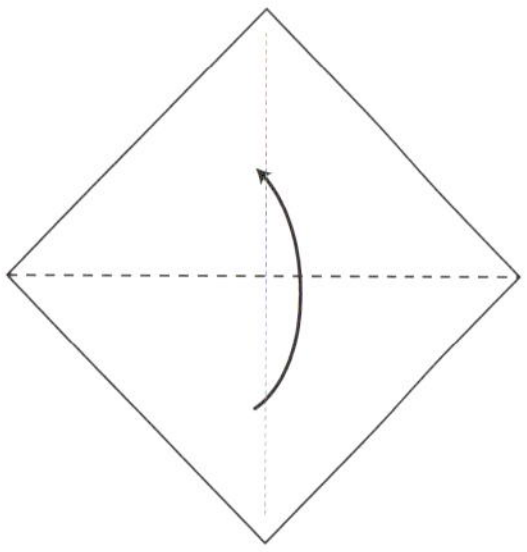

❷ 図のように折る

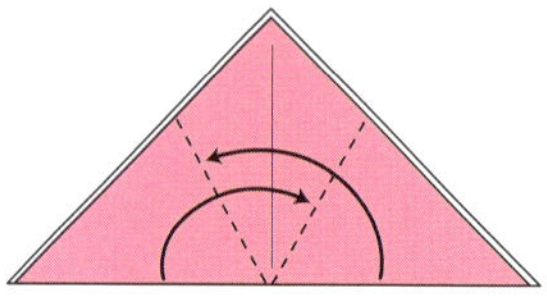

❸ 半分に折る

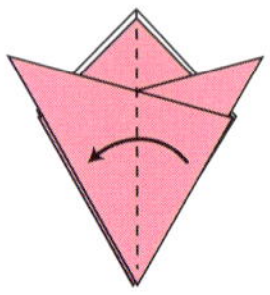

❹ 図のように切る

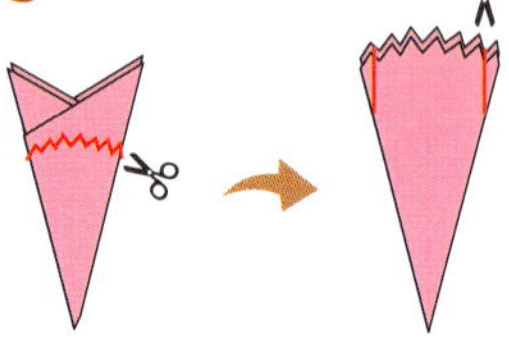

❺ 開いて、中心から
5ミリくらいずらして折る

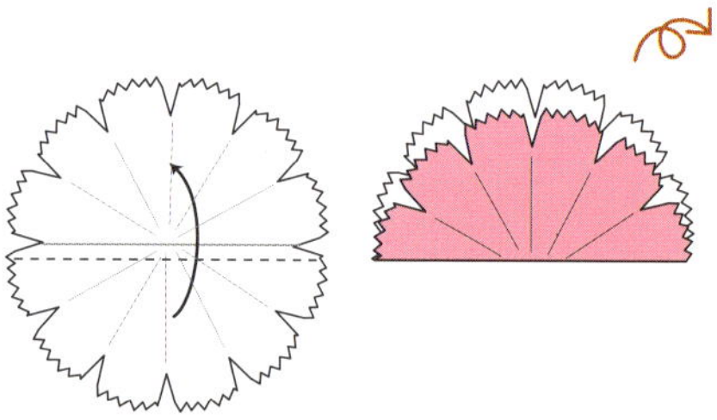

❻ 花びらの中心に合わせて茎を貼り
左右の花びらを折る

❼ 花びらに合わせて
がくを貼る

谷折り線　山折り線　裏返す　向きを変える　図を拡大する

葉

❶ 4分の1に切った折り紙を2枚貼り合わせて切る

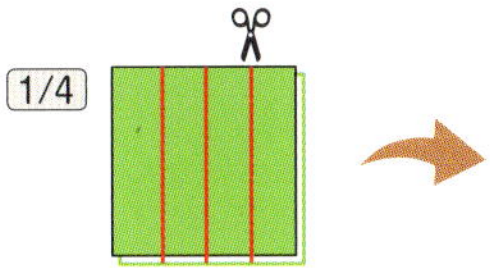

❷ 半分に折る

❸ 図のように切る

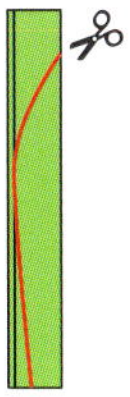

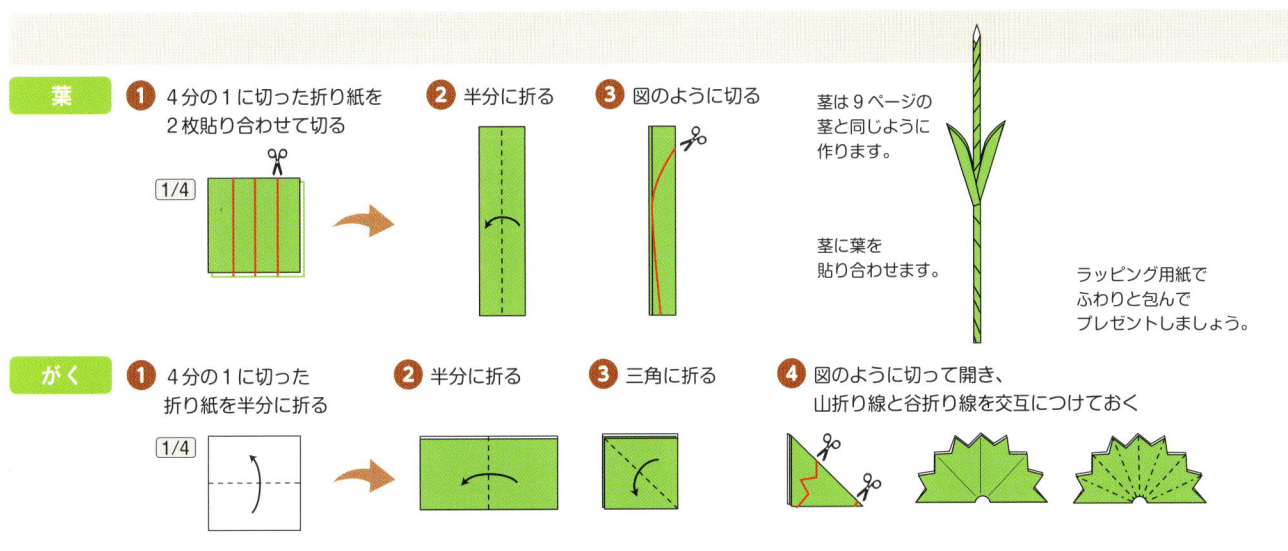

茎は9ページの茎と同じように作ります。

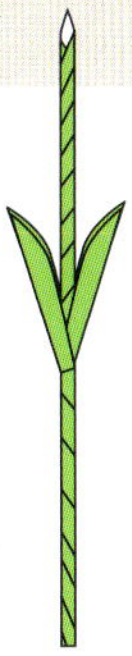

茎に葉を貼り合わせます。

ラッピング用紙でふわりと包んでプレゼントしましょう。

がく

❶ 4分の1に切った折り紙を半分に折る

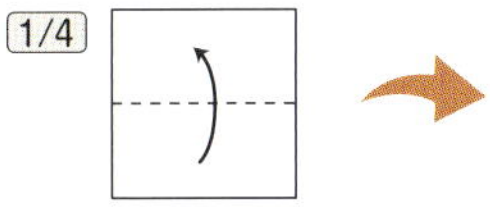

❷ 半分に折る

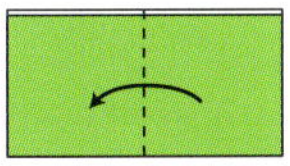

❸ 三角に折る

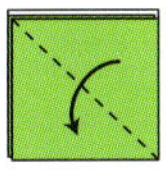

❹ 図のように切って開き、山折り線と谷折り線を交互につけておく

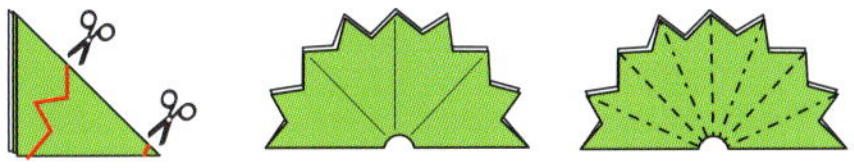

カーネーション（一輪挿し）

❶ 三角に折る

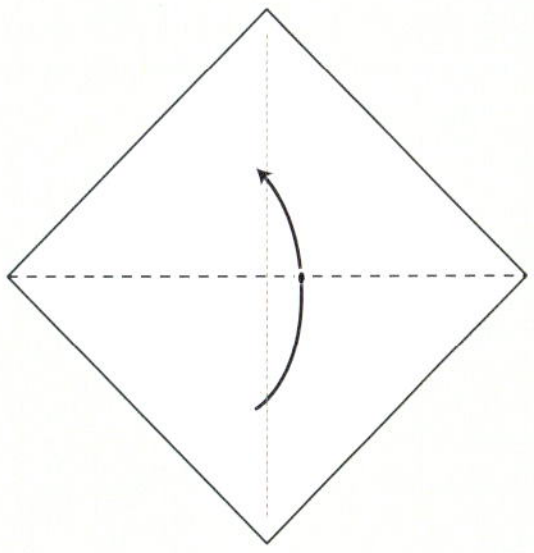

❷ 半分に折る

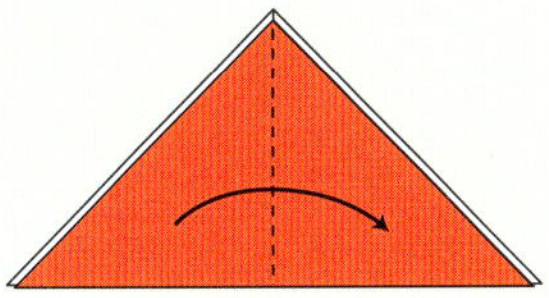

❸ 三角に折る

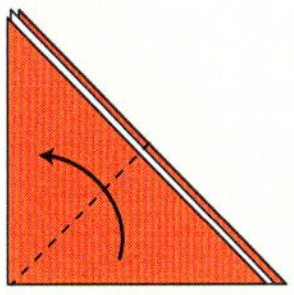

❹ 半分に折る

❺ 図のように切る

少しカーブをつけて切ると優しい花に。

❻ 開いて、中心から5ミリくらいずらして折る

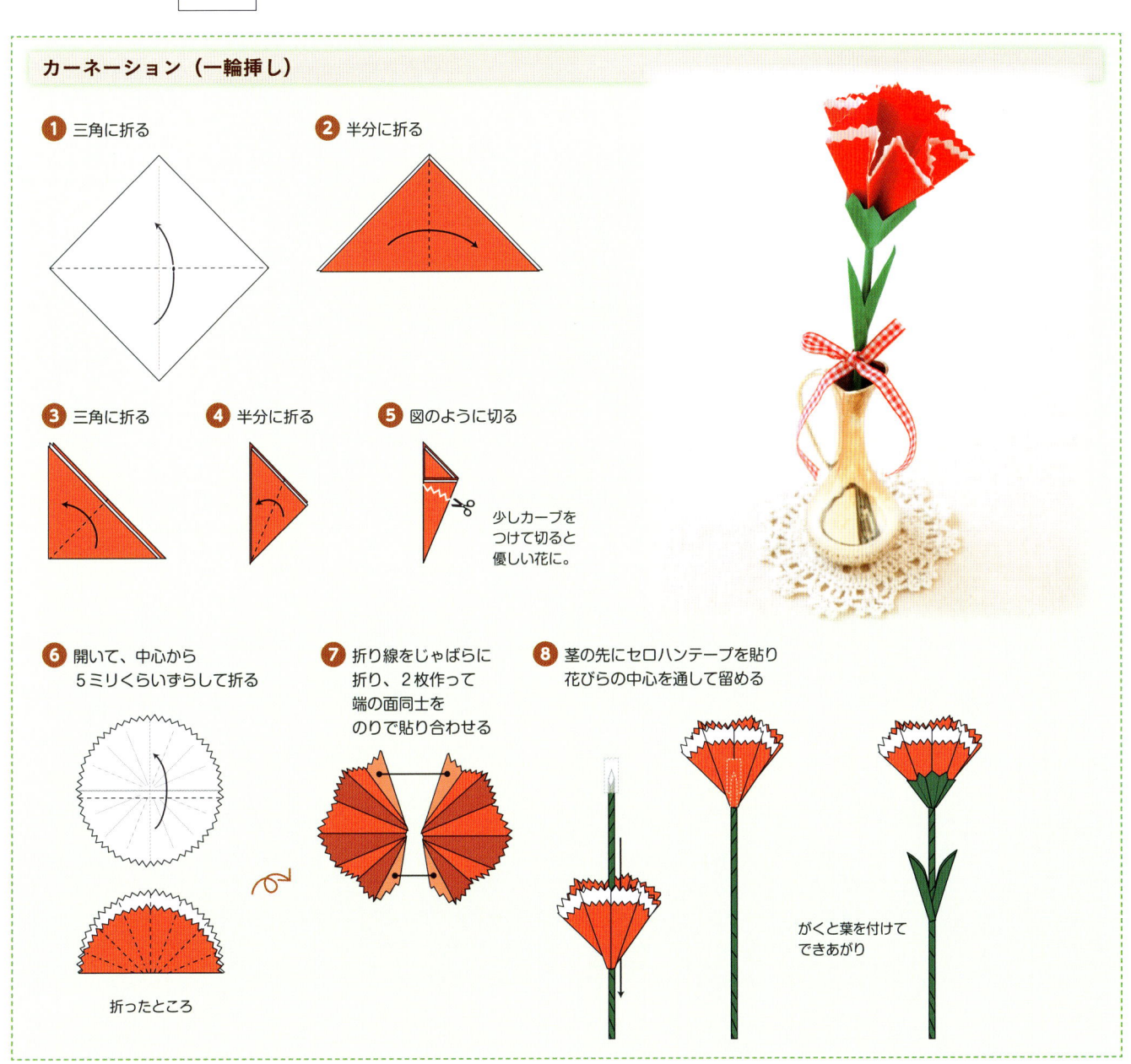

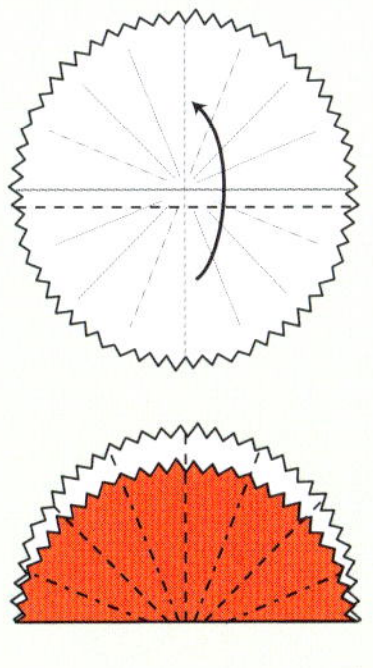

折ったところ

❼ 折り線をじゃばらに折り、2枚作って端の面同士をのりで貼り合わせる

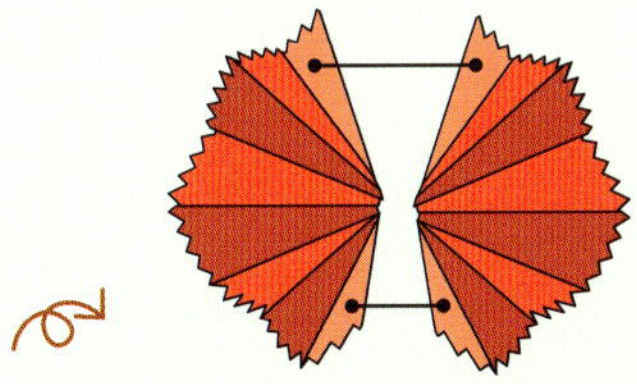

❽ 茎の先にセロハンテープを貼り花びらの中心を通して留める

がくと葉を付けてできあがり

May

5月

てんとうむしとお花のさわやかつり飾り

クローバーにてんとうむしが、
お花にみつばちがやってきましたよ。
ちょっとしたスペースに飾ると
楽しいですね。

みつばち

顔

❶ 4分の1に切った折り紙を中心を少しあけて内側に折る

❷ 半分に折る

❸ 角を向こう側に折る

頭は、顔の幅に合わせて折り紙を切り、顔をはさんで角を折ります。

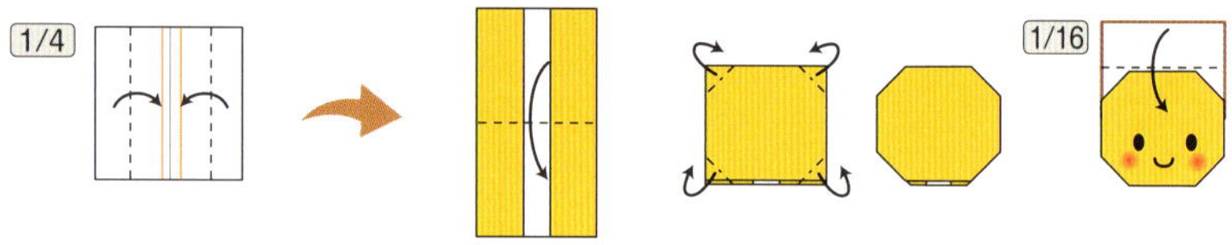

触角は、ビニールタイと丸シールで作ります。

黒の折り紙で模様を付けましょう。

体

❶ 4分の1に切った折り紙を半分に切る

❷ 図のように折る

❸ 角を向こう側に折る

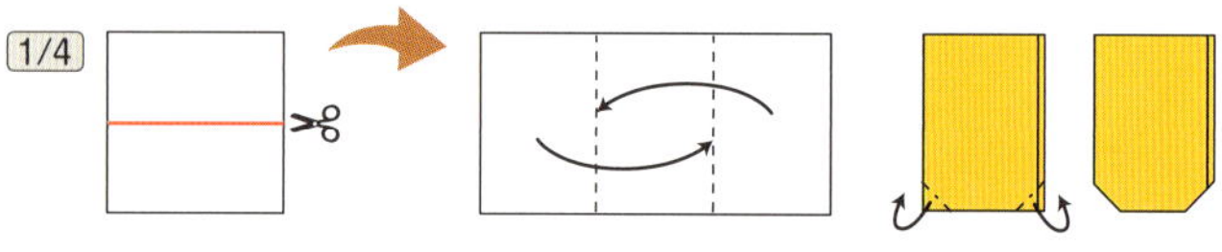

羽

❶ 4分の1に切った折り紙を3分の1に切る

❷ 上に折る

❸ 角を向こう側に折る

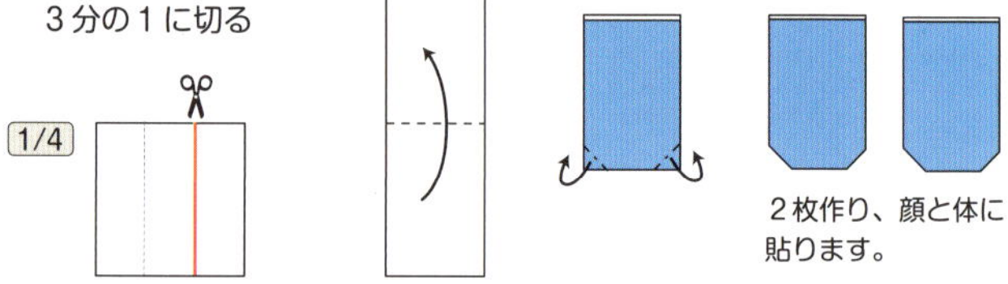

2枚作り、顔と体に貼ります。

---------- 谷折り線　-·-·-·-·- 山折り線　裏返す　向きを変える　図を拡大する　図を縮小する

てんとうむし

❶ 2分の1に切った折り紙の角を折る
❷ 図のように折る
❸ 角を折る
❹ 手前に折る
❺ 向こう側に折る

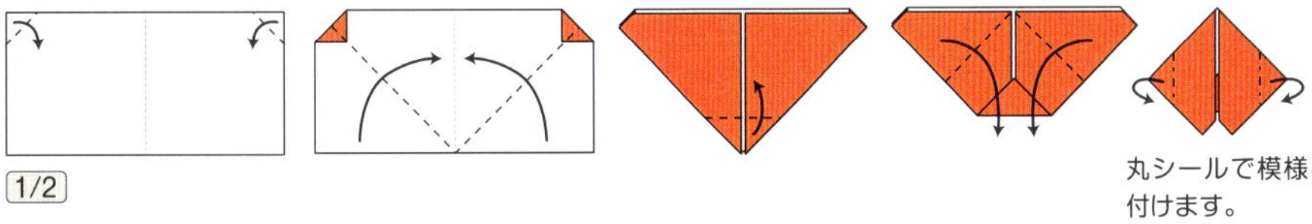

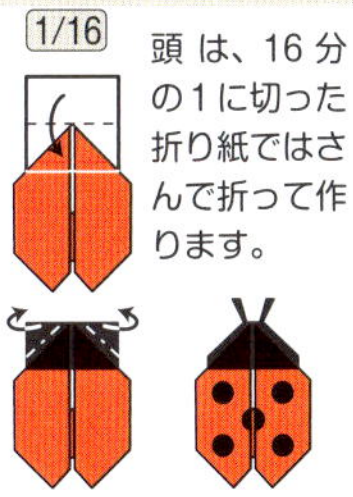

頭 は、16 分の1に切った折り紙ではさんで折って作ります。

丸シールで模様を付けます。

クローバー

クローバー

❶ 4分の1に切った折り紙を半分に折る
❷ 半分に折る
❸ 三角に折る
❹ 図のように切る

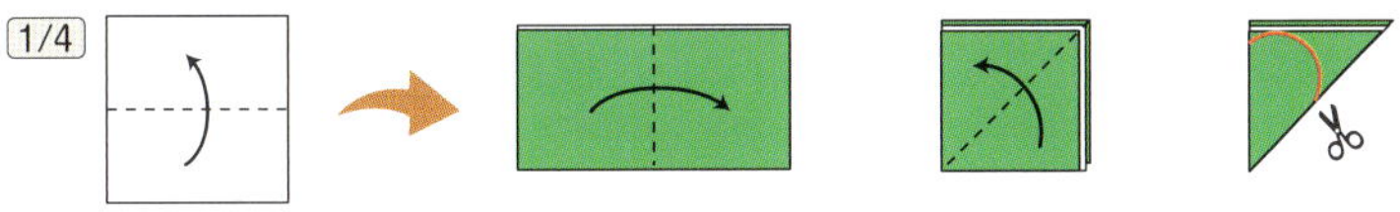

中心の白い花弁は16分の1に切った折り紙で同様に作ります。

リース台

❶ 半分に折る
❷ 半分に折る
❸ 2つ作って角を折る

図のように組み合わせて貼ります。

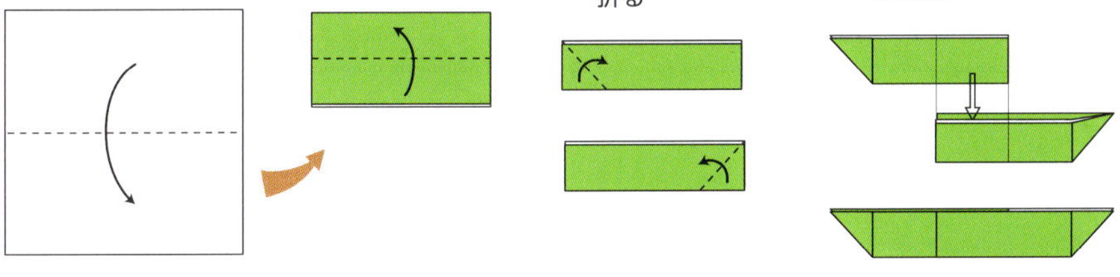

貼り合わせたところ

ひもを付け、クローバーとてんとうむしを貼り付けます。

花

花

❶ 4分の1に切った折り紙を三角に折る
❷ 三角に折る
❸ 三角に折る
❹ 図のように切る

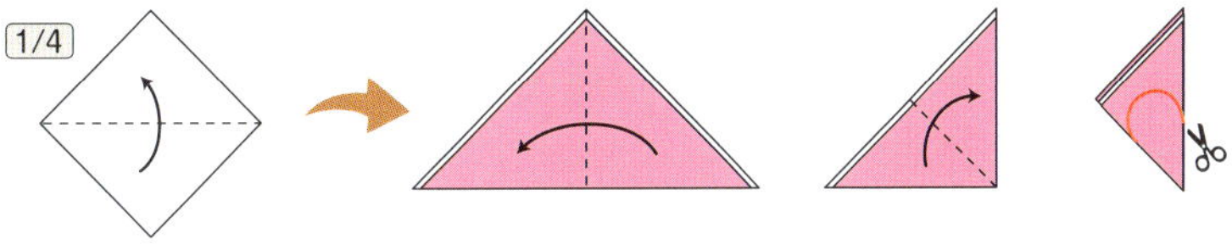

開いて、中心に丸シールを貼ります。

葉

❶ 4分の1に切った折り紙を半分に折る
❷ 半分に折る
❸ 三角に折る
❹ 図のように切って開く

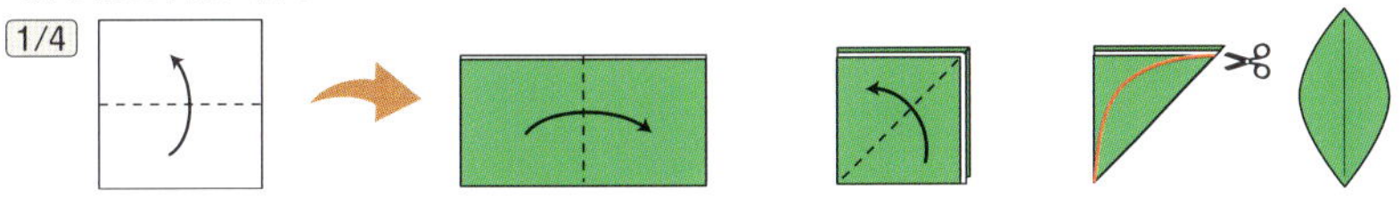

たくさん作ります。

リボンを付け、花と葉、みつばちを貼って仕上げましょう。

リース台

❶ 三角に折る
❷ 三角に折る
❸ 図のように折る

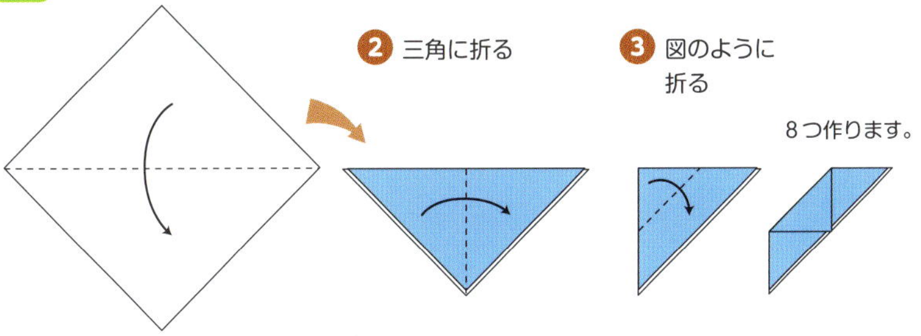

8つ作ります。

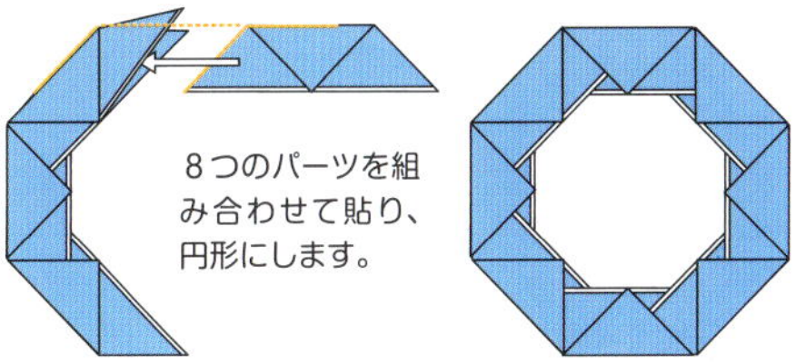

8つのパーツを組み合わせて貼り、円形にします。

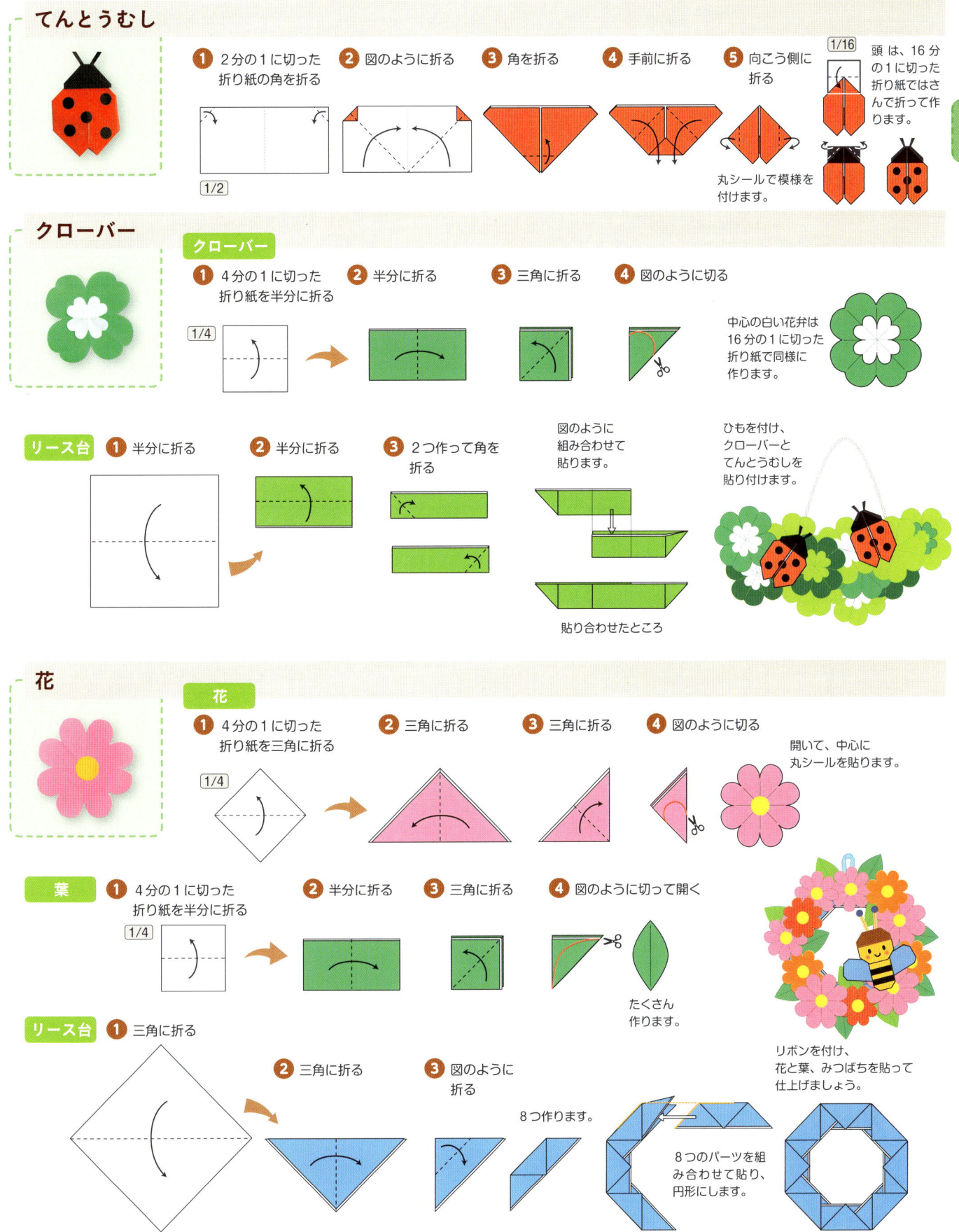

歯みがきポスターでしゅっしゅっしゅ

はみがきをしよう

かばさんが
「歯みがきしよう」って言ってるよ。
大きい口をあけて
じょうずにできるかな。

コップ

本体

2分の1に切った折り紙を半分に折り、下を向こう側に折る

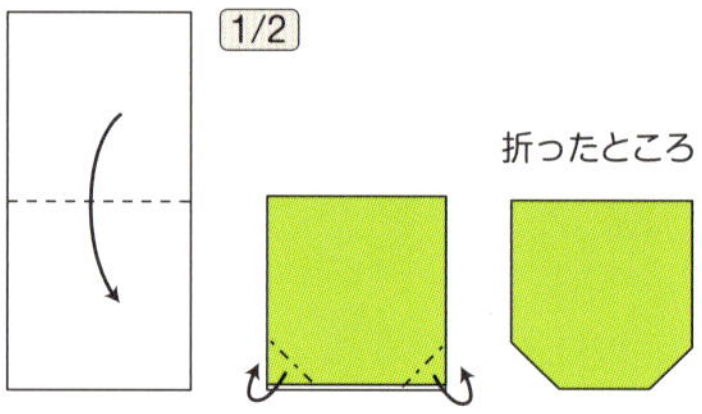
1/2
折ったところ

持ち手

9分の1に切った折り紙を半分に折り、図のように切る

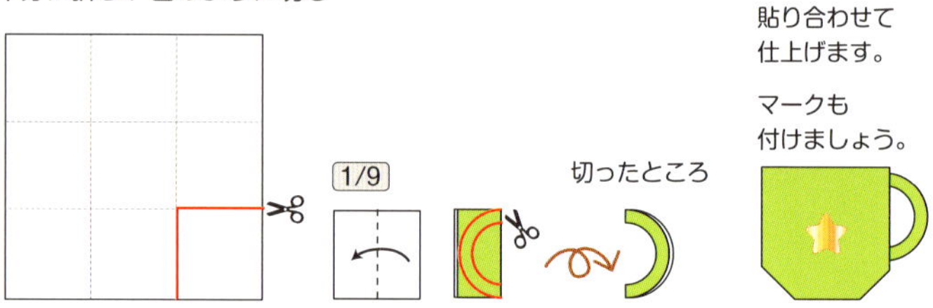
1/9
切ったところ
貼り合わせて仕上げます。
マークも付けましょう。

歯ブラシ

柄

2分の1に切った折り紙を3分の1に折る

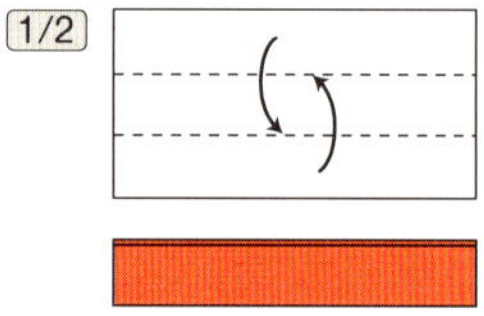
1/2

ブラシ部分

3分の1より少し狭く切り、2回折って切り込みを入れる

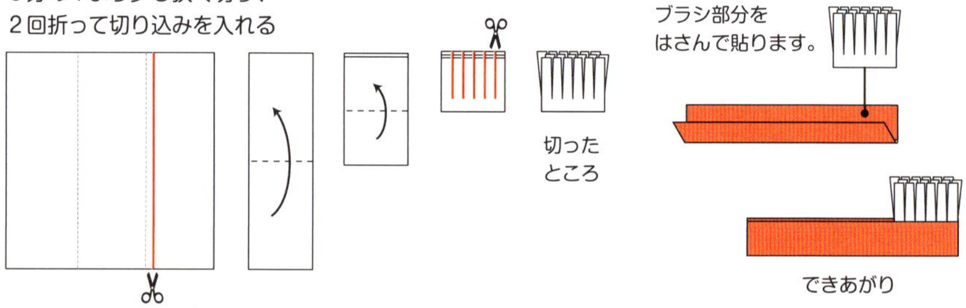
切ったところ
ブラシ部分をはさんで貼ります。
できあがり

-------- 谷折り線　-・-・-・- 山折り線　裏返す　向きを変える　図を拡大する

かば（グレー）

顔

❶ ２枚を中表に重ねて図のように折る　❷ 上の１枚の角を折る　❸ 折り返す　❹ 上を折る　❺ 折り上げる　❻ 下に折る

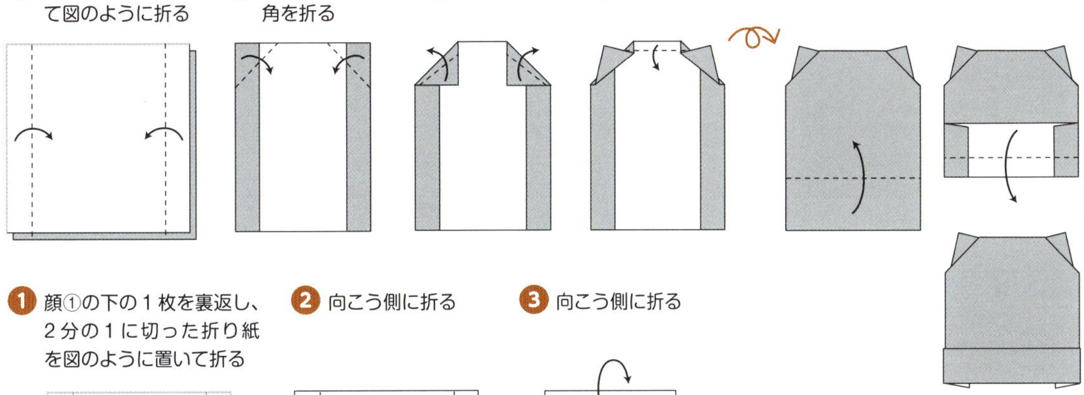

折ったところ

下あご

❶ 顔①の下の１枚を裏返し、２分の１に切った折り紙を図のように置いて折る　❷ 向こう側に折る　❸ 向こう側に折る

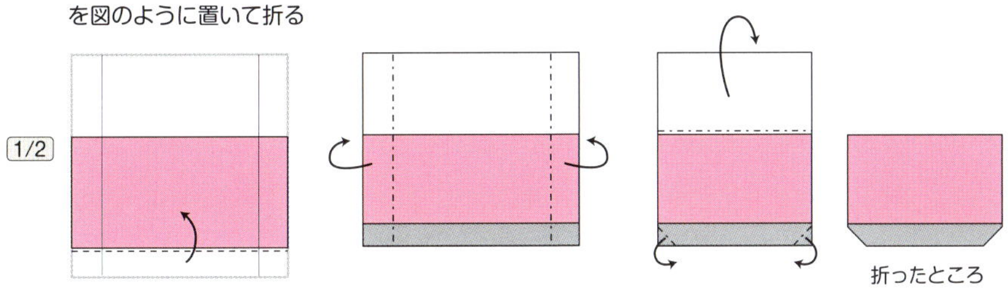

折ったところ

顔を描いて仕上げましょう。

歯

❶ ４分の１に切った折り紙を３分の１に切る　❷ 折る

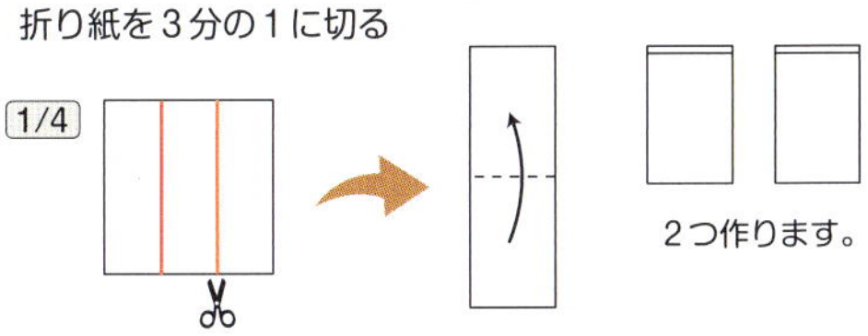

２つ作ります。

下あごに歯を貼り、●の部分に貼り付けます。

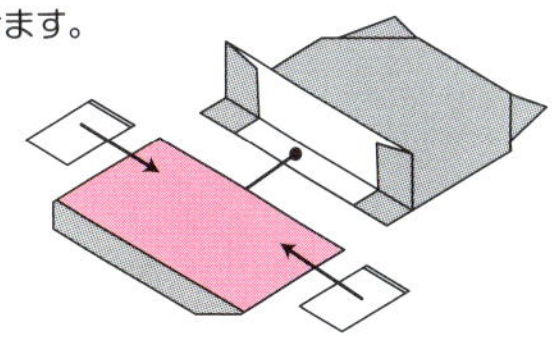

かば（ブルー）

顔

❶ 半分に折る　❷ 図のように切って開く

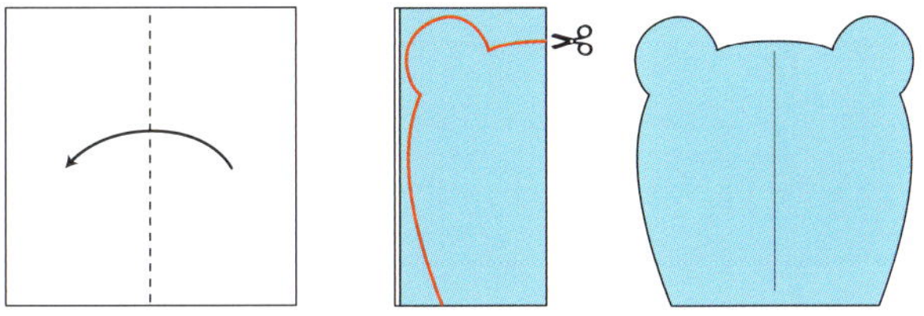

開いたところ

下あご

❶ ２分の１に切った折り紙と１枚の折り紙に折り線をつける　❷ 折り線を重ねて図のように折る　❸ 向こう側に折る

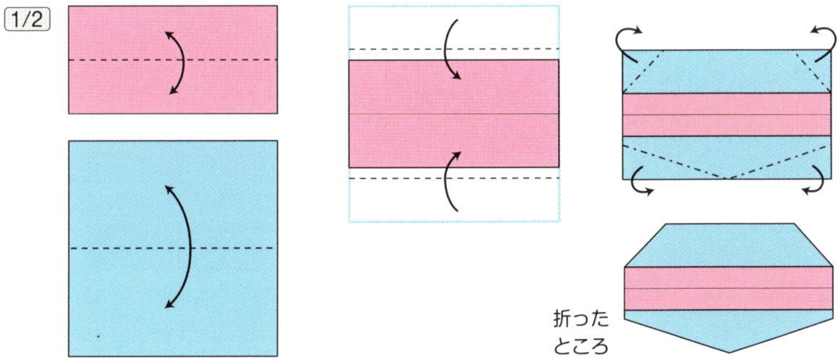

折ったところ

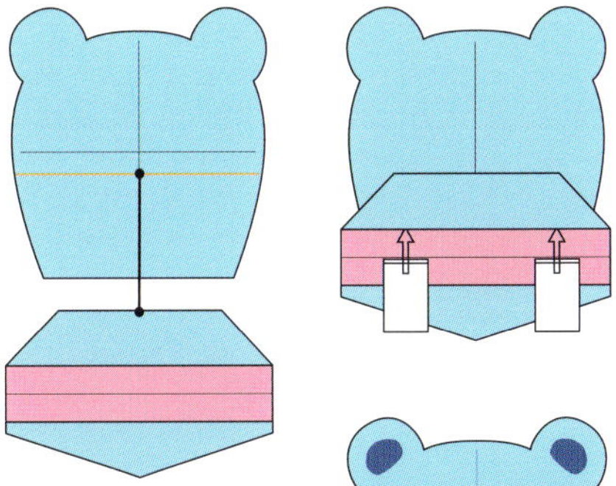

半分よりやや下に下あごを貼り、歯を差し込んで貼ります。

ゆかいな顔を描きましょう。

June
6月

かえるのびよよん壁飾り

手足がびよよーんと伸びる楽しい
かえるさんたち。ゆかいな表情が
たまりません。つなげてつるすと
動きがさらに楽しげに！

かえる（A）

かえる（B）

はすの葉

1 角を少し折る

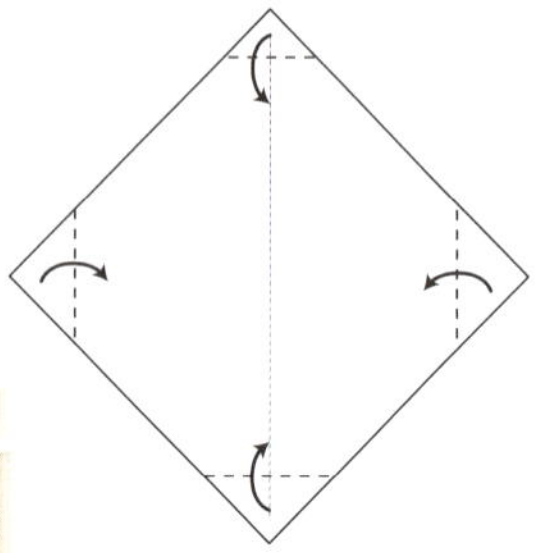

2 図のように切って折る

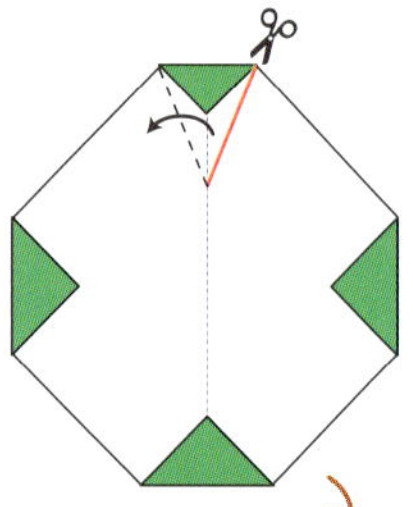

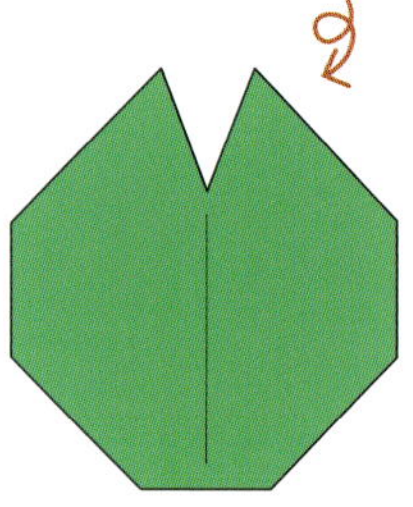

できあがり

-------- 谷折り線　-·-·-·- 山折り線　裏返す　向きを変える　図を拡大する

❶ 中心に向かって折る

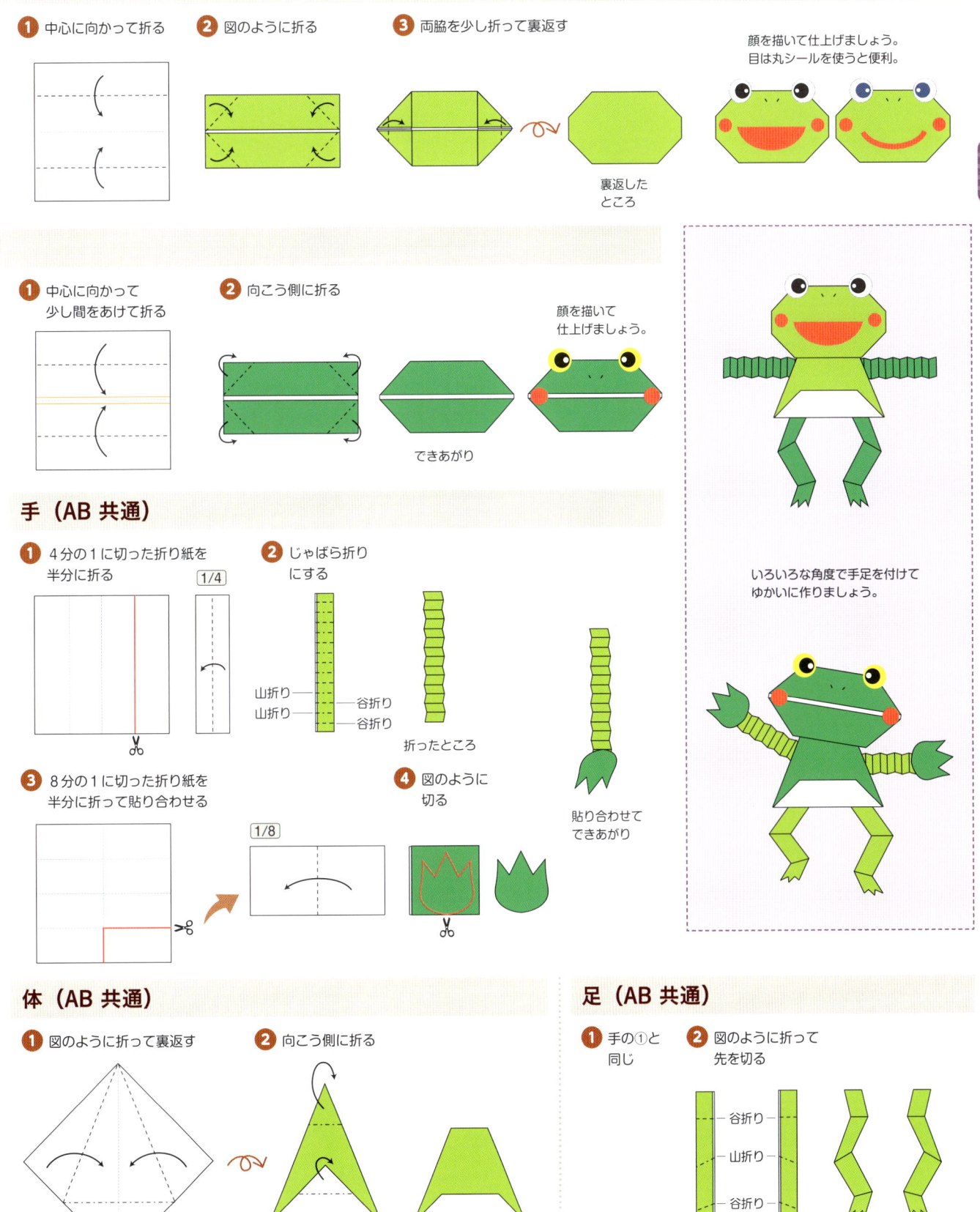

❷ 図のように折る

❸ 両脇を少し折って裏返す

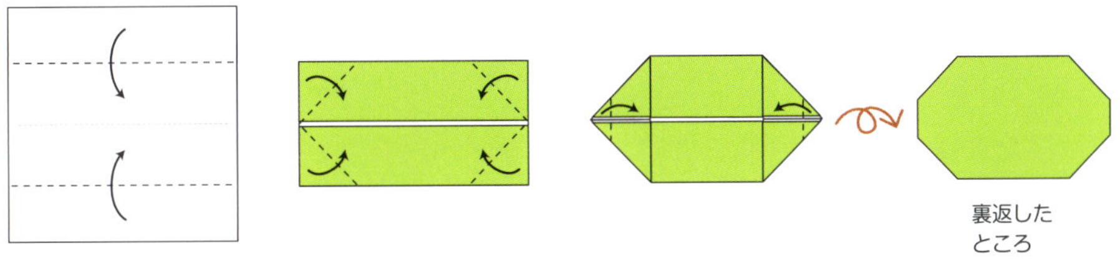
裏返したところ

顔を描いて仕上げましょう。
目は丸シールを使うと便利。

❶ 中心に向かって
少し間をあけて折る

❷ 向こう側に折る

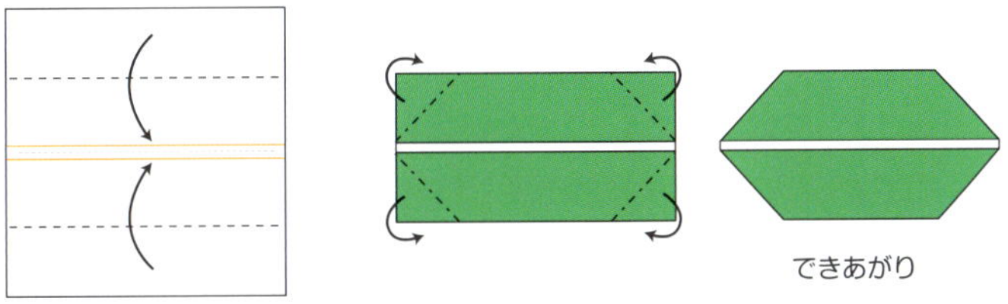
できあがり

顔を描いて
仕上げましょう。

いろいろな角度で手足を付けて
ゆかいに作りましょう。

手（AB 共通）

❶ 4分の1に切った折り紙を
半分に折る

❷ じゃばら折り
にする

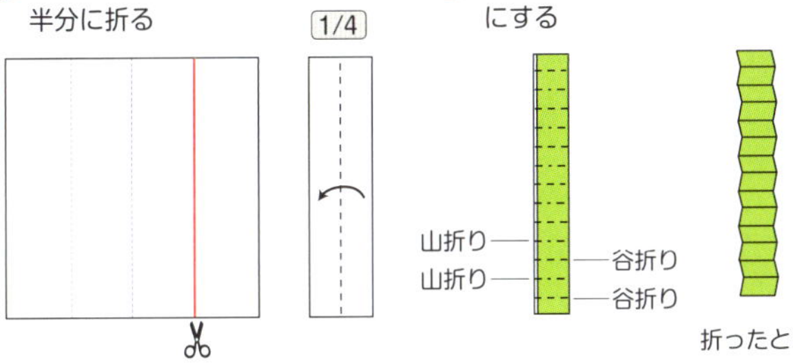
1/4
山折り
山折り
谷折り
谷折り
折ったところ

❸ 8分の1に切った折り紙を
半分に折って貼り合わせる

❹ 図のように
切る

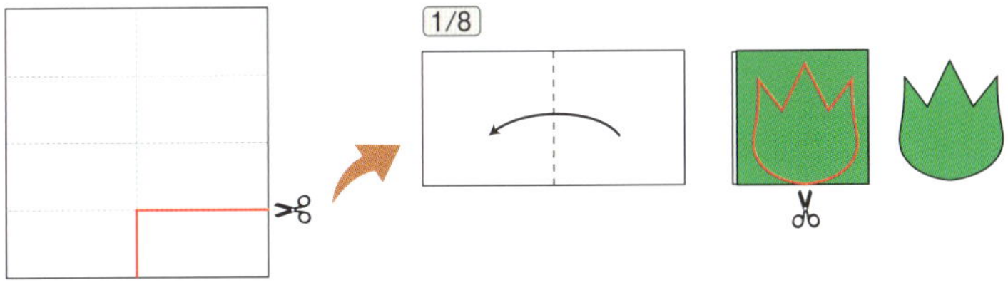
1/8

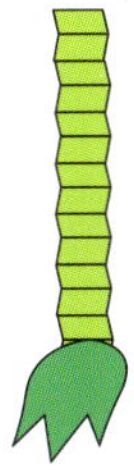

貼り合わせて
できあがり

体（AB 共通）

❶ 図のように折って裏返す

❷ 向こう側に折る

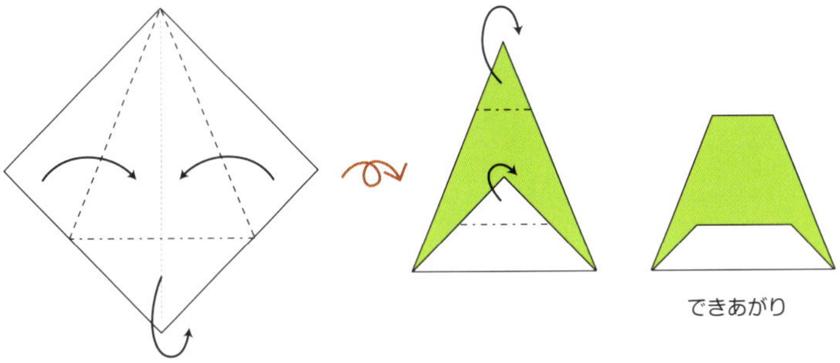
できあがり

足（AB 共通）

❶ 手の①と
同じ

❷ 図のように折って
先を切る

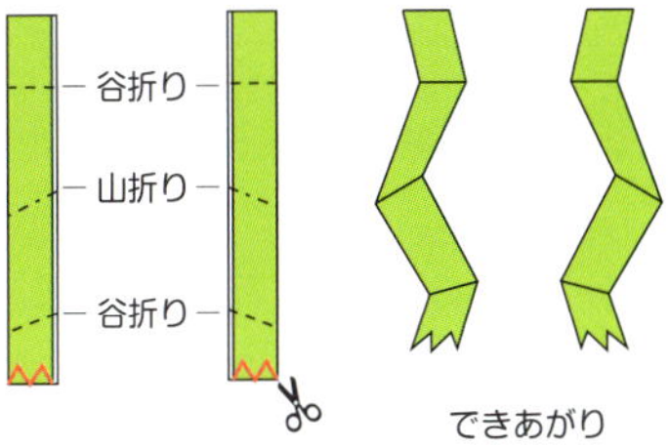
谷折り
山折り
谷折り
できあがり

ふんわりあじさいの置き飾り

バスケットにあじさいをこんもり飾ります。
仲よしのかたつむりもうれしそう。

かたつむり

体

❶ 4分の1に切った折り紙を図のように折る

❷ 図のように折る

❸ 半分に折る

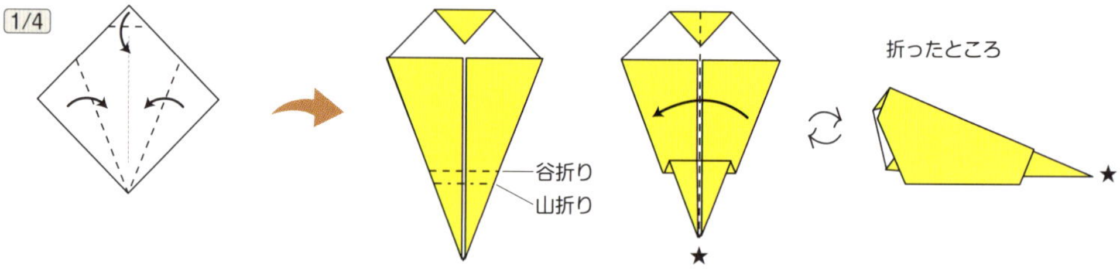

-------- 谷折り線　-·-·-·- 山折り線　裏返す　向きを変える　図を拡大する

あじさいの花

花

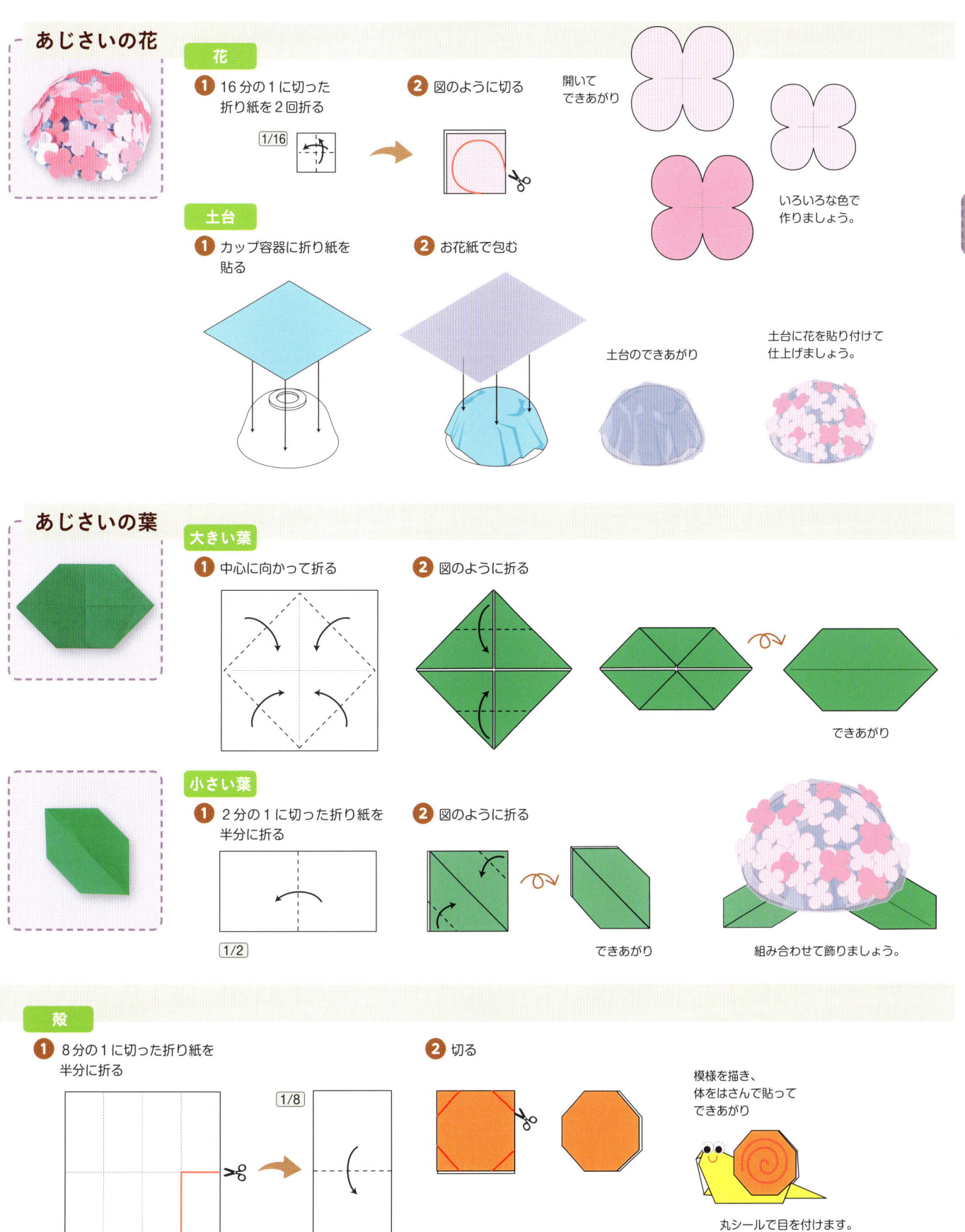

❶ 16分の1に切った折り紙を2回折る

❷ 図のように切る

開いてできあがり

いろいろな色で作りましょう。

土台

❶ カップ容器に折り紙を貼る

❷ お花紙で包む

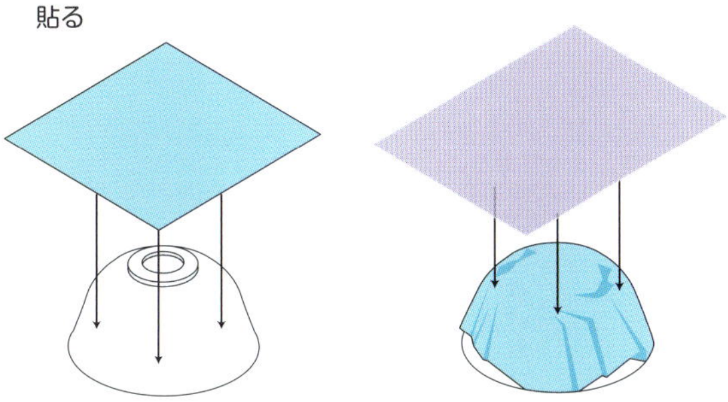

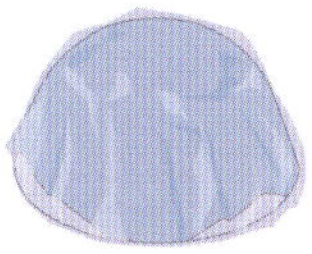

土台のできあがり

土台に花を貼り付けて仕上げましょう。

あじさいの葉

大きい葉

❶ 中心に向かって折る

❷ 図のように折る

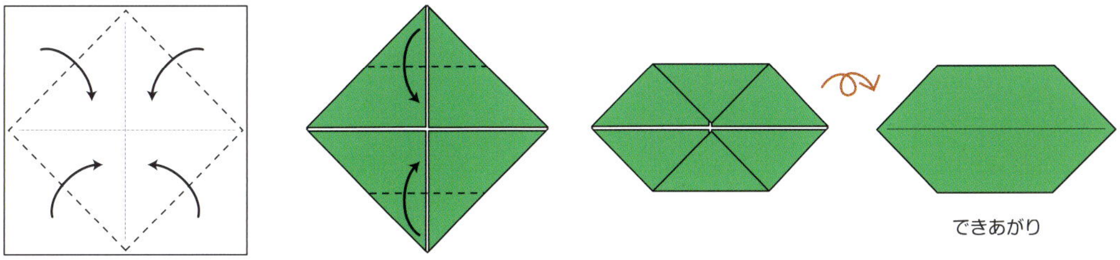

できあがり

小さい葉

❶ 2分の1に切った折り紙を半分に折る

❷ 図のように折る

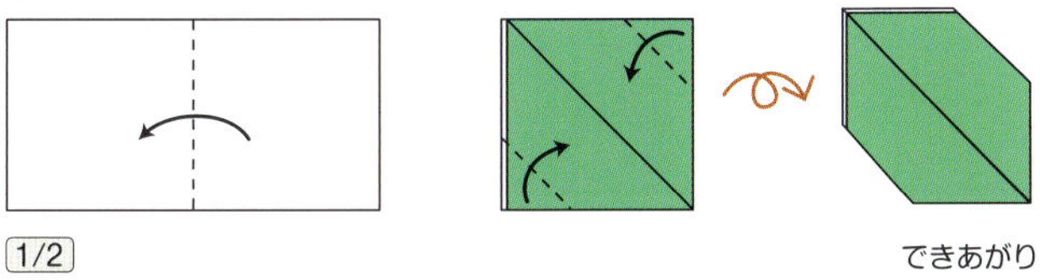

できあがり

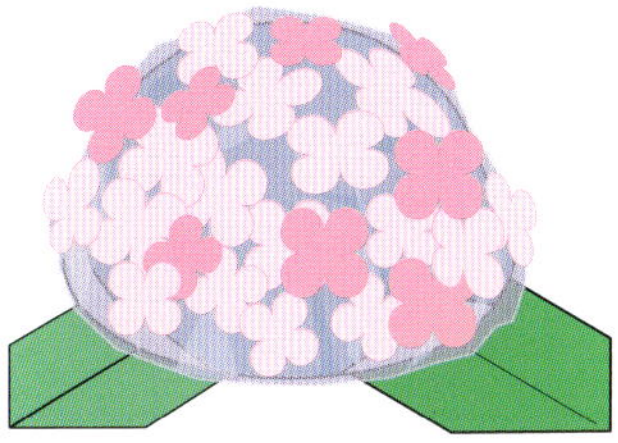

組み合わせて飾りましょう。

殻

❶ 8分の1に切った折り紙を半分に折る

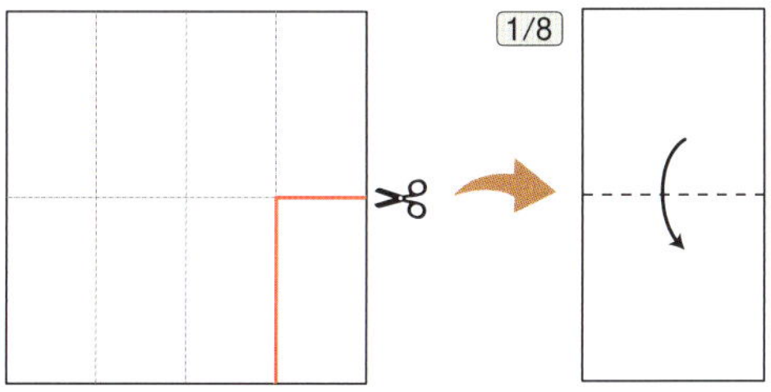

❷ 切る

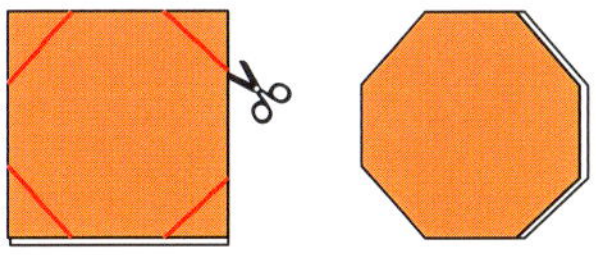

模様を描き、体をはさんで貼ってできあがり

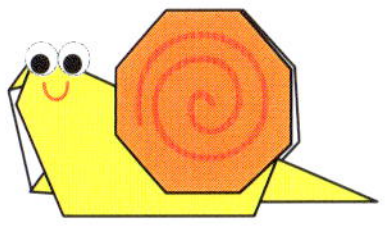

丸シールで目を付けます。

July

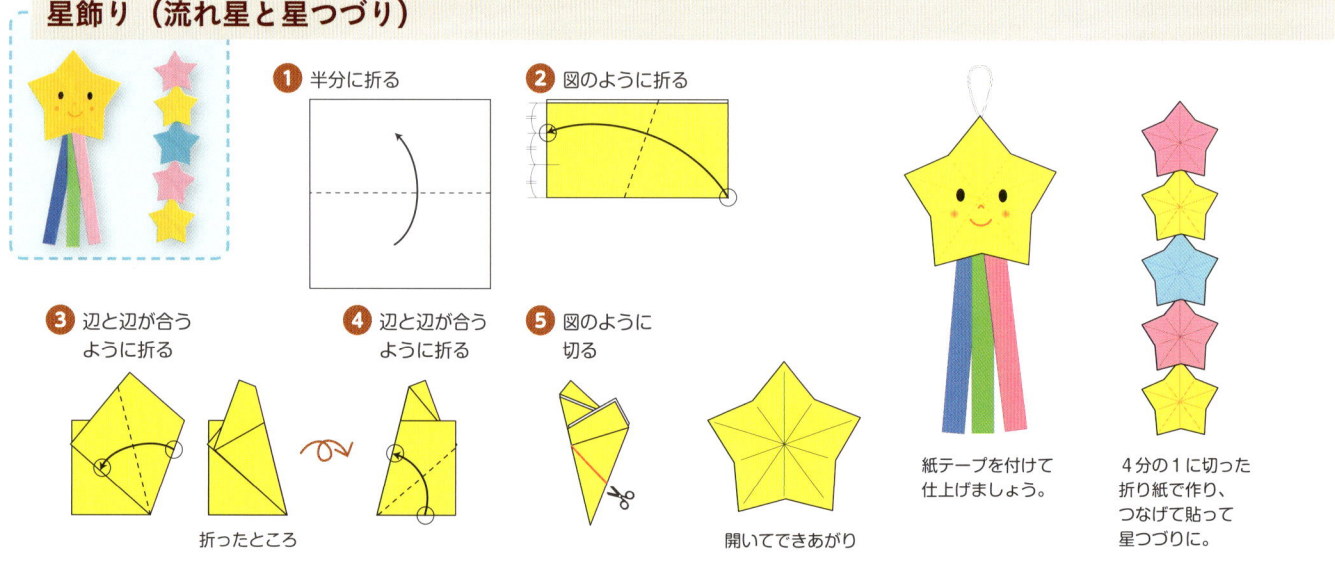

7月 お願いごといっぱい七夕飾り

今年はなにを
お願いしようかな？
古典的な飾りも
カラフルにかわいく
作りましょう。

ふきながしとハートつづり

ふきながし

図のように折って切り込みを入れ、貼り合わせて作る

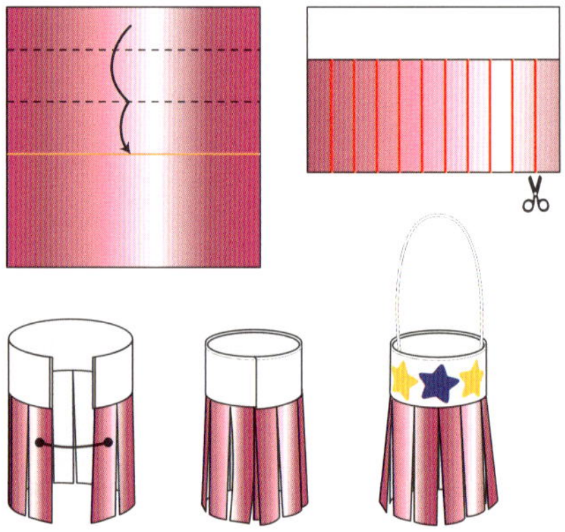

ハートつづり

４分の１に切った折り紙を図のように折って切る

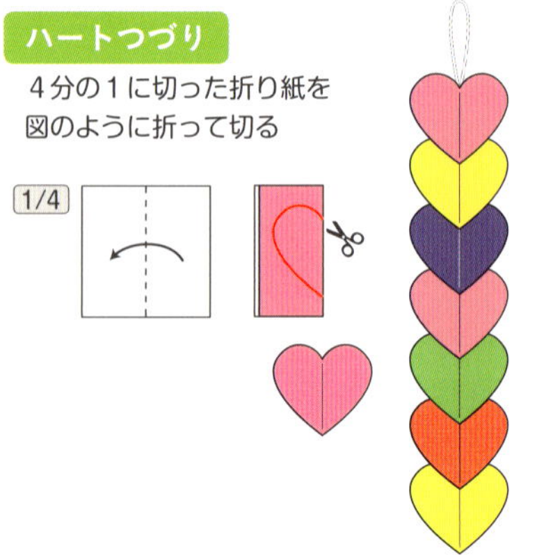

星飾り（流れ星と星つづり）

❶ 半分に折る

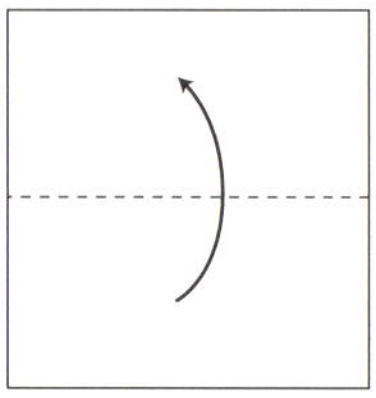

❷ 図のように折る

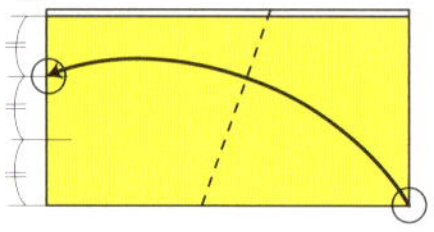

❸ 辺と辺が合うように折る

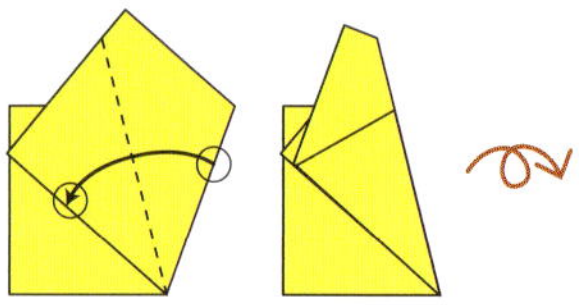

折ったところ

❹ 辺と辺が合うように折る

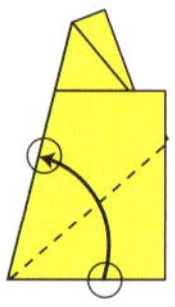

❺ 図のように切る

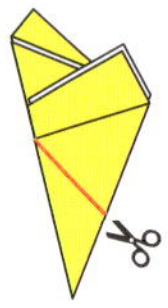

開いてできあがり

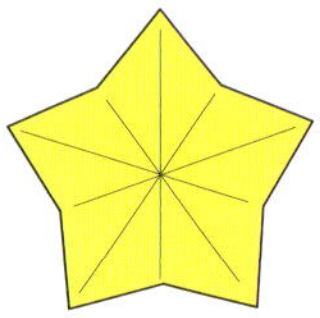

開いてできあがり

紙テープを付けて仕上げましょう。

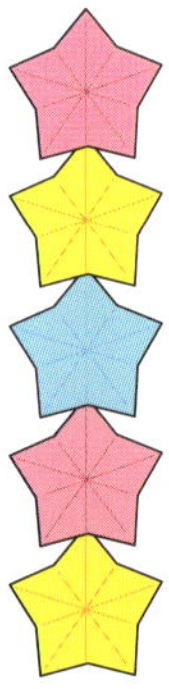

４分の１に切った折り紙で作り、つなげて貼って星つづりに。

--------- 谷折り線　-・-・-・- 山折り線　裏返す　向きを変える　図を拡大する

おりひめとひこぼし（笹飾り）

ひこぼしの顔

❶ 2分の1に切った折り紙の下の角を折る
❷ 中心に向かって折る
❸ 向こう側に折る
❹ 角を向こう側に折る

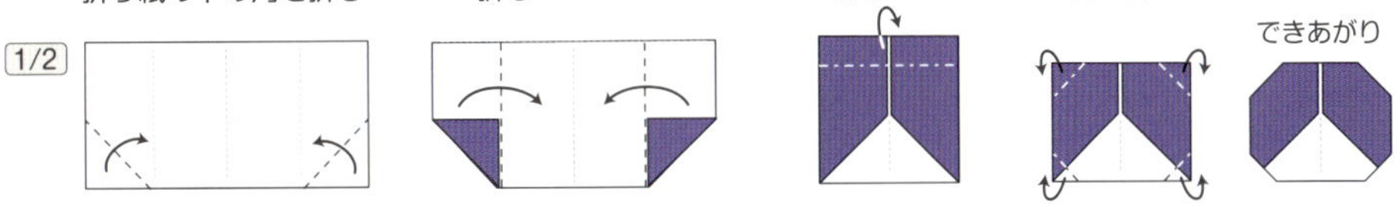

おりひめの顔

❶ 下の角を折る
❷ 中心に向かって折る
❸ 図のように折る
❹ 図のように折る
❺ 角を折って折り上げる

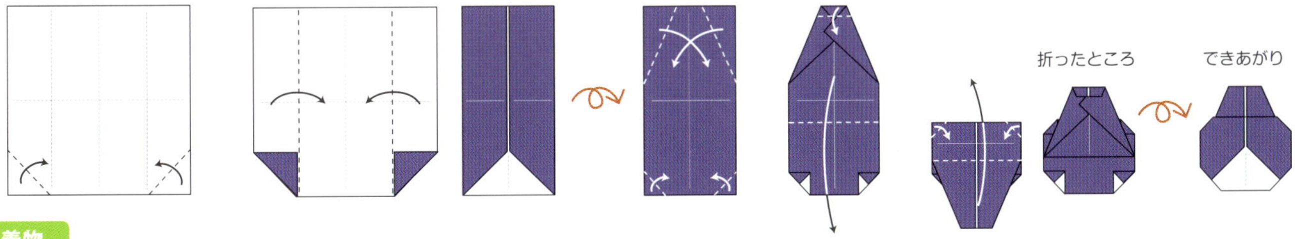

着物

❶ 図のように折る
❷ 半分に折る
❸ 手前と向こう側に折る
❹ 指を入れて開く
❺ 上の1枚を内側に折り下部は内側に折り込む

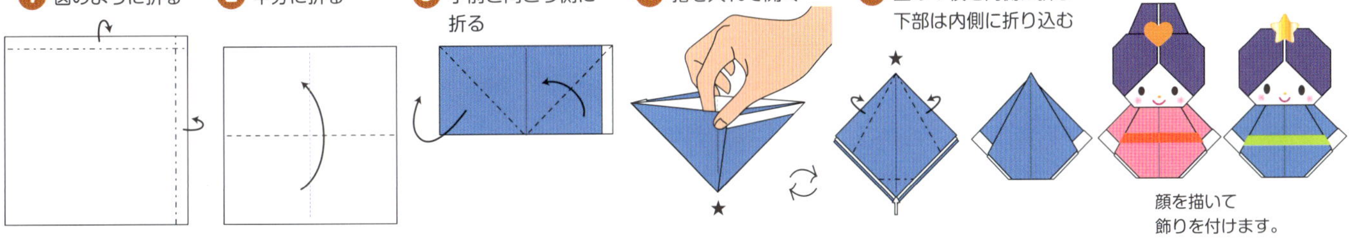

顔を描いて飾りを付けます。

なす

実

❶ 半分に折る
❷ 手前と向こう側に折る
❸ 指を入れて開く
❹ 中心に向かって折る

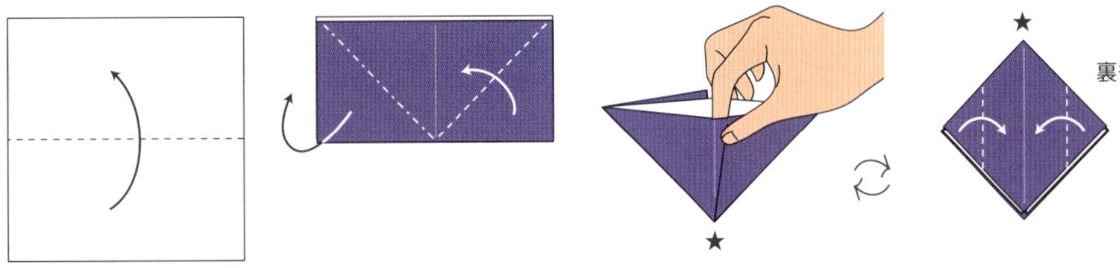

❺ 手前に折る
❻ 裏も同様に折って開く

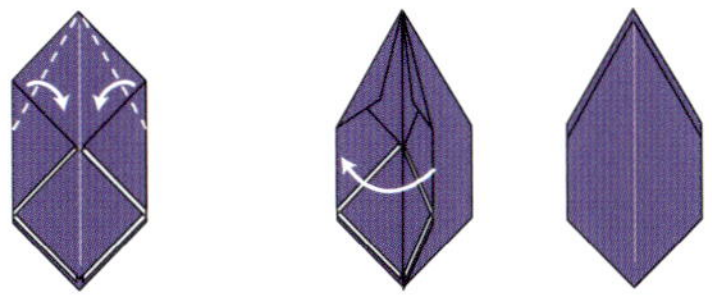

へた

16分の1に切った折り紙を図のように折る

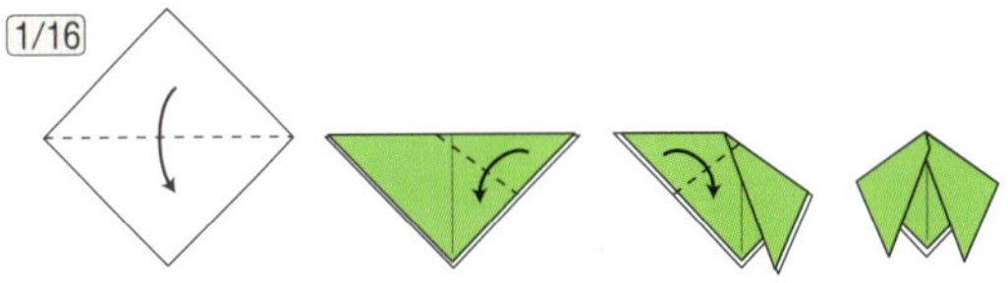

へたを付けて仕上げましょう。

ひし形つづり

4分の1に切った折り紙で③まで、なすと同様に折る

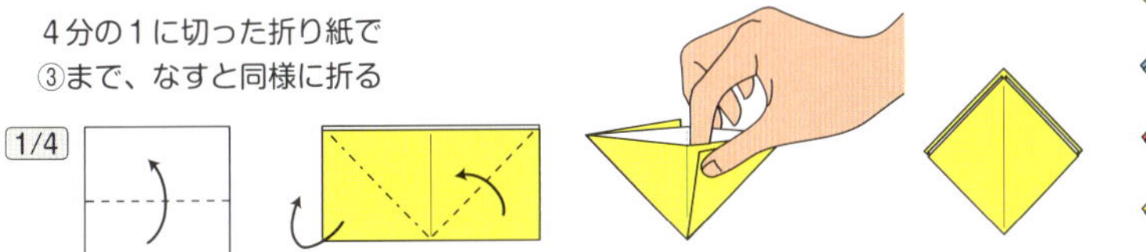

3分の1くらい重ねて貼り合わせひもを付けて仕上げます。

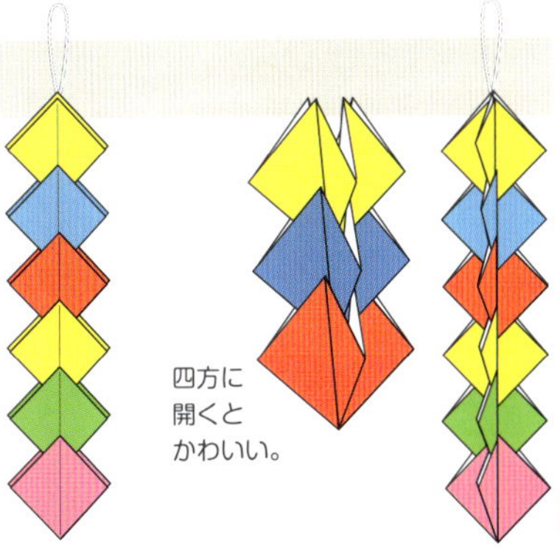

四方に開くとかわいい。

ロケット飾り

❶ 半分に折る

❷ 角を折り込む

❸ 図のように折る

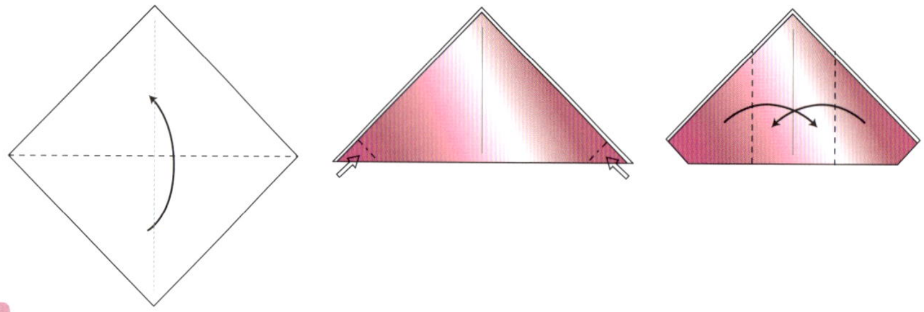

❹ 折り開く

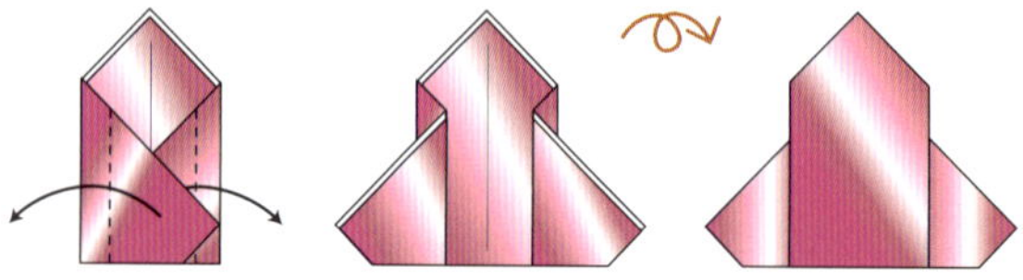

あみ飾りを
ロケットに付け、
少し引っ張って
動きを
出しましょう。

あみ飾りの作り方

２分の１に切った折り紙を２回折り、
図のように交互に切り込みを入れて開く

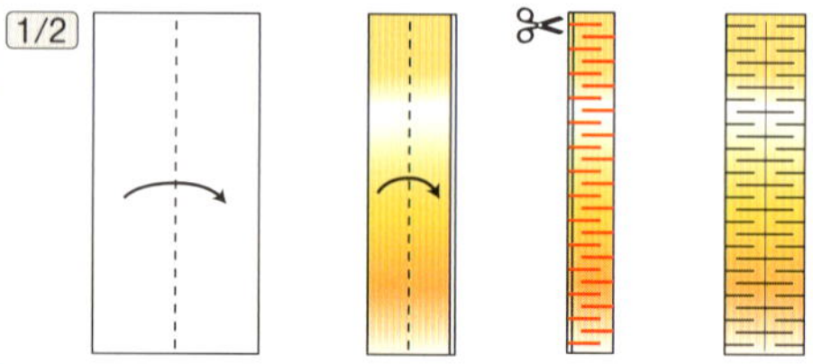

あみ飾り（天の川）

２分の１に切った折り紙を２回折り、
図のように片側に切り込みを入れて開く

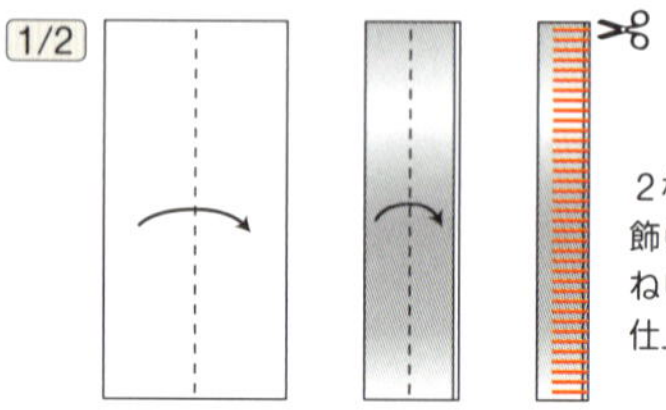

２枚貼り合わせ
飾りを付けて
ねじって
仕上げます。

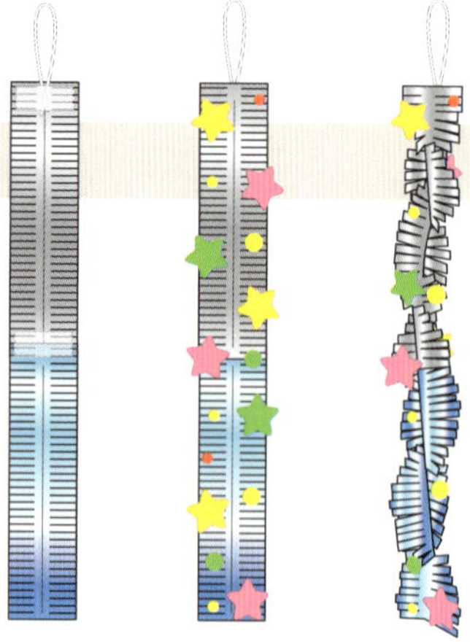

すいか

皮

❶ 中心に向かって
折る

❷ 角を折る

❸ 半分に折る

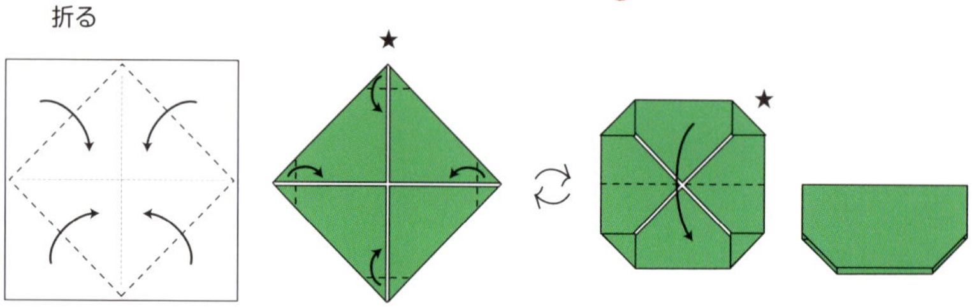

実

皮と同様に折る
（②で皮より深めに折る）

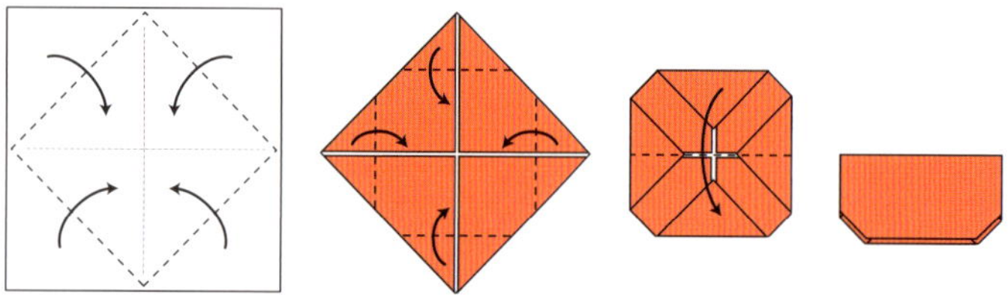

皮に実を
重ね、
種を描いて
仕上げます。

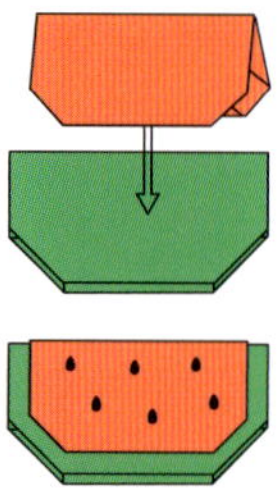

短冊

図のように折って作ります。

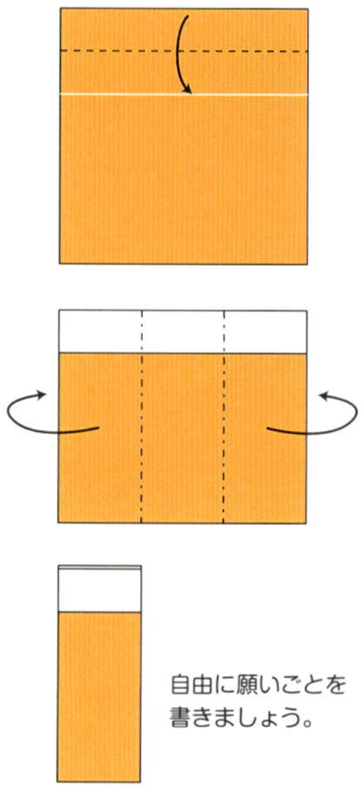

自由に願いごとを
書きましょう。

-------- 谷折り線　-・-・-・- 山折り線　裏返す　向きを変える　図を拡大する

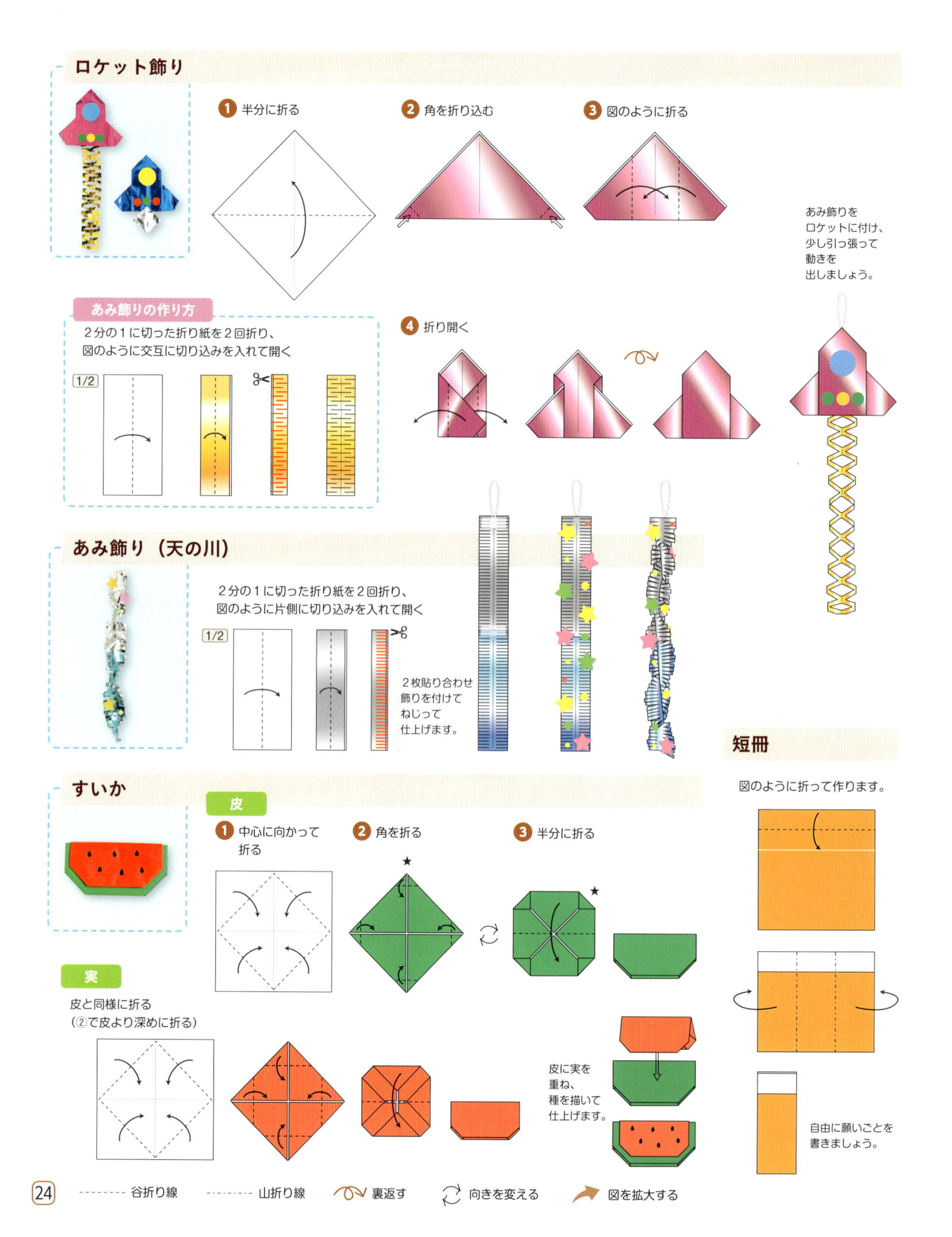

アレンジ

スタンドおりひめ＆ひこぼし

1. 黒と肌色の両面折り紙に折り線をつけ、図のように折る
2. さらに折る
3. 向こう側に折る
4. 十字に折り線をつけた折り紙を下に置いて図のように折る

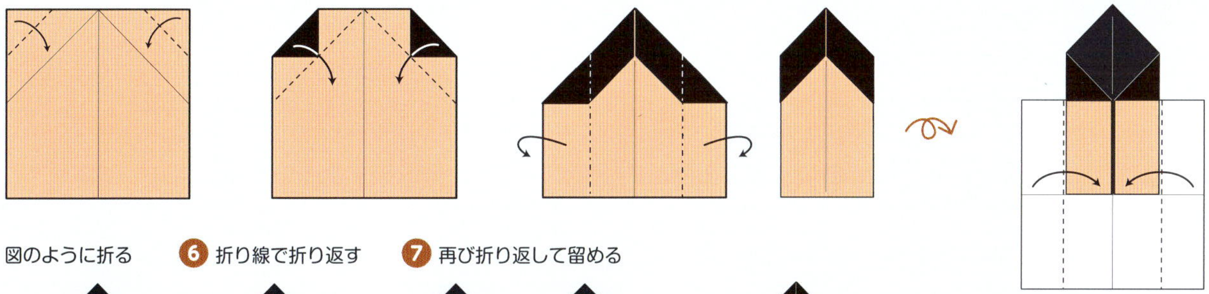

5. 図のように折る
6. 折り線で折り返す
7. 再び折り返して留める

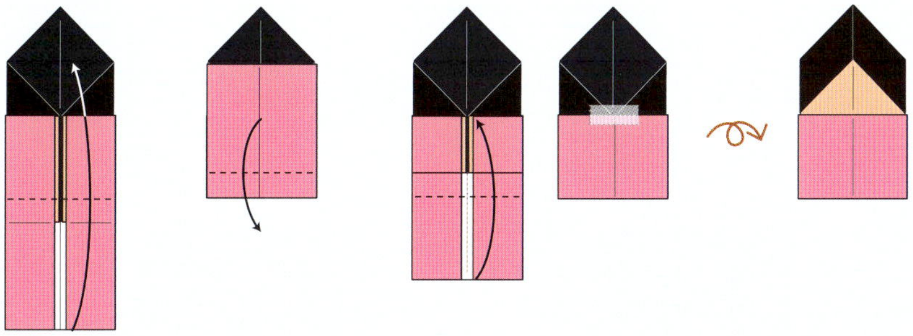

顔を描き、
飾りを付けて
立たせましょう。

笹舟おりひめ＆ひこぼし

おりひめとひこぼし

1. 4分の1に切った折り紙を3分の1くらい向こう側に折る
2. 中心に向かって折る

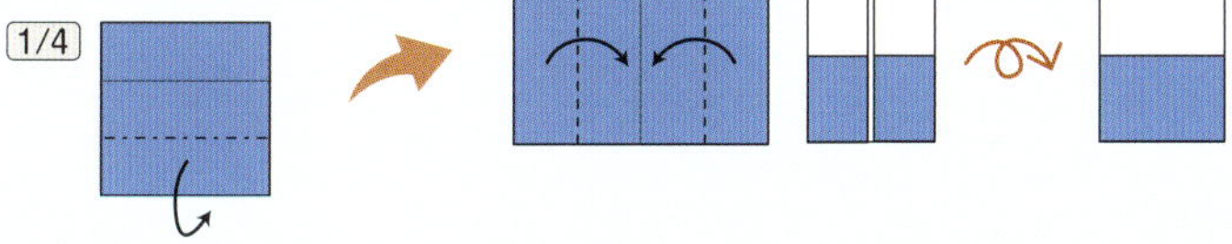

顔を描き、髪を貼って
仕上げます。

パンチした
星やハートを
使うと便利。

笹舟

1. 中心に向かって折る
2. 角を折る
3. 半分に折る

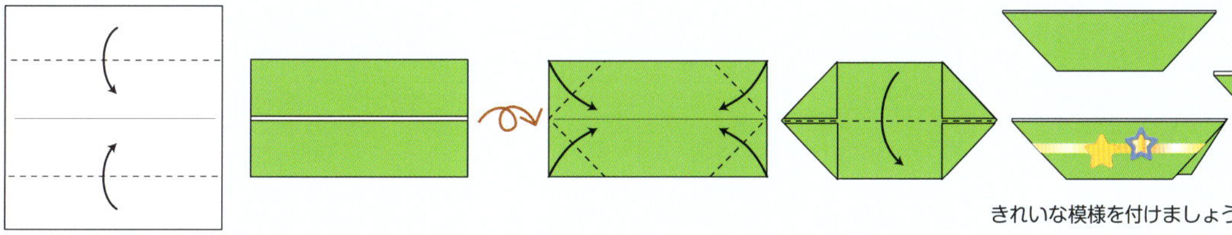

きれいな模様を付けましょう。

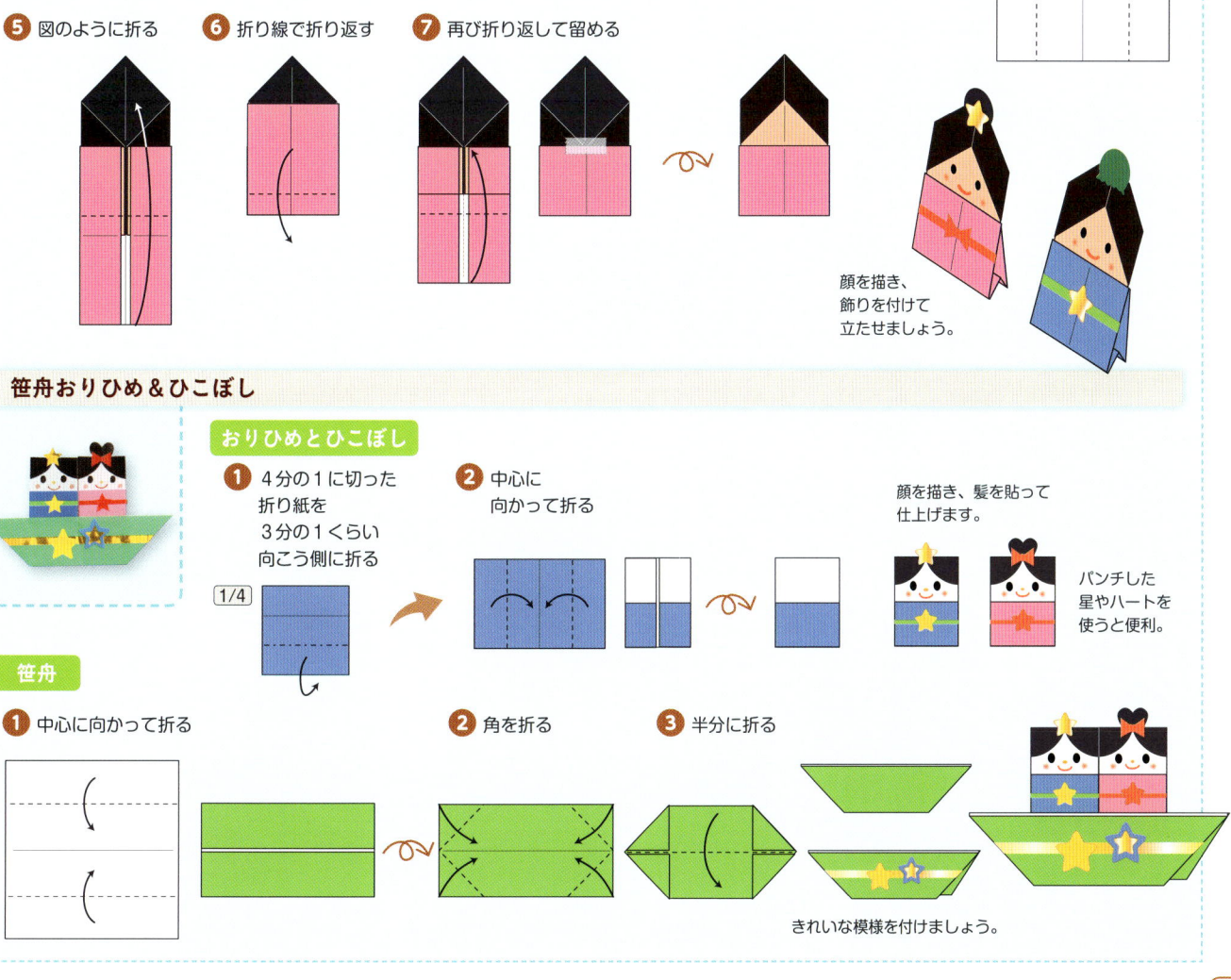

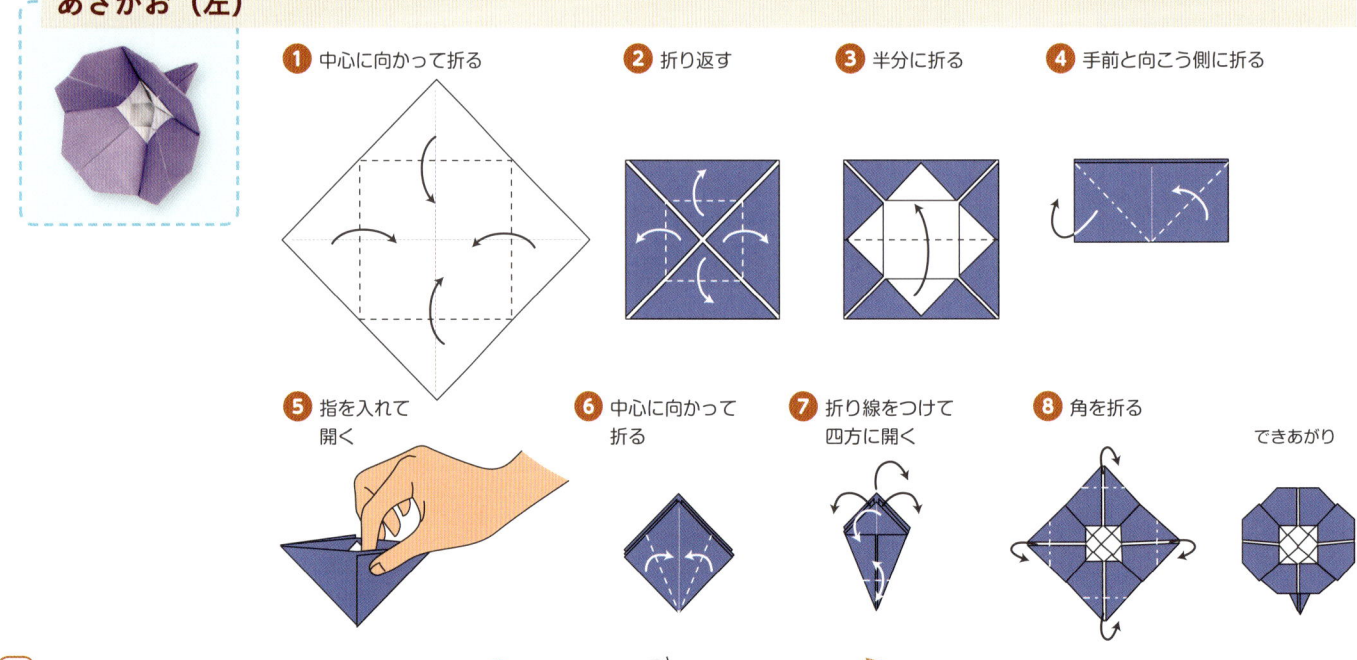

2つのあさがおの置き飾り

立体感のあるあさがおと、
中心の星型がきれいなあさがお。
どちらもストローで作った柵に、
色鮮やかに咲きました。

あさがお（左）

1 中心に向かって折る

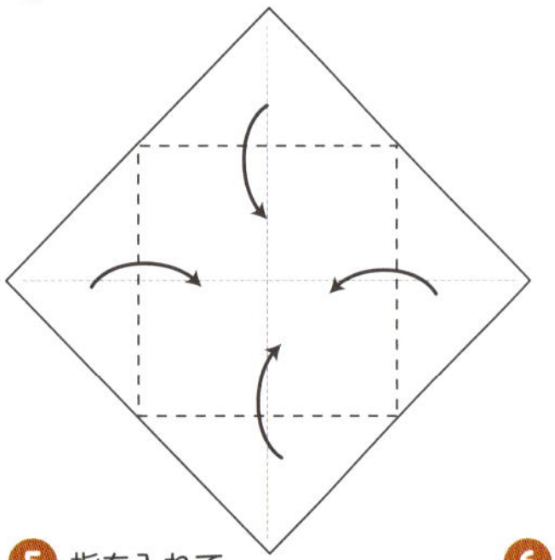

2 折り返す

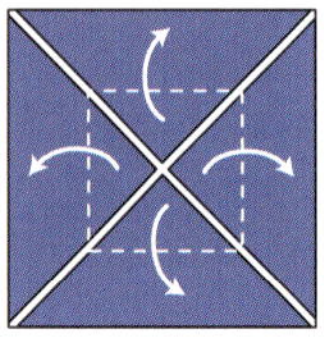

3 半分に折る

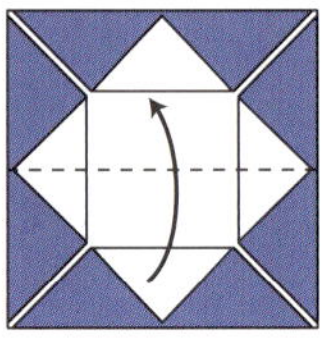

4 手前と向こう側に折る

5 指を入れて開く

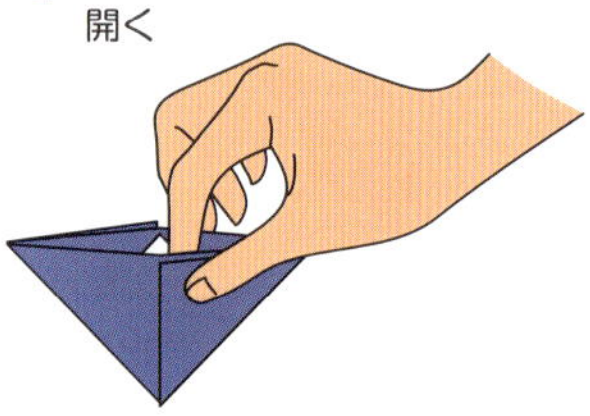

6 中心に向かって折る

7 折り線をつけて四方に開く

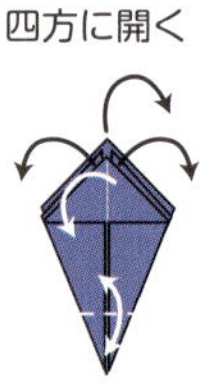

8 角を折る

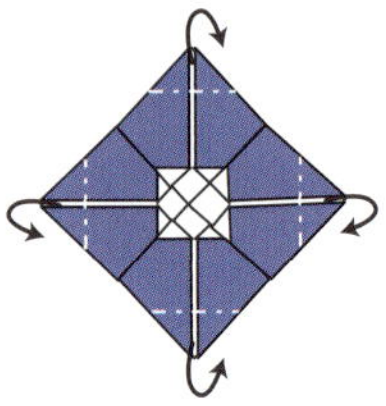

できあがり

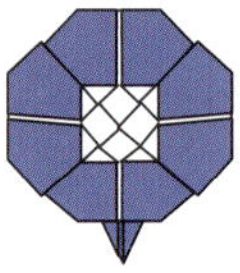

--------- 谷折り線　-·-·-·-·- 山折り線　裏返す　向きを変える　図を拡大する

あさがお（右）

❶ 4分の1に切った
折り紙を半分に折る

❷ 図のように折る

❸ 辺と辺が合うように折る

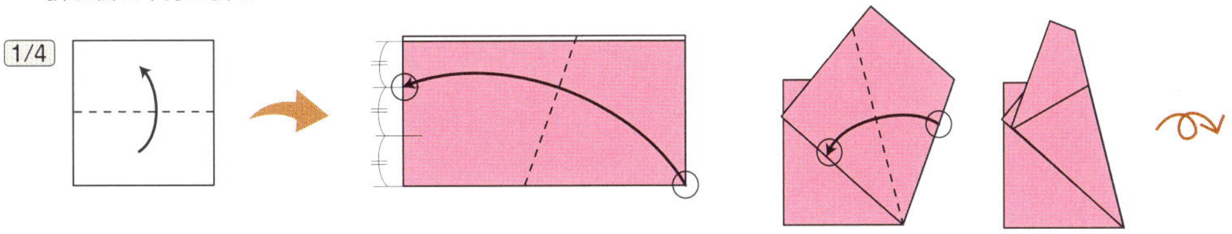

❹ 辺と辺が合う
ように折る

❺ 上は水平に近いカーブで、
下は直線で切る

❻ 開いて、切り取った星を裏側にセロハンテープで貼る

できあがり

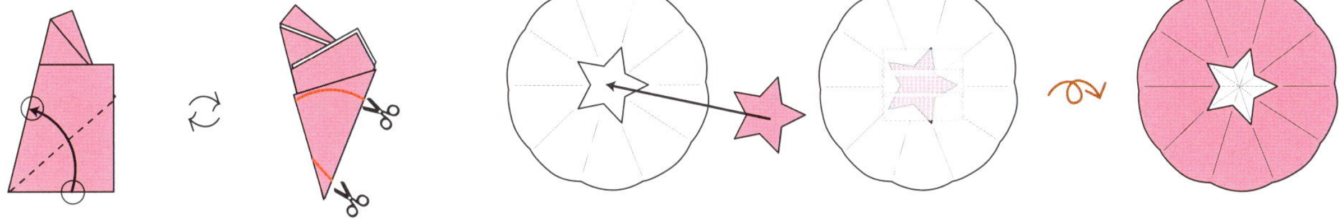

葉（右）

❶ 4分の1に切った
折り紙を半分に折る

❷ 図のように切る

開いて
できあがり

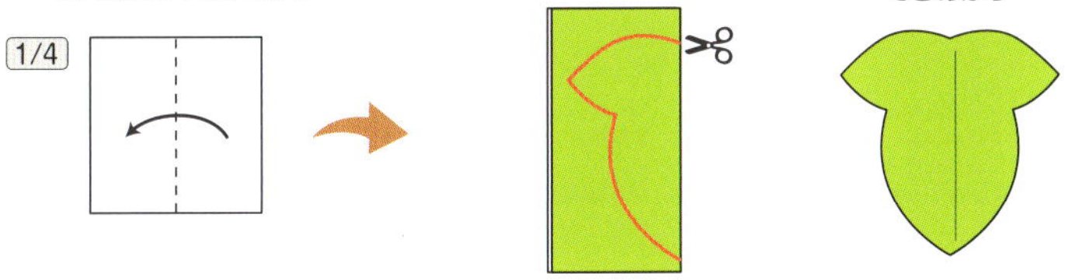

葉（左）

❶ 4分の1に切った
折り紙を半分に折る

❷ 図のように折る

❸ 切り込みを入れて折る

できあがり

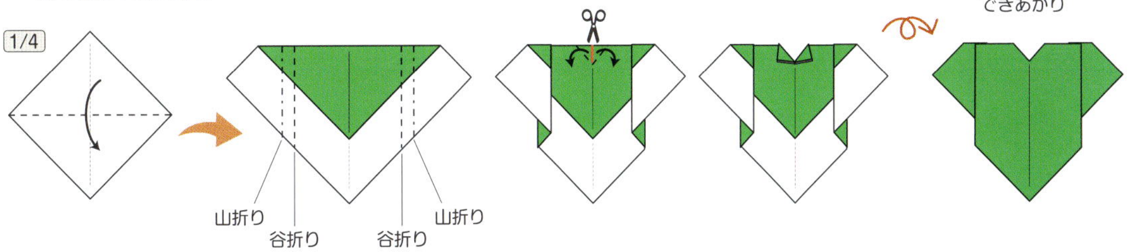

つる

❶ 2分の1に切った
折り紙を半分に折って
貼り合わせる

❷ 図のようにうずまきに切る

中心をそっと
引っ張って
伸ばします。

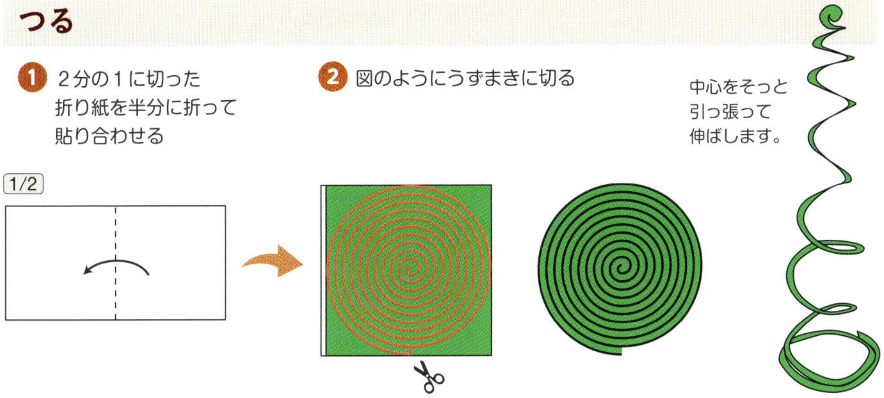

柵は、ストローをセロハンテープで
貼り合わせて作ります。

涼しいうちわで夏祭り

思い思いのデザインで楽しいうちわを作りましょう。これを持って出かければ楽しさ倍増です。

花火

① 2回折る

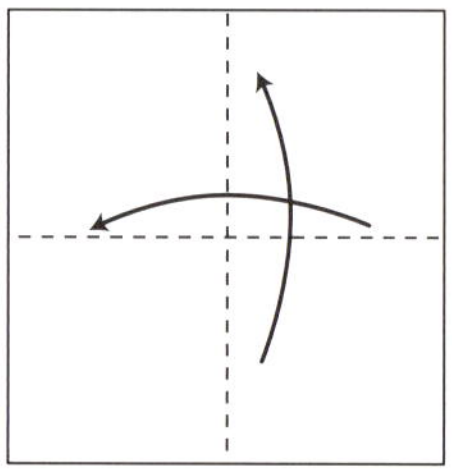

② 三角に折る

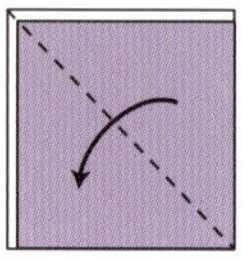

③ 図のように切って開く

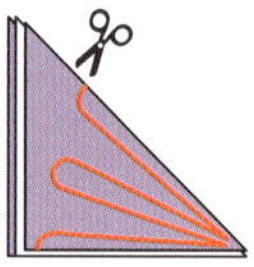

いろいろな色で作りましょう。

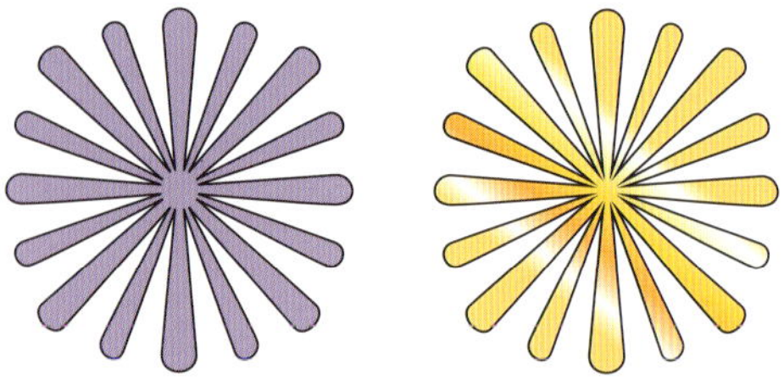

小さい花火は4分の1に切った折り紙で作ります。

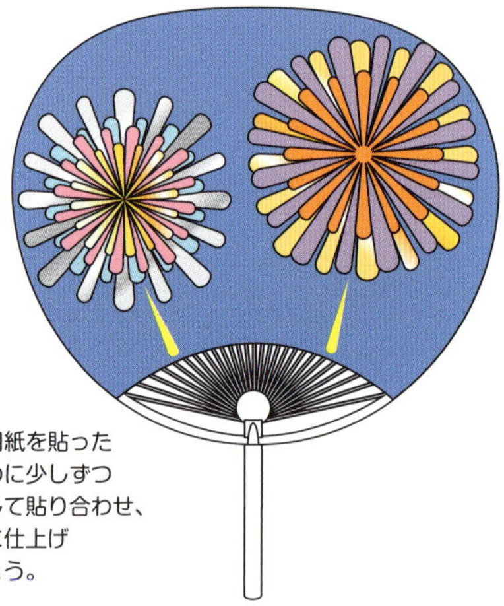

色画用紙を貼ったうちわに少しずつずらして貼り合わせ、花火に仕上げましょう。

谷折り線　山折り線　裏返す　向きを変える　図を拡大する

金魚（赤）

体

❶ 4分の1に切った折り紙の角を手前と向こう側に折る

❷ 半分に折る

❸ 図のように折る

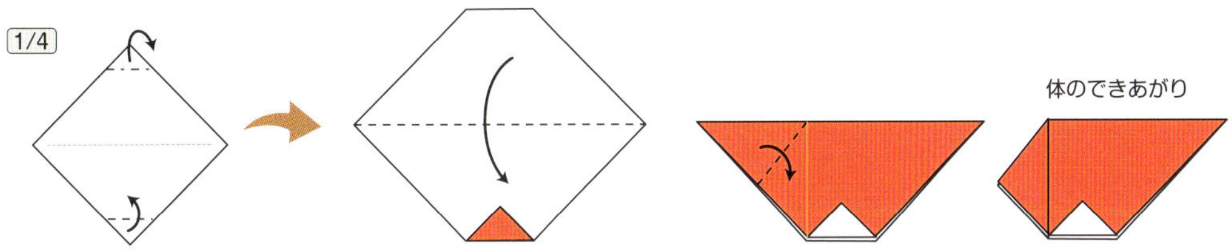

体のできあがり

尾びれ

❶ 4分の1に切った折り紙を三角に折る

❷ 中心に向かって折る

❸ 開いて図のような形につぶす

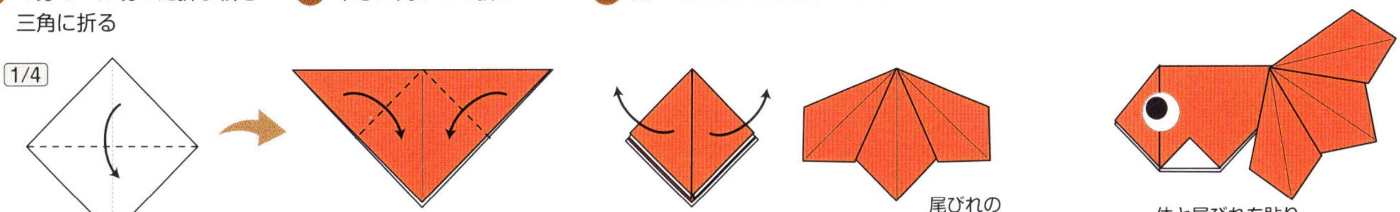

尾びれのできあがり

体と尾びれを貼り、丸シールの目を付けてできあがり

金魚（オレンジ）

体

❶ 4分の1に切った折り紙を中心に向かって折る

❷ 図のように折る

❸ 左側を少し折る

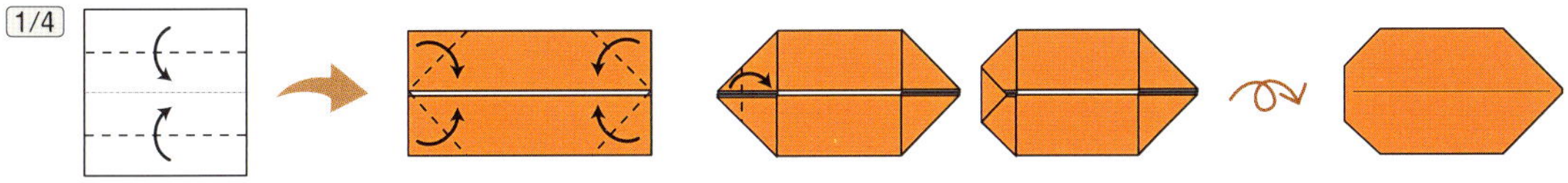

折ったところ

体のできあがり

尾びれ

❶～❸ 金魚（赤）の①～③と同じ

❹ 向こう側に折る

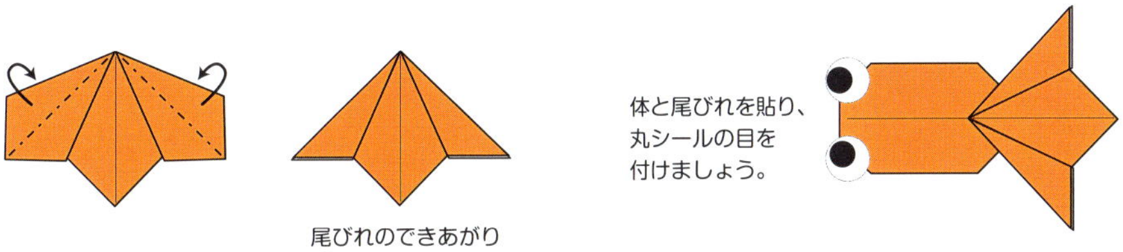

尾びれのできあがり

体と尾びれを貼り、丸シールの目を付けましょう。

水草と泡

細長く切った折り紙を重ね合わせて作りましょう。

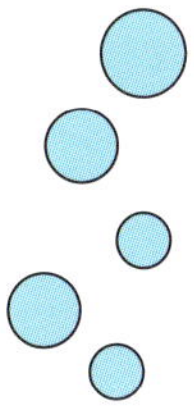

泡は丸く切って作ります。

バランスよく配置して仕上げましょう。

August
8月

元気いっぱいひまわりの花束

元気なひまわりがたくさん咲きました。
茎の長さを変えて飾ってみましょう。
見ているだけでにっこり笑顔になれますね。

谷折り線　山折り線　裏返す　向きを変える　図を拡大する

ひまわりの花

花びら

❶ 中心に向かって折る

❷ 切り込みを入れて折り開く

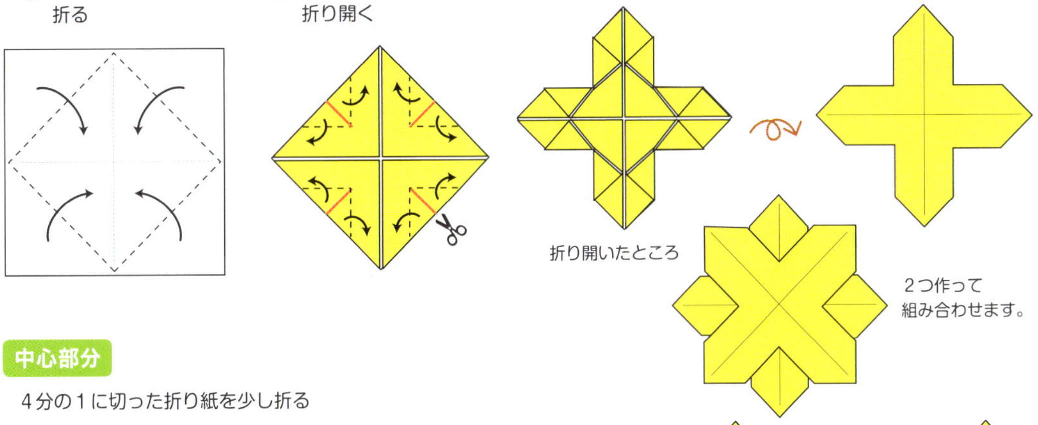

折り開いたところ

2つ作って組み合わせます。

中心部分

4分の1に切った折り紙を少し折る

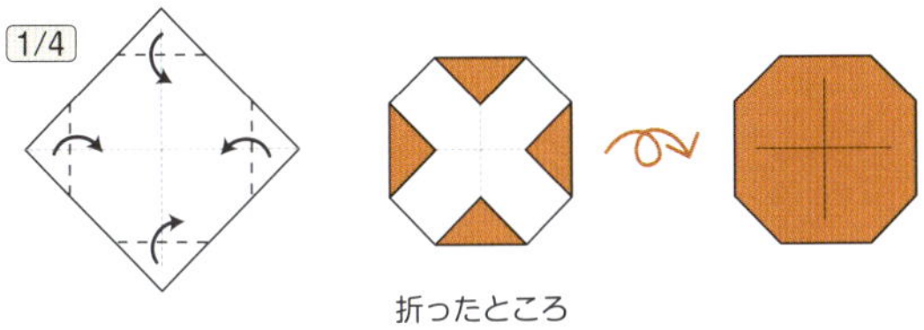

折ったところ

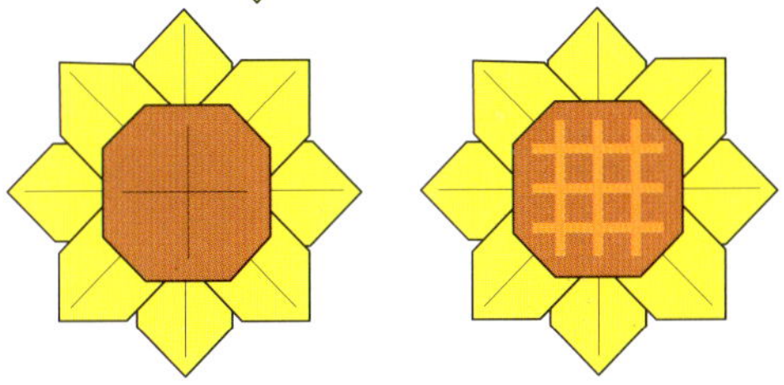

花びらと中心部分を貼り合わせ、模様を描いてできあがり

ひまわりの葉と茎

葉

❶ 2分の1に切った折り紙を半分に折って貼り合わせる

❷ 角を向こう側に折って半分に折る

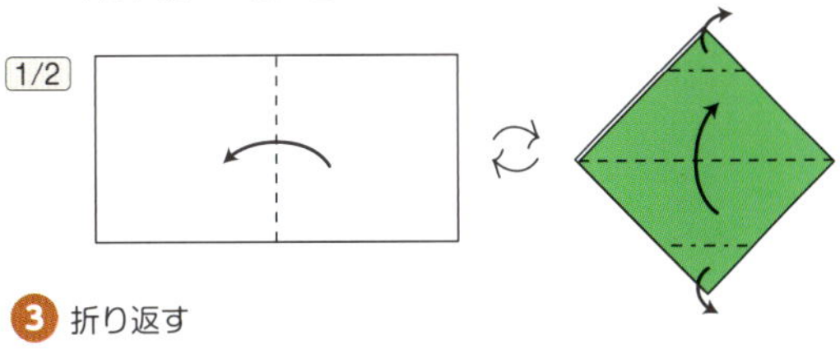

❸ 折り返す

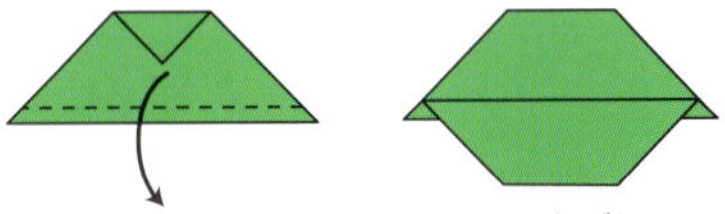

できあがり

茎

9ページの茎と同じように作る

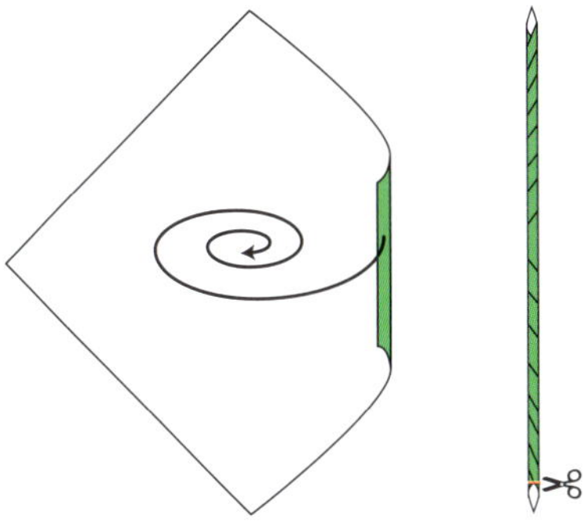

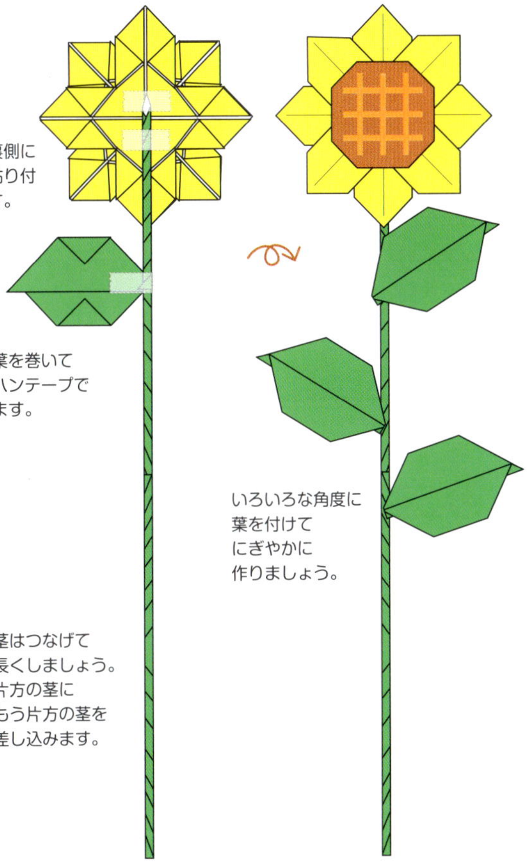

花の裏側に茎を貼り付けます。

茎に葉を巻いてセロハンテープで留めます。

茎はつなげて長くしましょう。片方の茎にもう片方の茎を差し込みます。

いろいろな角度に葉を付けてにぎやかに作りましょう。

August

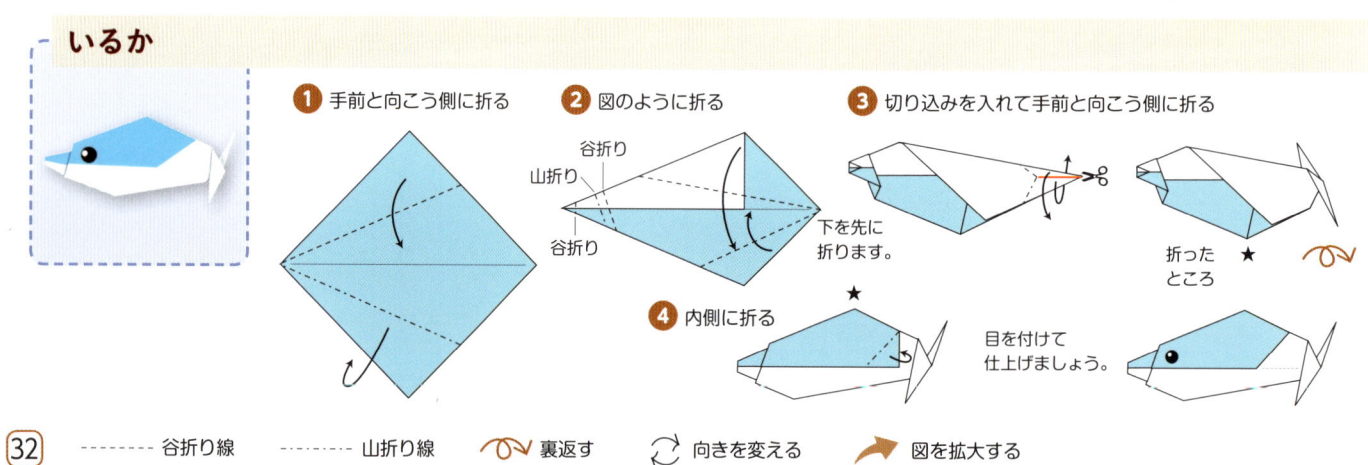

8月

いるかとかもめの海のコーナー飾り

波の間を進むヨットに、
いるかとかもめが集まります。
どんなお話しているのかな。

いるか

❶ 手前と向こう側に折る

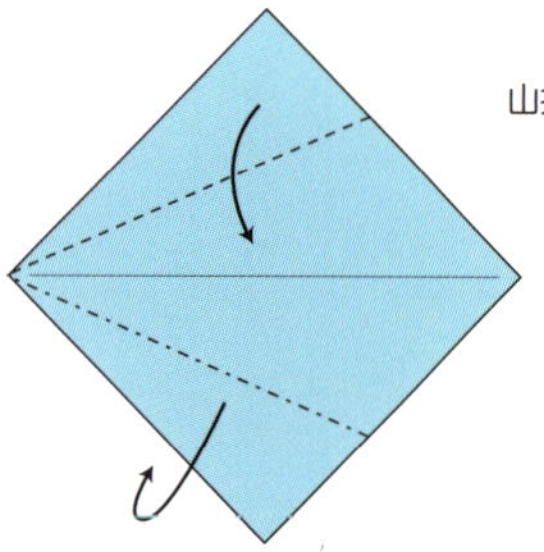

❷ 図のように折る

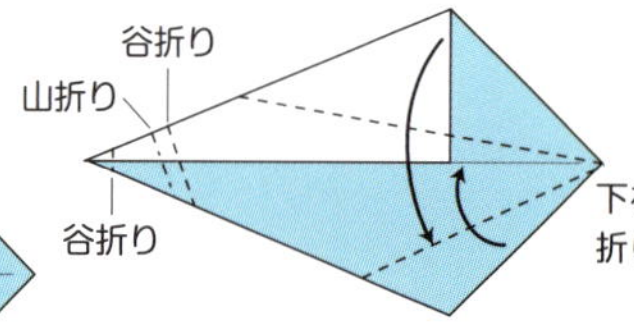

❸ 切り込みを入れて手前と向こう側に折る

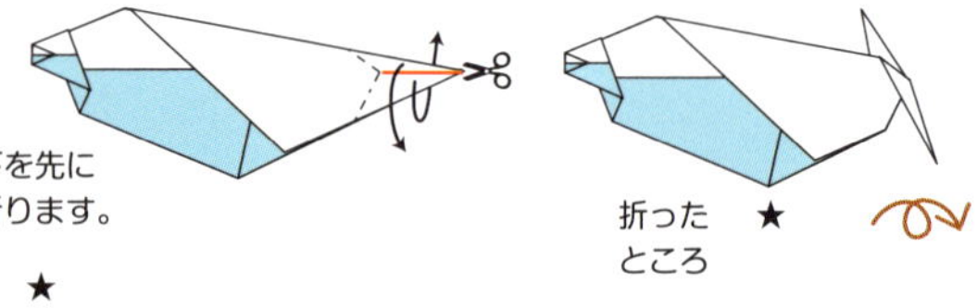

❹ 内側に折る

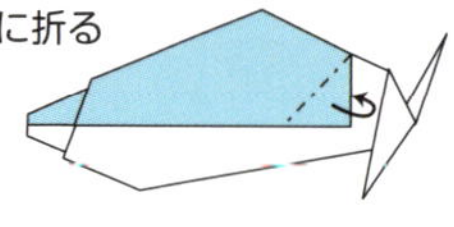

目を付けて
仕上げましょう。

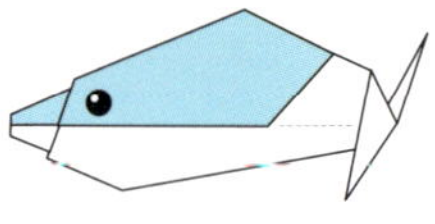

-------- 谷折り線　-·-·-·- 山折り線　裏返す　向きを変える　図を拡大する

かもめ

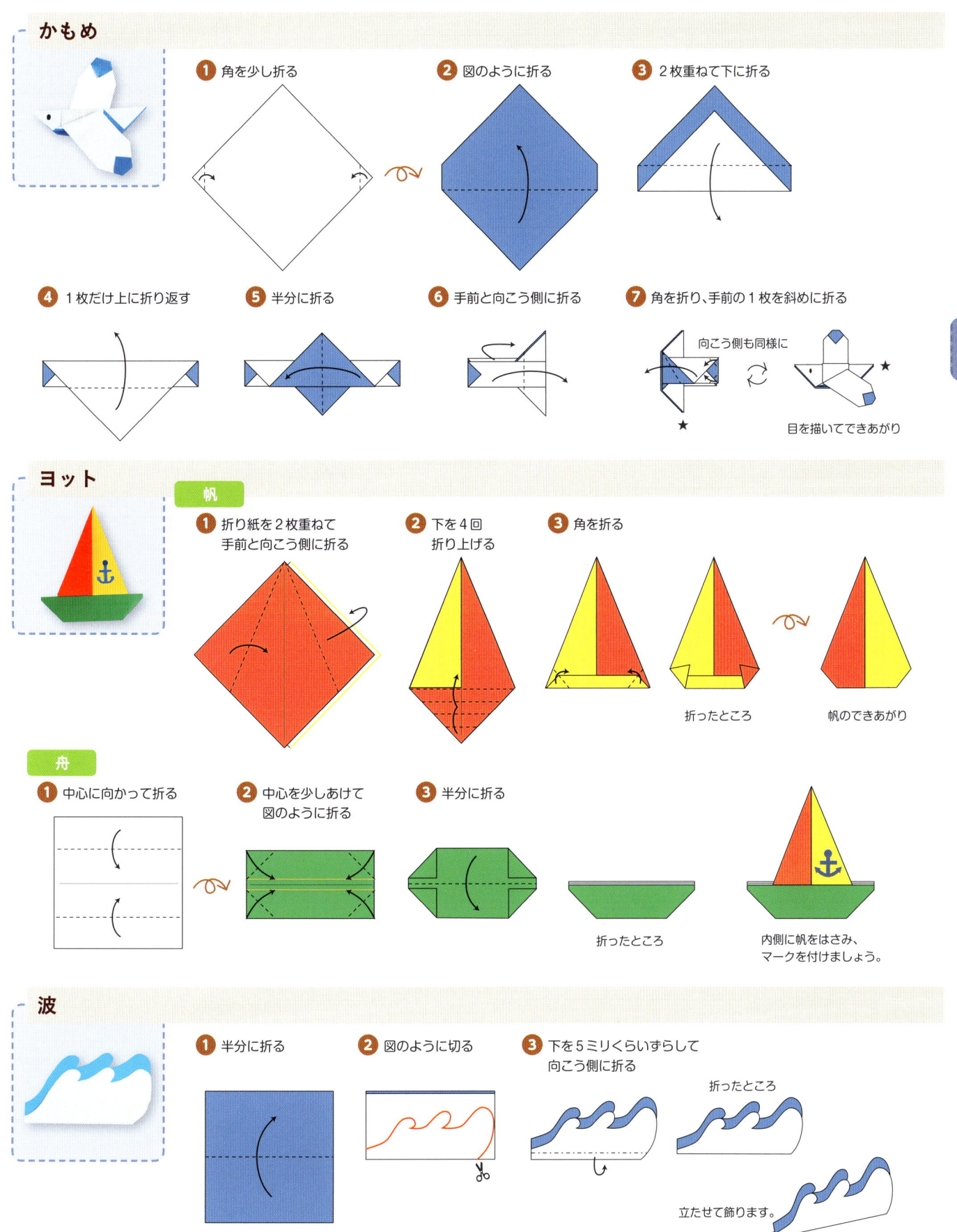

1 角を少し折る
2 図のように折る
3 2枚重ねて下に折る

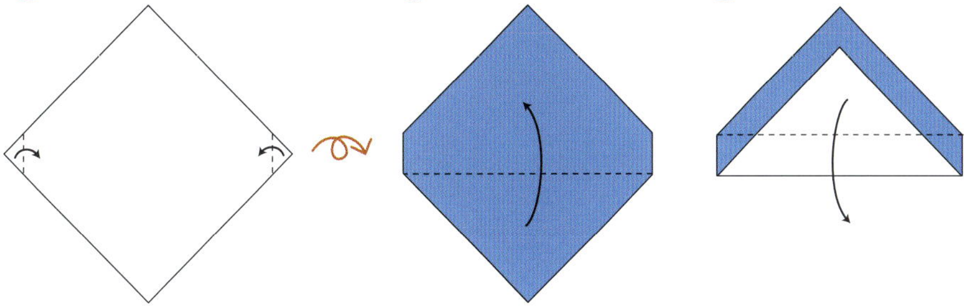

4 1枚だけ上に折り返す
5 半分に折る
6 手前と向こう側に折る
7 角を折り、手前の1枚を斜めに折る

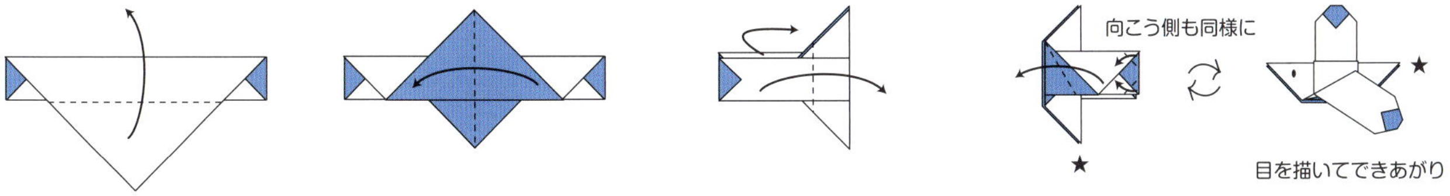

向こう側も同様に
★
★
目を描いてできあがり

ヨット

帆

1 折り紙を2枚重ねて
手前と向こう側に折る
2 下を4回
折り上げる
3 角を折る

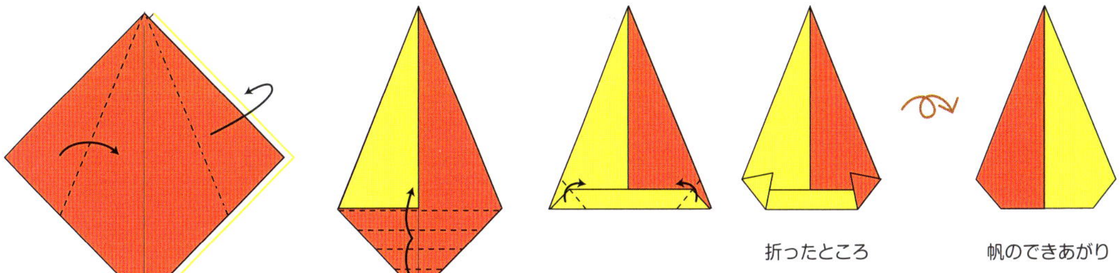

折ったところ
帆のできあがり

舟

1 中心に向かって折る
2 中心を少しあけて
図のように折る
3 半分に折る

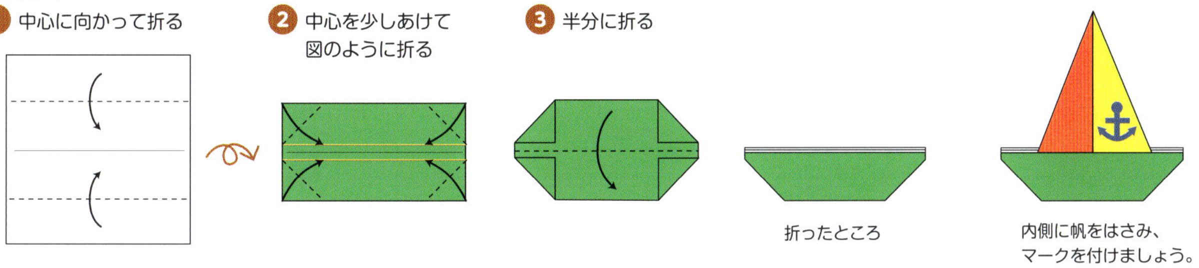

折ったところ
内側に帆をはさみ、
マークを付けましょう。

波

1 半分に折る
2 図のように切る
3 下を5ミリくらいずらして
向こう側に折る

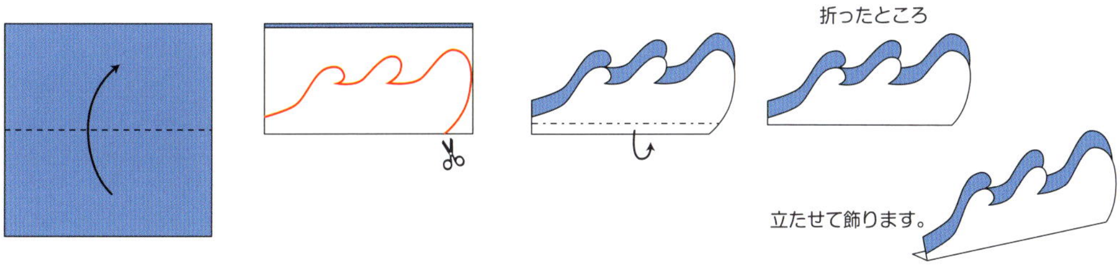

折ったところ
立たせて飾ります。

September
9月

まんまる十五夜のお月見飾り

雲から顔を出したお月さま。
うさぎさんたちも
うれしそうに見ているよ。
おだんごいくつ食べようか。

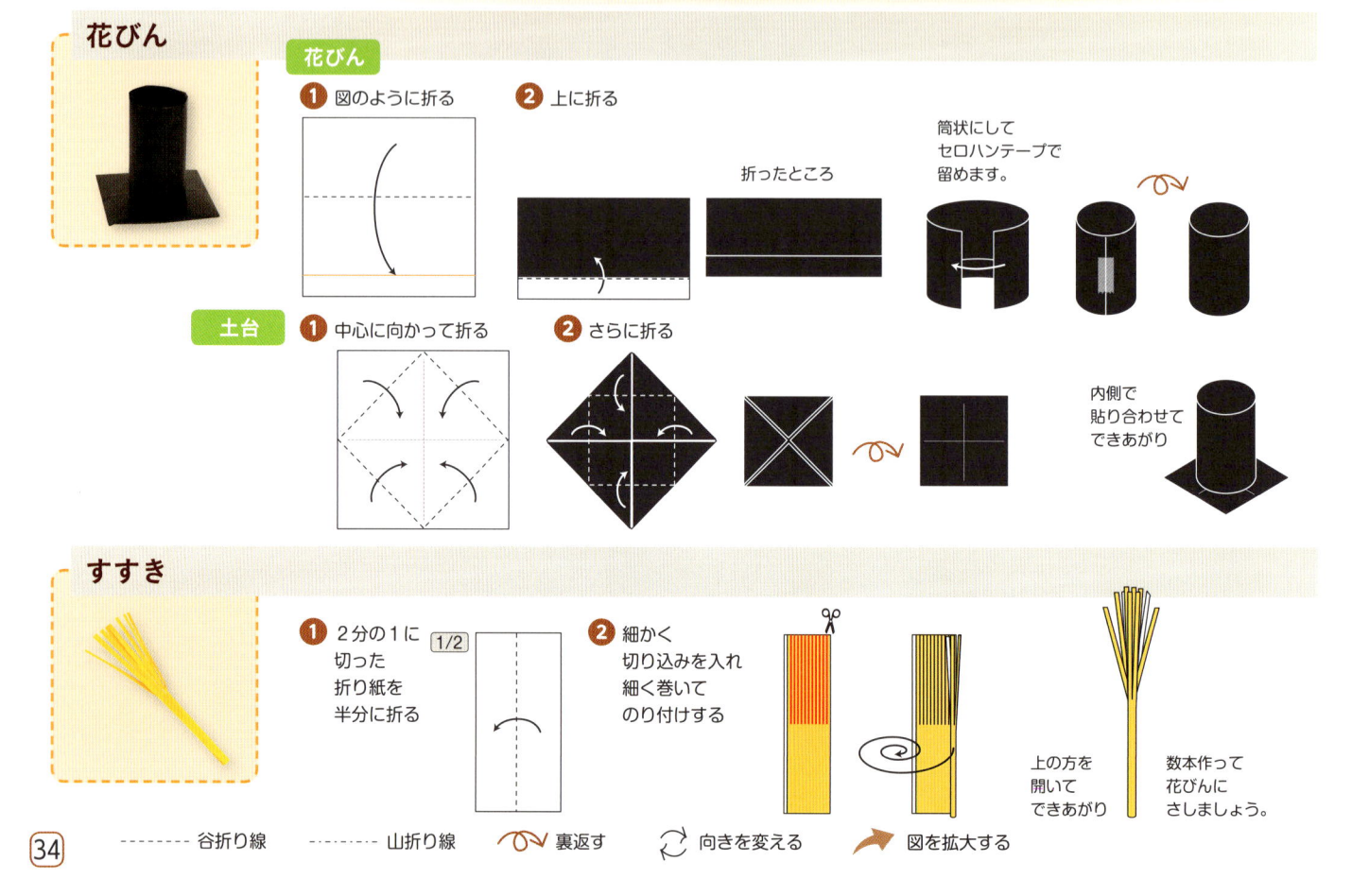

花びん

花びん

❶ 図のように折る

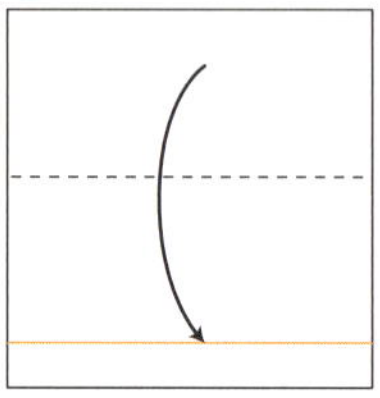

❷ 上に折る

折ったところ

筒状にして
セロハンテープで
留めます。

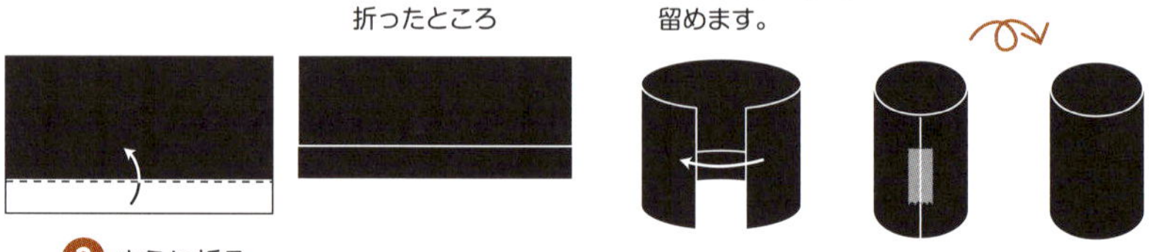

土台

❶ 中心に向かって折る

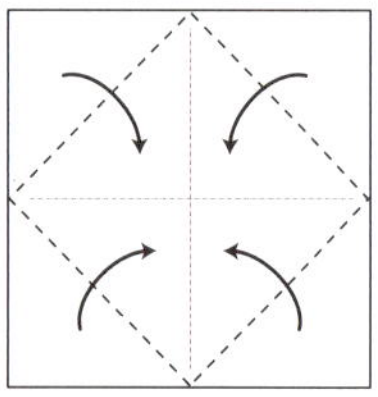

❷ さらに折る

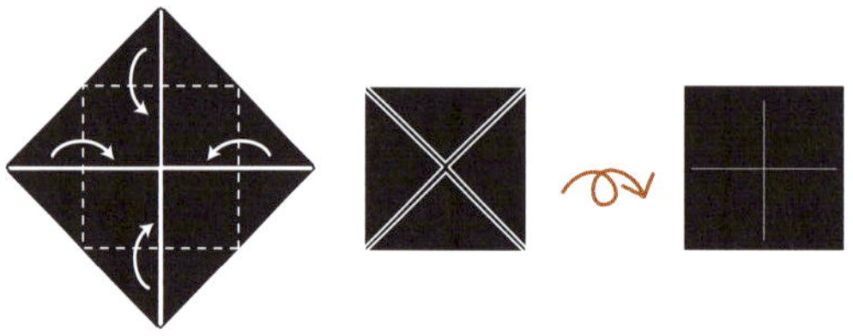

内側で
貼り合わせて
できあがり

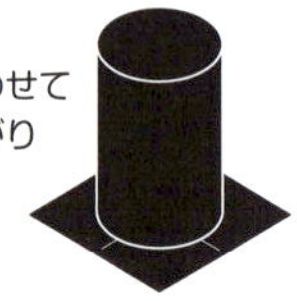

すすき

❶ 2分の1に
切った
折り紙を
半分に折る

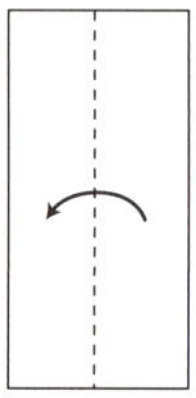

❷ 細かく
切り込みを入れ
細く巻いて
のり付けする

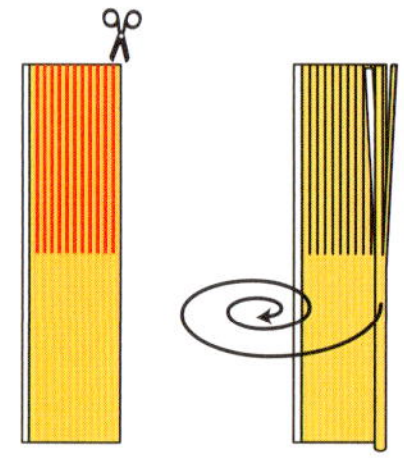

上の方を
開いて
できあがり

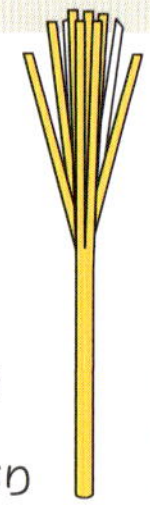

数本作って
花びんに
さしましょう。

-------- 谷折り線　-·-·-·- 山折り線　裏返す　向きを変える　図を拡大する

うさぎ

顔

❶ 2分の1に切った
折り紙を半分に折る

❷ 手前に折る

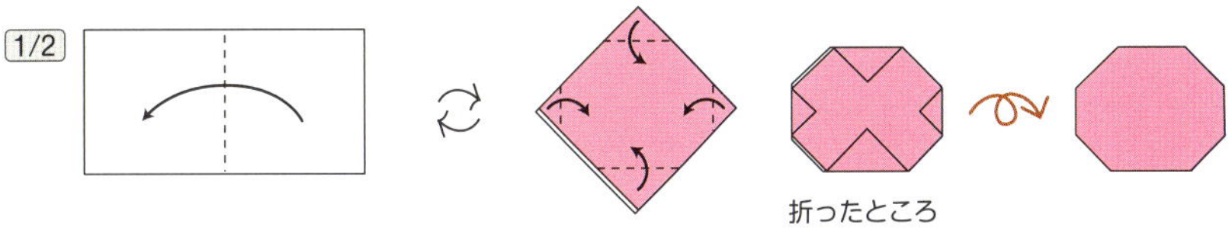

折ったところ

体

❶ 図のように折る

❷ 中心線で折る

❸ 図のように
折り返す

❹ 先を折って
しっぽにする

❺ 手前に折る

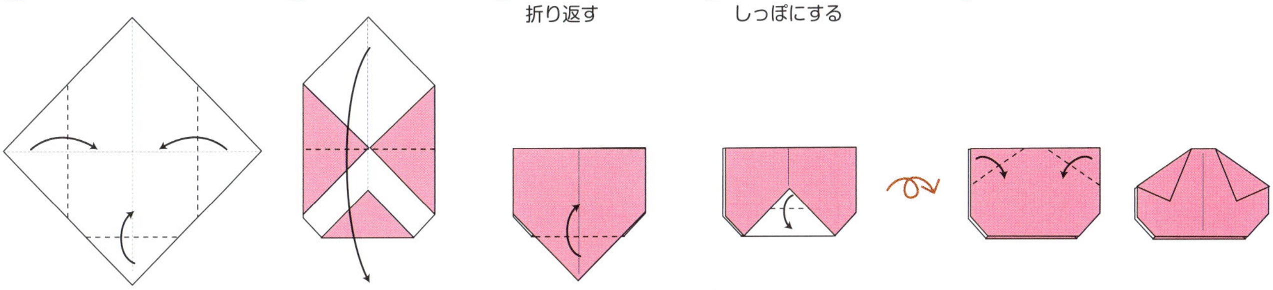

耳

❶ 4分の1に切った
折り紙を半分に折る

❷ 上の角を
折る

❸ 図のように
折る

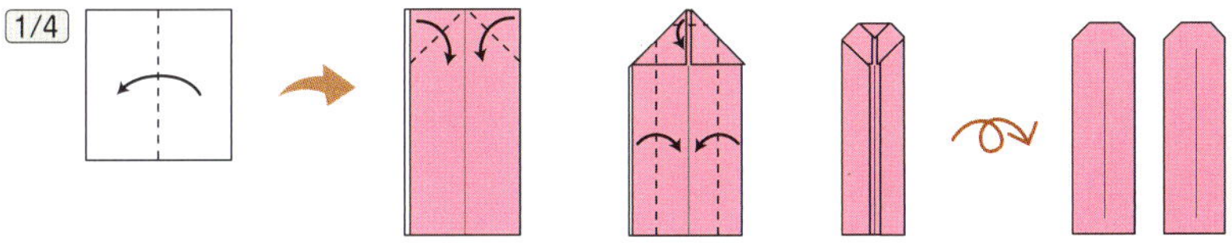

折ったところ

2つ作ります。

貼り合わせ、
顔を描いて
仕上げましょう。

三方

脚

❶ 半分に折る

❷ さらに半分に折る

❸ 折り線をつけ、斜線部分を差し込んで
のり付けし、立体にする

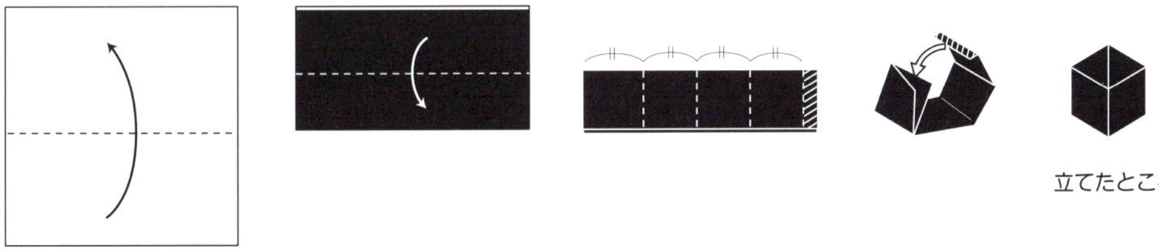

立てたところ

上皿

❶ 中心に向かって
折る

❷ さらに折る

❸ 折り線をつけて
切り込みを入れる

❹ ○部分を
開く

❺ 折り線のとおりに折り、
立体にしてのり付けする

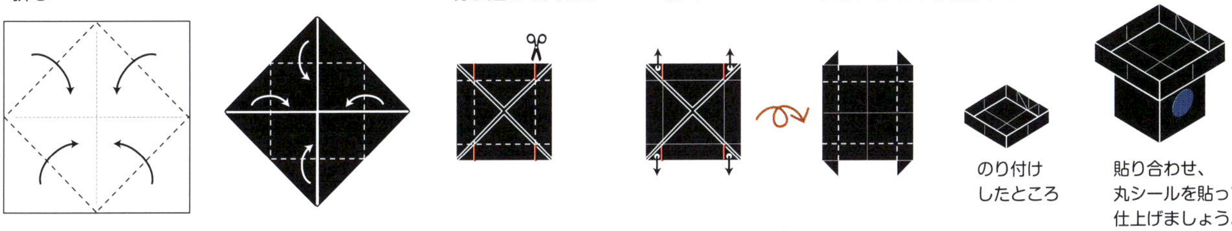

のり付け
したところ

貼り合わせ、
丸シールを貼って
仕上げましょう。

敬老の日のプレゼントカード

大好きなおじいちゃん、おばあちゃんに、
楽しいカードを贈りましょう。
うれしい笑顔が見えてきそうです。

コスモス

❶ 4分の１に切った折り紙を三角に折る

❷ 三角に折る

❸ さらに三角に折る

❹ 図のように切る

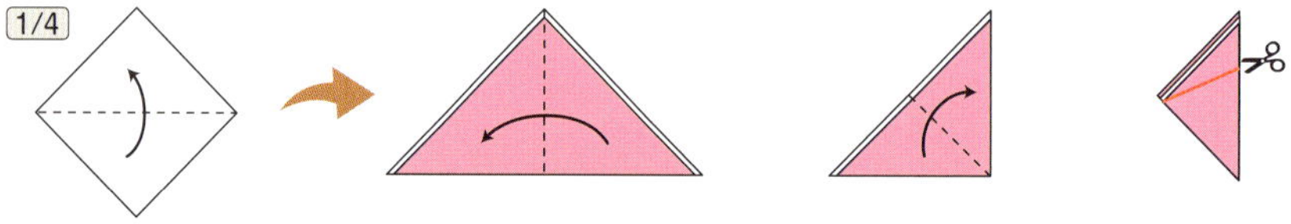

❺ 切り込みを入れて、ふちも切る

そうっと開きます。

中心に丸シールを貼って仕上げましょう。

谷折り線　山折り線　裏返す　向きを変える　図を拡大する

おじいちゃんとおばあちゃん

顔

❶ 2分の1に切った折り紙を半分に折る

❷ 下を折る

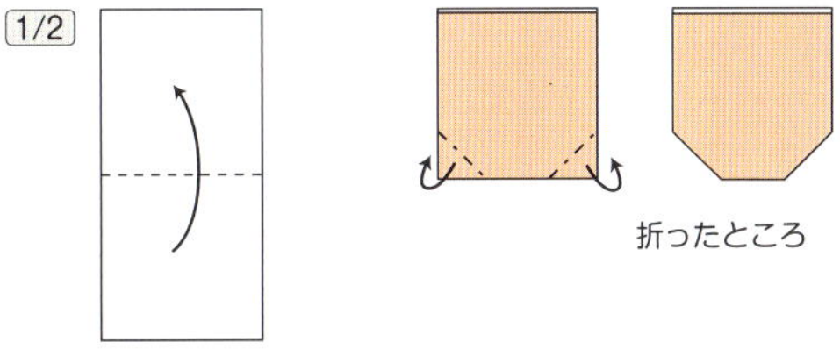

おじいちゃんの髪

❶ 4分の1に切った折り紙に顔をのせて図のように折る

❷ 向こう側に折る

❸ 切り込みを入れる

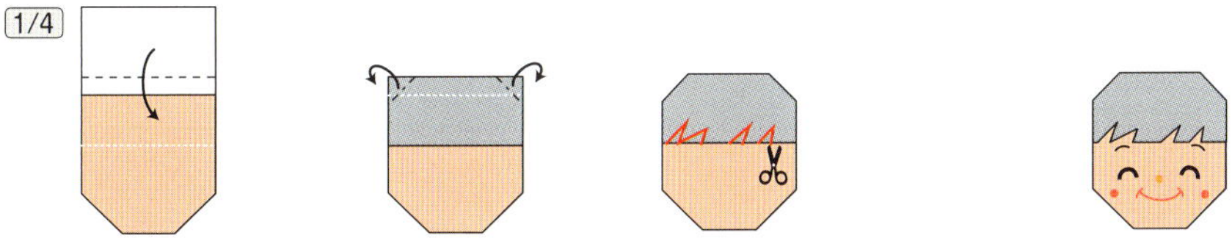

おじいちゃんのできあがり

おばあちゃんの髪

❶ 2分の1に切った折り紙に顔をのせて図のように折る

❷ 向こう側に折る

❸ 切り込みを入れる

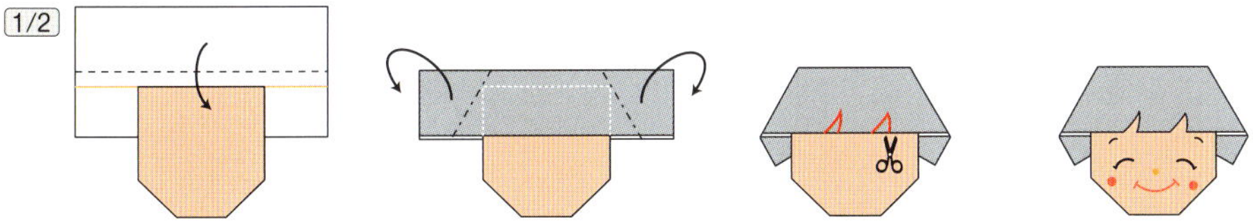

おばあちゃんのできあがり

体

❶ 図のように折る

❷ 手前に折る

❸ 下を手前に折る

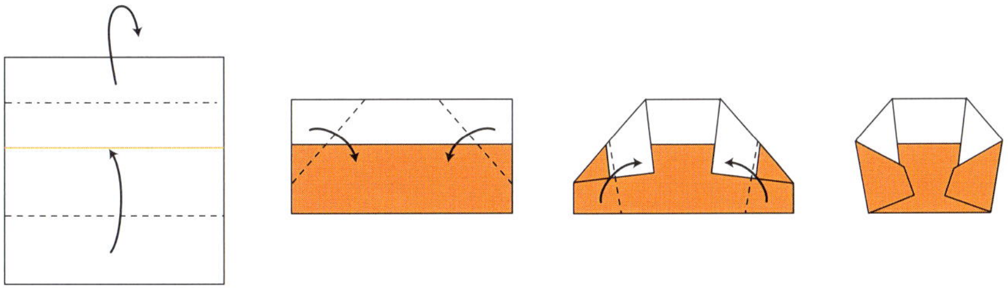

できあがり

顔と体を貼り合わせます。

コスモスをあしらって仕上げましょう。

9月

September
9月

ねこちゃんの防災ポスター

もしものときの逃げ方をポスターで知らせておきましょう。
「おかしも」もしっかり覚えられますね。

にげるときの
おやくそく
お…おさない
か…かけない
し…しゃべらない
も…もどらない

消防車

車体

半分に折る

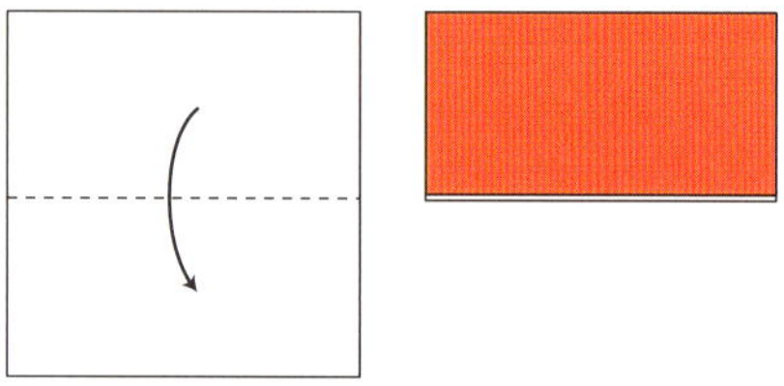

タイヤ

16分の1に切った
折り紙を図のように折る

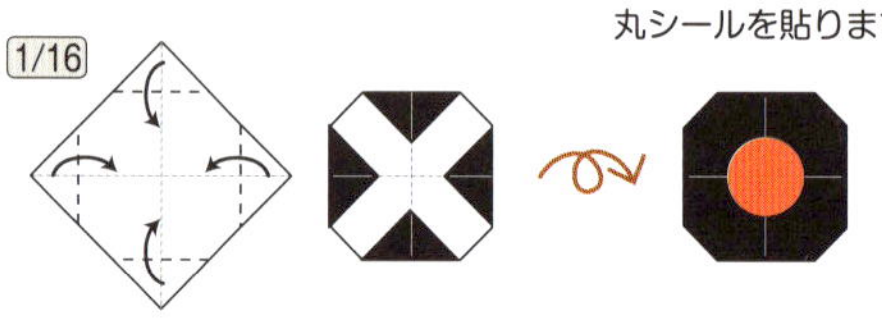

1/16

丸シールを貼ります。

はしご

❶ 2分の1に
切った折り紙を
図のように折る

❷ 端を少し切る

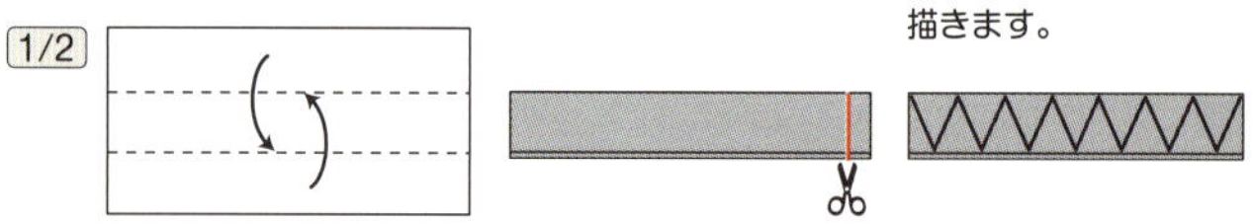

1/2

はしごの模様を
描きます。

回転灯

❶ 16分の1に
切った
折り紙を
半分に切る

❷ 半分に折る

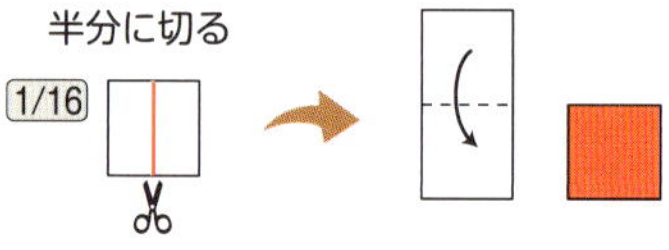

1/16

貼り合わせ、窓とライトを
付けて仕上げましょう。

-------- 谷折り線　-·-·-·-·- 山折り線　裏返す　向きを変える　図を拡大する

ねこ

顔

1 中心を少しあけて内側に折る
2 半分に折る
3 曲線に切り込みを入れて中に折り込む
4 角を折り込む

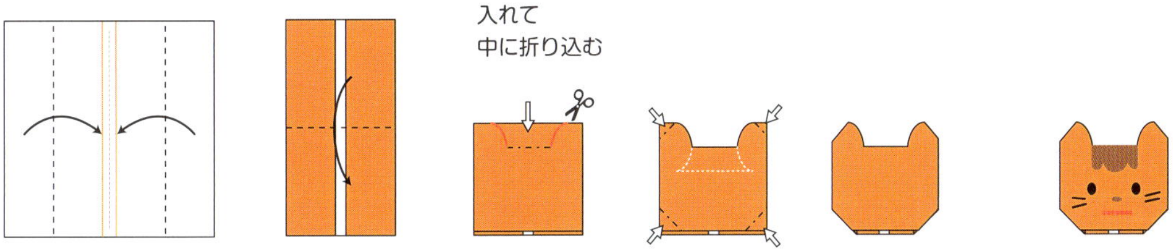

折ったところ
顔を描きます。

体

1 図のように2回折る
2 向こう側に折る
3 中心に向かって図のように折る

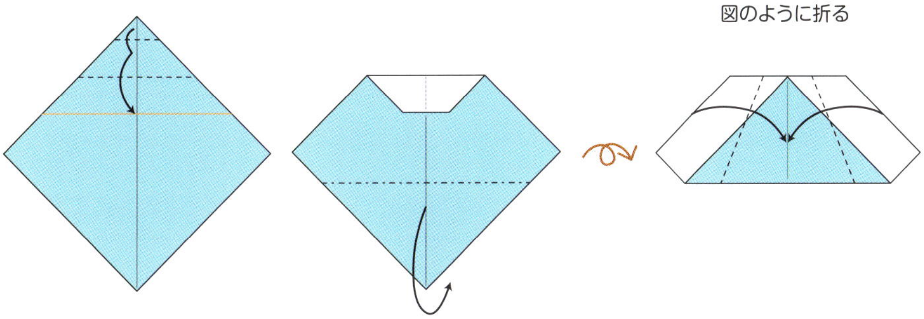

4 折り開く
5 折り上げる
6 切り込みを入れて向こう側に折る

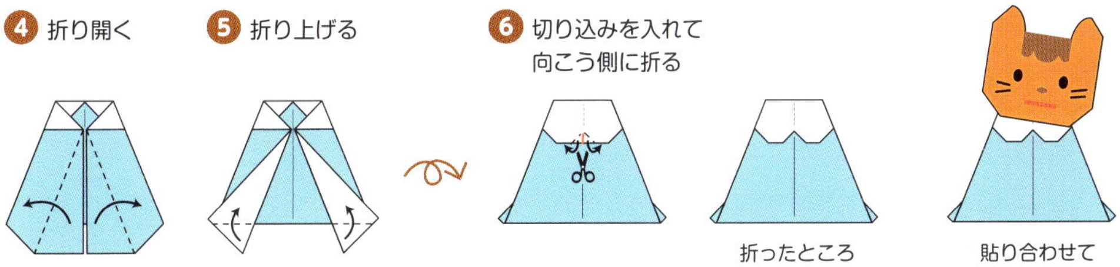

折ったところ
貼り合わせてできあがり

防災頭巾

1 猫の顔が入るよう広めに折る
2 切り込みを入れて折る
3 図のように折る

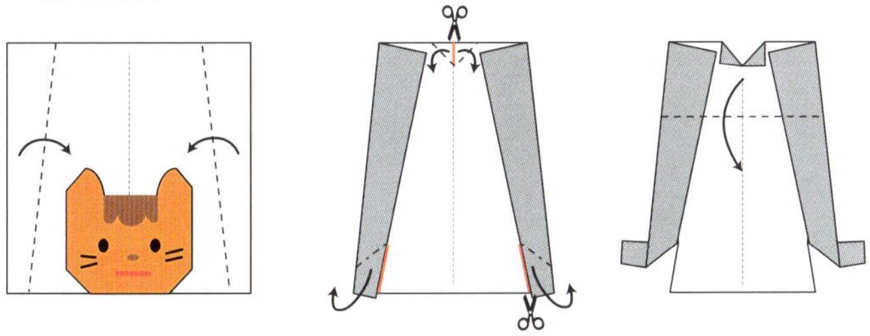

4 角を向こう側に折る

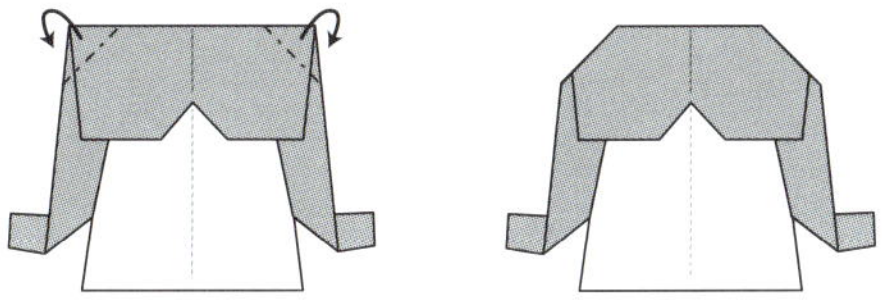

できあがり

防災頭巾をかぶらせて仕上げましょう。

October
10月

がんばったね！運動会メダル

勝っても負けても
もらえるうれしいメダル。
わいわい楽しく
作りましょう。

ライオンの顔メダル

たてがみ

1 中心に向かって２回折る

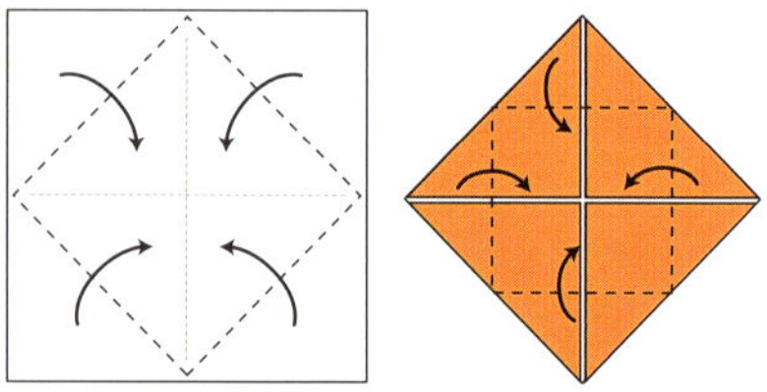

2 図のように折り返す

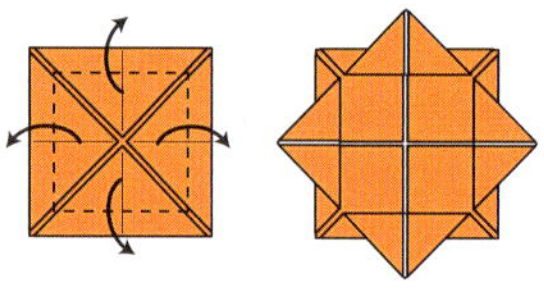

折ったところ

顔

２回折る

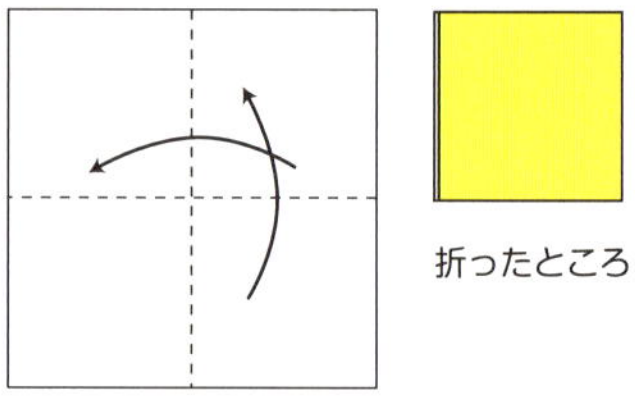

折ったところ

たてがみにはめ込み、
顔を描きましょう。

王冠のメダル

1 中心を切って図のように折る

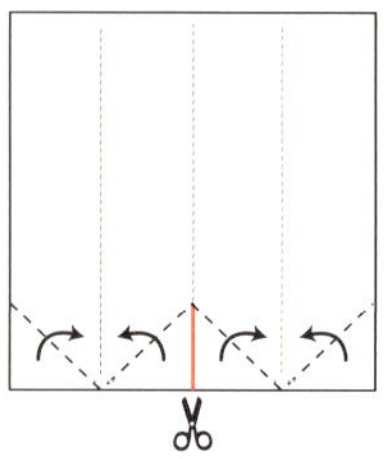

2 内側に折る

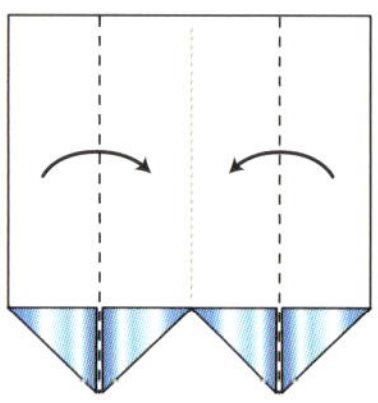

3 上の角を折る

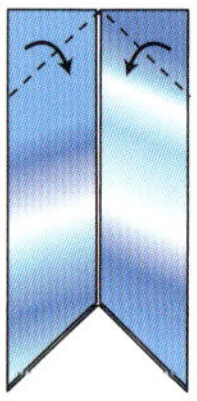

4 半分に折る

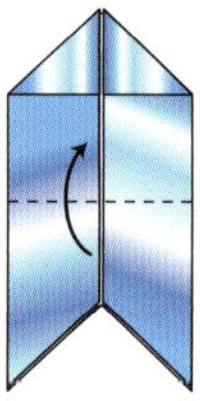

5 向こう側に折る

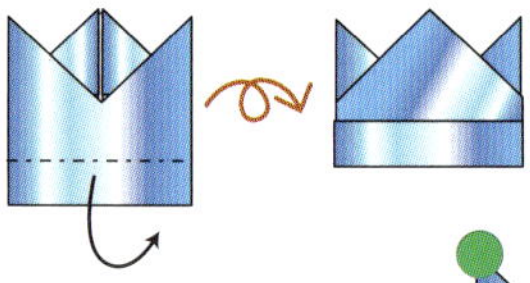

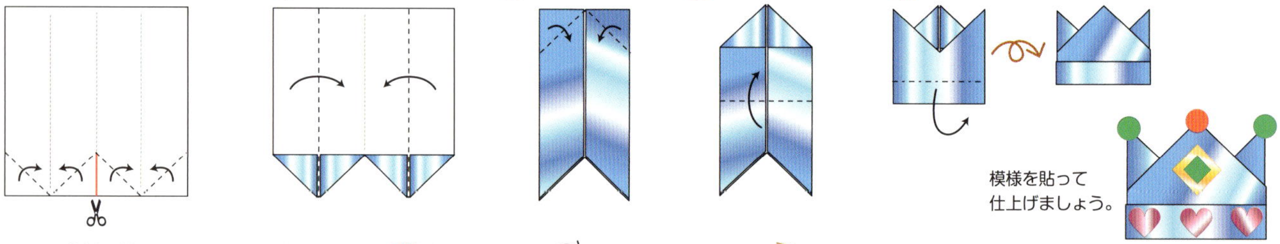

模様を貼って
仕上げましょう。

------- 谷折り線　-・-・- 山折り線　裏返す　向きを変える　図を拡大する

星のエンブレム

1 手前と向こう側に折る

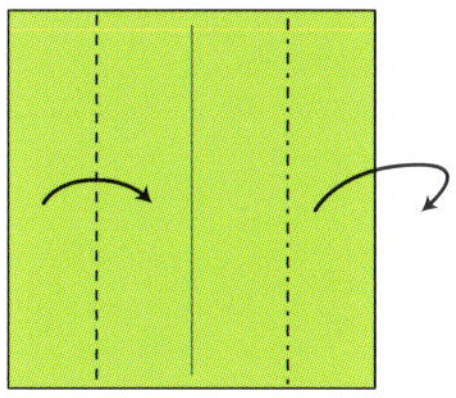

2 図のように折る

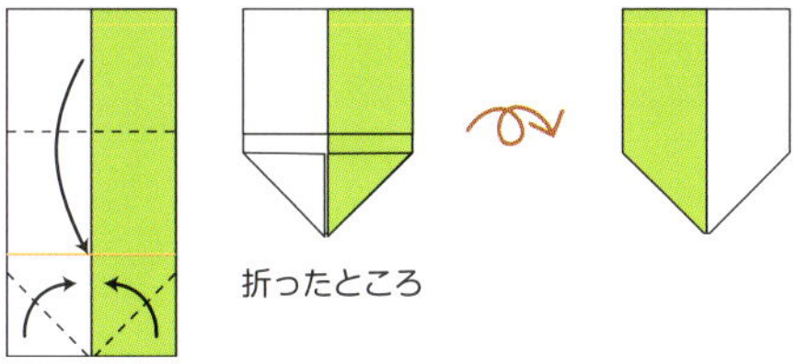
折ったところ

４分の１に切った
折り紙で星を作って貼り、
リボンで飾って仕上げましょう。
（星の作り方は 22 ページ）

うさぎのメダル

1 中心を少しあけて
内側に折る

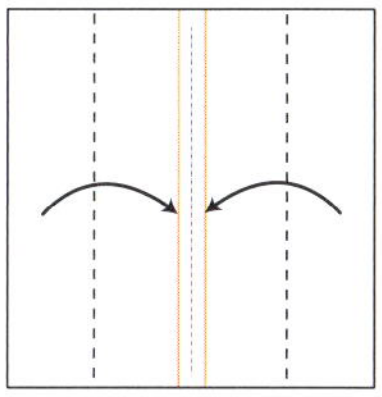

2 図のように折る

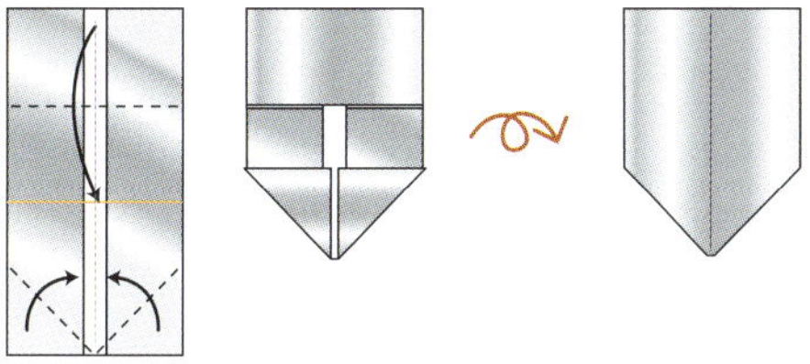

うさぎの作り方

４分の１に切った折り紙を
半分に折って
図のように切る

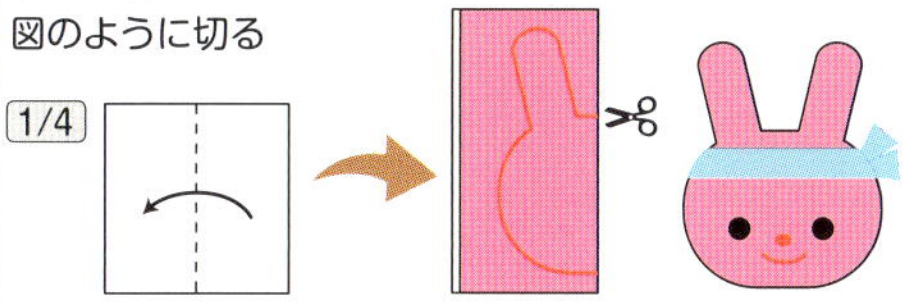
1/4

開いて
顔を描き、
はちまきを
付けます。

星のエンブレムと同じように
折ったものを貼り、うさぎと
リボンを付けましょう。

リボンの作り方

４分の１に切った折り紙を
図のように折る

半分に折って
端を切る

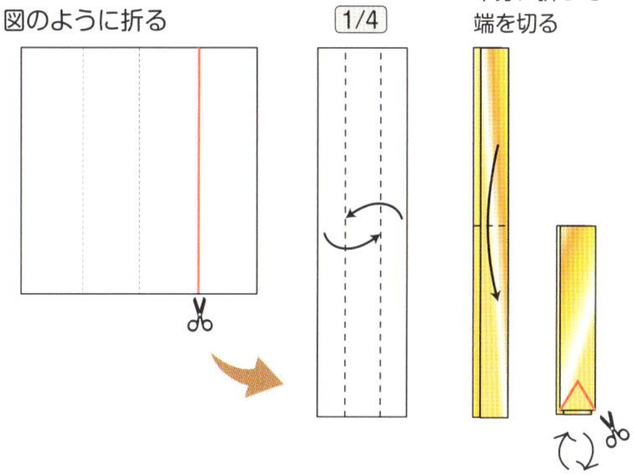
1/4

開いて図のように
折る

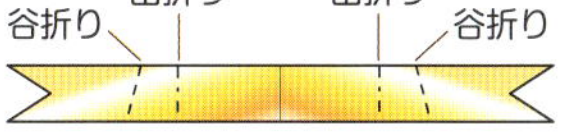
谷折り
山折り
山折り
谷折り

できあがり

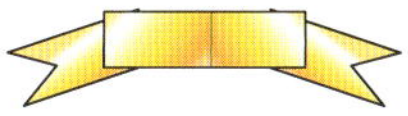

王冠マークのエンブレム

1 中心に向かって手前と
向こう側に折る

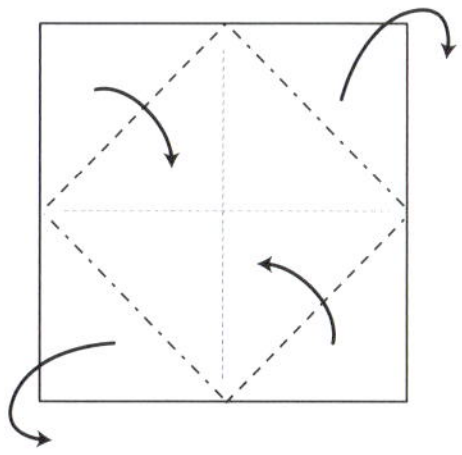

2 手前に折る

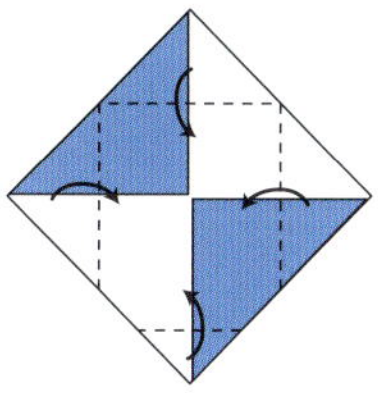

3 図のように折る

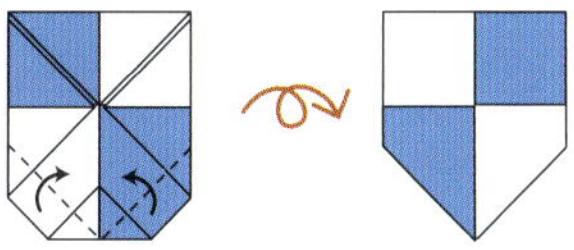

王冠とリボンを貼って
仕上げましょう。

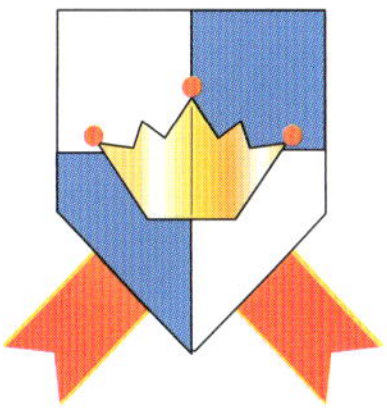

王冠の作り方

４分の１に切った折り紙を
半分に折って図のように
切る

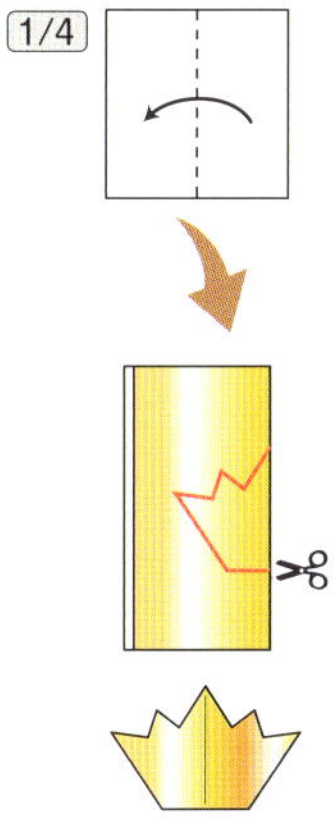
1/4

開いてできあがり

星の円形メダル

４分の１に切った折り紙で星を作る
（作り方は 22 ページ）

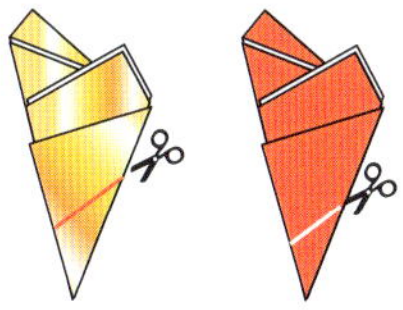

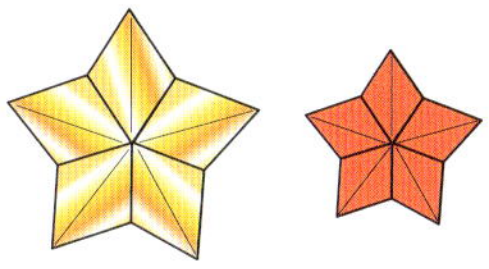

切る場所で
星の大きさが変わります。

紙コースターに
星とビジュー シールを
貼りましょう。

October

10月

ハロウィンのゆらゆらモビール

かわいい魔女とおばけたちを、
モビールにしました。
ゆらゆら揺れてハロウィンを
楽しく盛り上げてくれますよ。

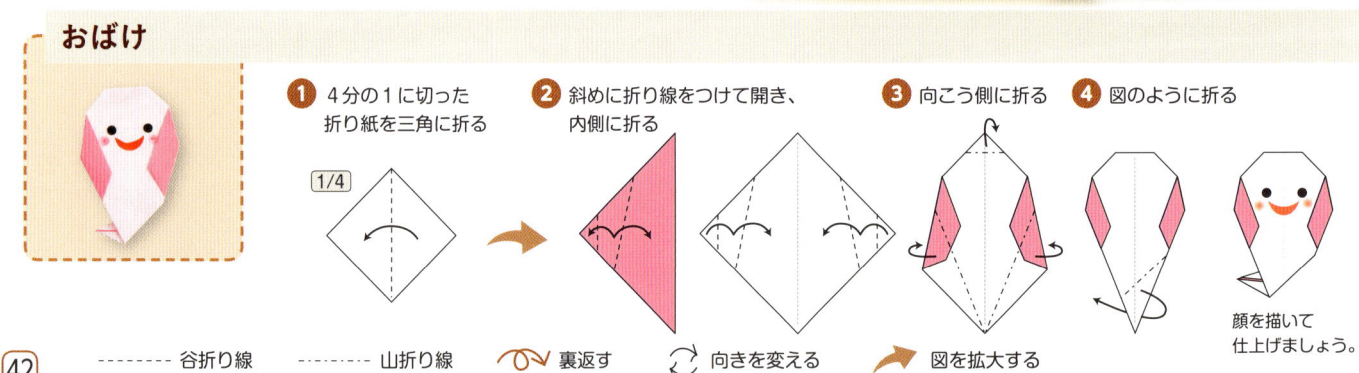

おばけ

1 4分の1に切った折り紙を三角に折る

2 斜めに折り線をつけて開き、内側に折る

3 向こう側に折る

4 図のように折る

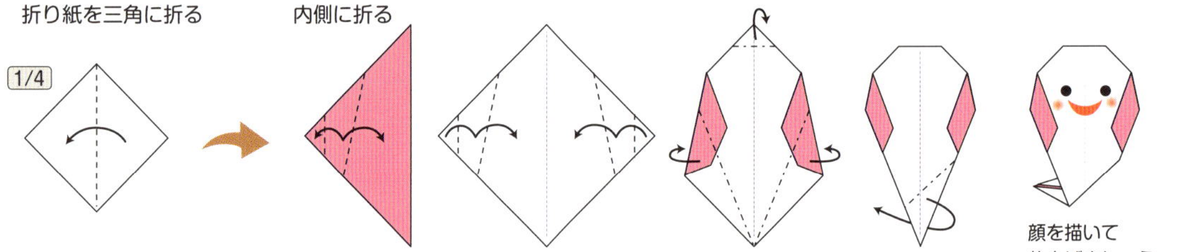

顔を描いて仕上げましょう。

--------- 谷折り線　-·-·-·-·- 山折り線　裏返す　向きを変える　図を拡大する

魔女

顔

❶ 4分の1に切った折り紙を中心に向かって折る

❷ 下を折る

❸ 折り上げる

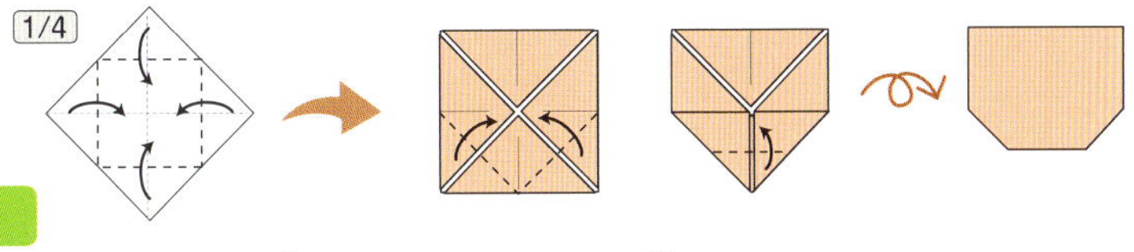
1/4

こうもりの作り方

8分の1に切った折り紙を半分に折り、図のように切る

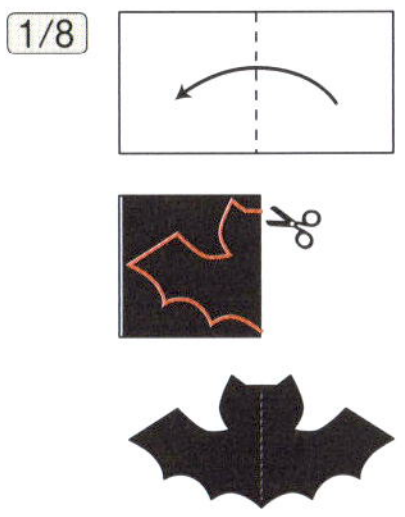
1/8

髪

❶ 2分の1に切った折り紙を半分に折る

❷ 下から3分の1の位置に顔を貼り、少しかぶるくらいに髪を折る

❸ 角を向こう側に折り、前髪に切り込みを入れる

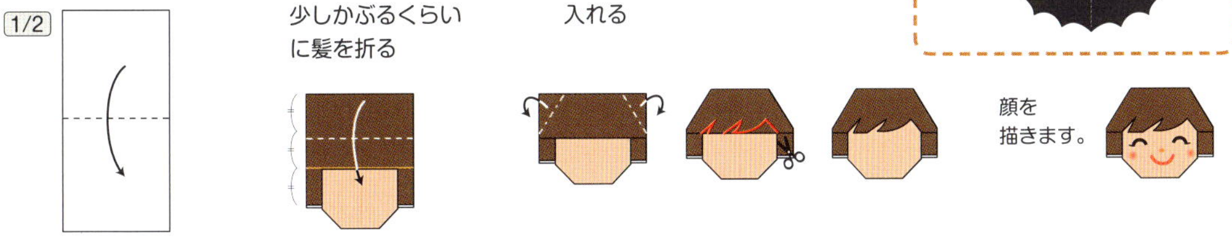
1/2
顔を描きます。

マント

❶ 三角に2回折る

❷ 角に折り線をつけて開く

❸ 折り線で折る

❹ 半分に折る

❺ 手前と向こう側に折る

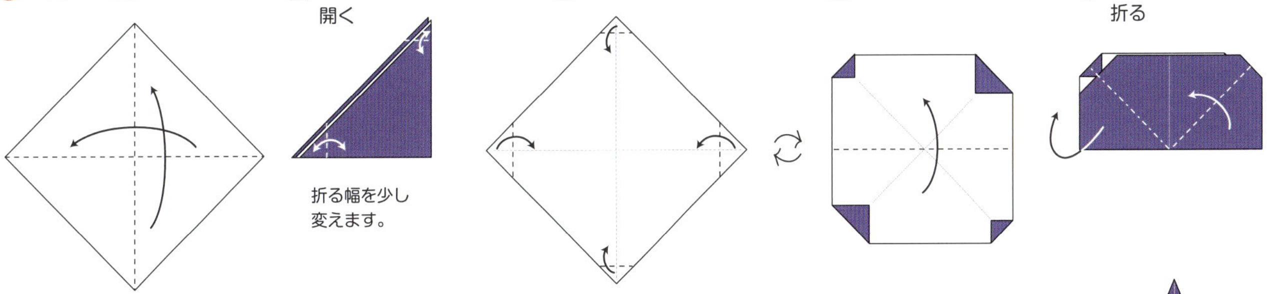
折る幅を少し変えます。

❻ 指を入れて開く

❼ 手前に折る

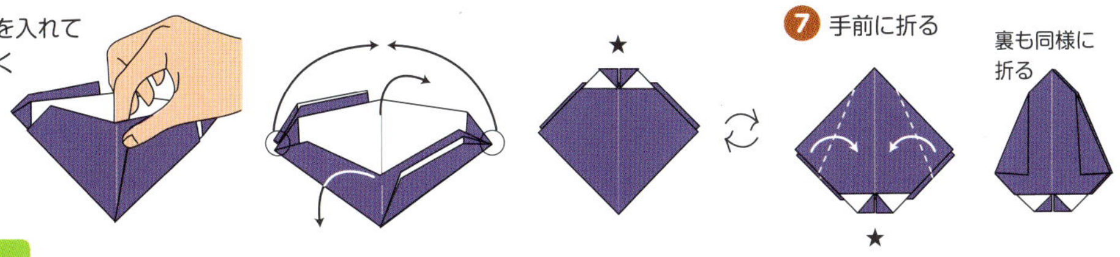
裏も同様に折る

貼り合わせ、ほうきを持たせて仕上げましょう。

ぼうし

❶ 4分の1に切った折り紙を図のように折る

❷ 図のように折る

❸ 向こう側に折る

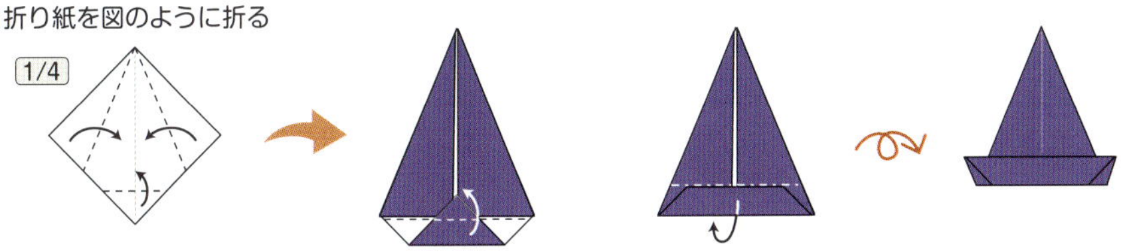
1/4

モビールの支柱は折り紙を巻いて作ります。

ほうき

❶ 4分の1に切った折り紙を半分に切り、半分に折る

❷ 図のように折って柄を作る

❸ 4分の1に切った折り紙を半分に折る

❹ 柄を貼り、図のように折る

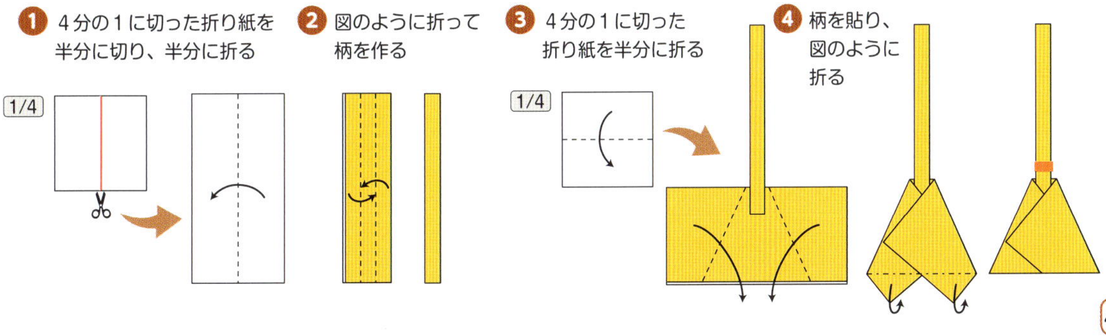
1/4
1/4

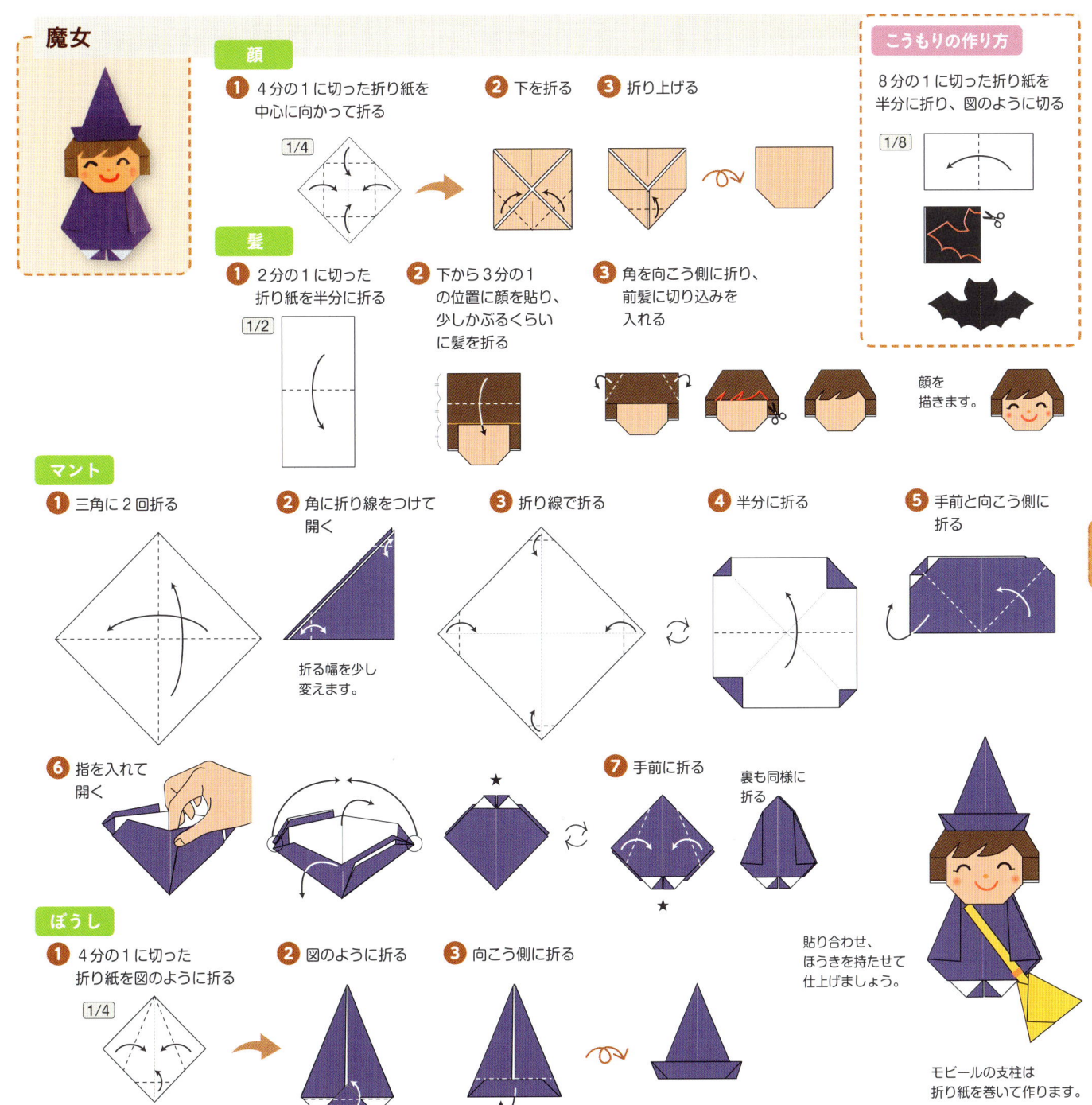

かぼちゃの
キャンディーバッグ

かわいいかぼちゃのバッグを作って
「トリック　オア　トリート！」
キャンディーいっぱいもらえるかな？

谷折り線　山折り線　裏返す　向きを変える　図を拡大する

かぼちゃのバッグ

❶ 三角に折る

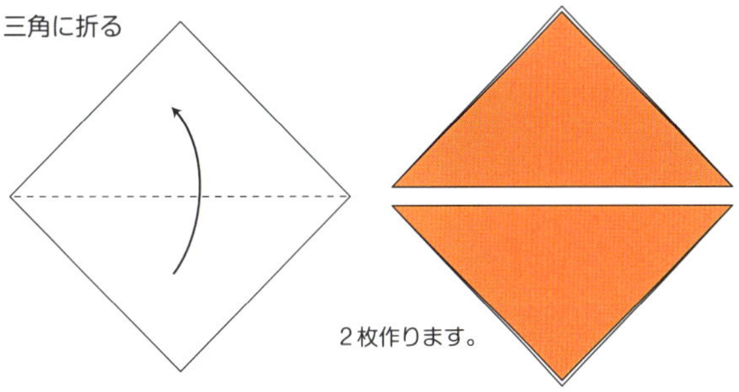
2枚作ります。

❷ 2枚を貼り合わせる

❸ 中心に向かって折る

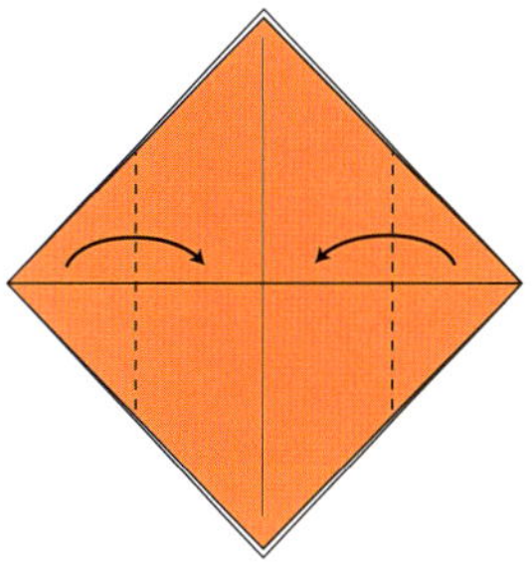

❹ 図のように向こう側に折る

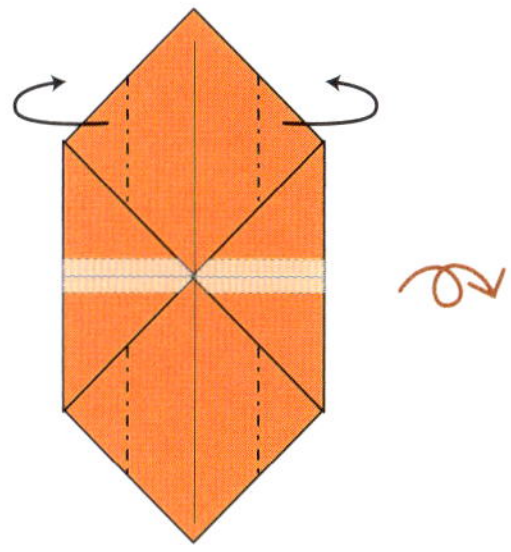

❺ 図のように折り線をつける

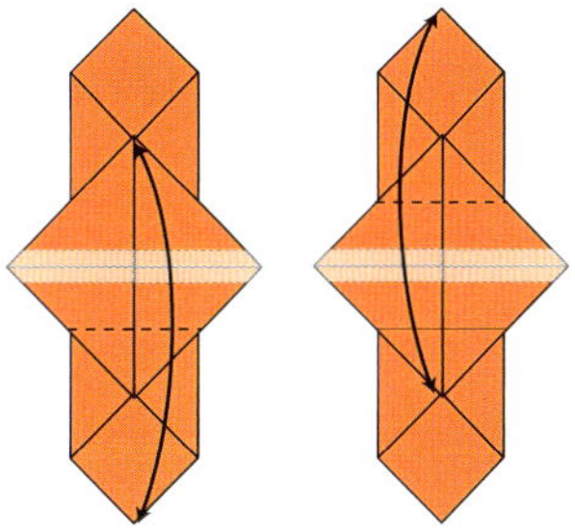

❻ 角を折る

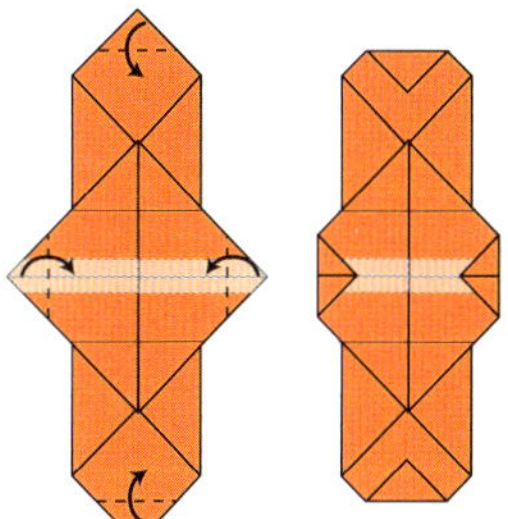

折ったところ

❼ 開いて、図のように組み立てる

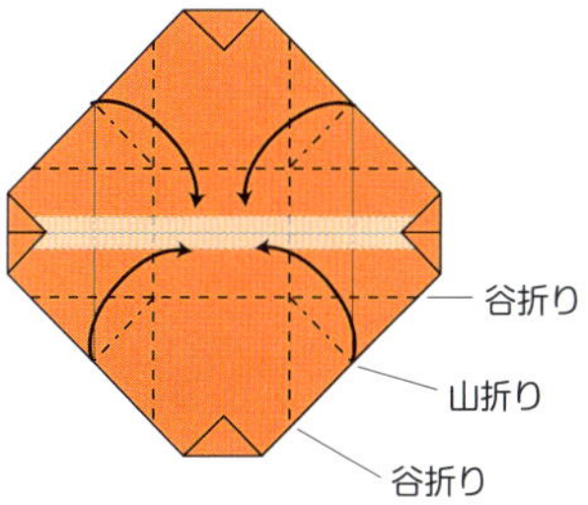
谷折り
山折り
谷折り

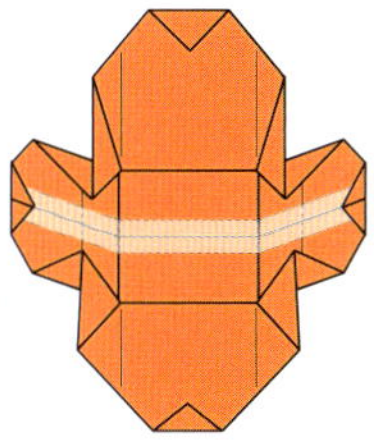

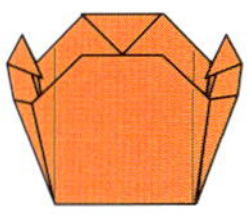

内側をセロハンテープで留めましょう。

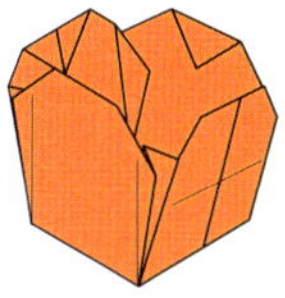

斜めに見たところ

取手の作り方 2分の1に切った折り紙を2枚、図のように重ねて貼り、巻き折りして、のりで貼ります。

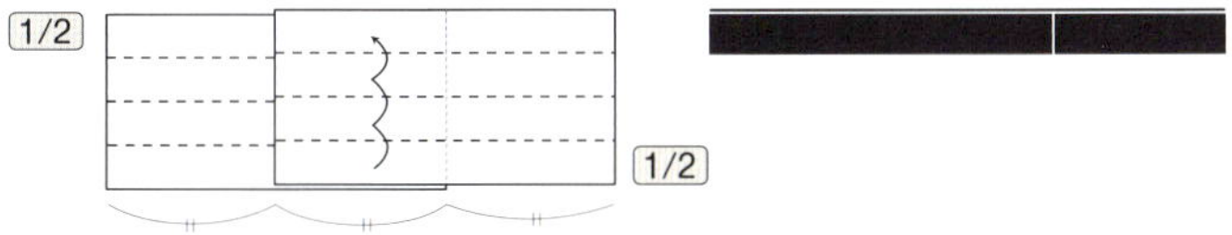
1/2
1/2

かぼちゃの顔を貼り、取手を付けて仕上げます。

キャンディー

ティッシュペーパーを丸めて4分の1に切った折り紙で包み、両サイドをねじって作る

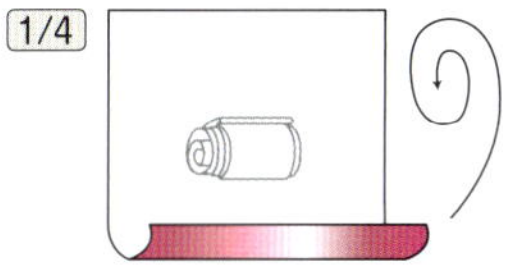
1/4

キラキラ折り紙で作ると楽しいキャンディーに。

キャンディーをこんもりと入れましょう。

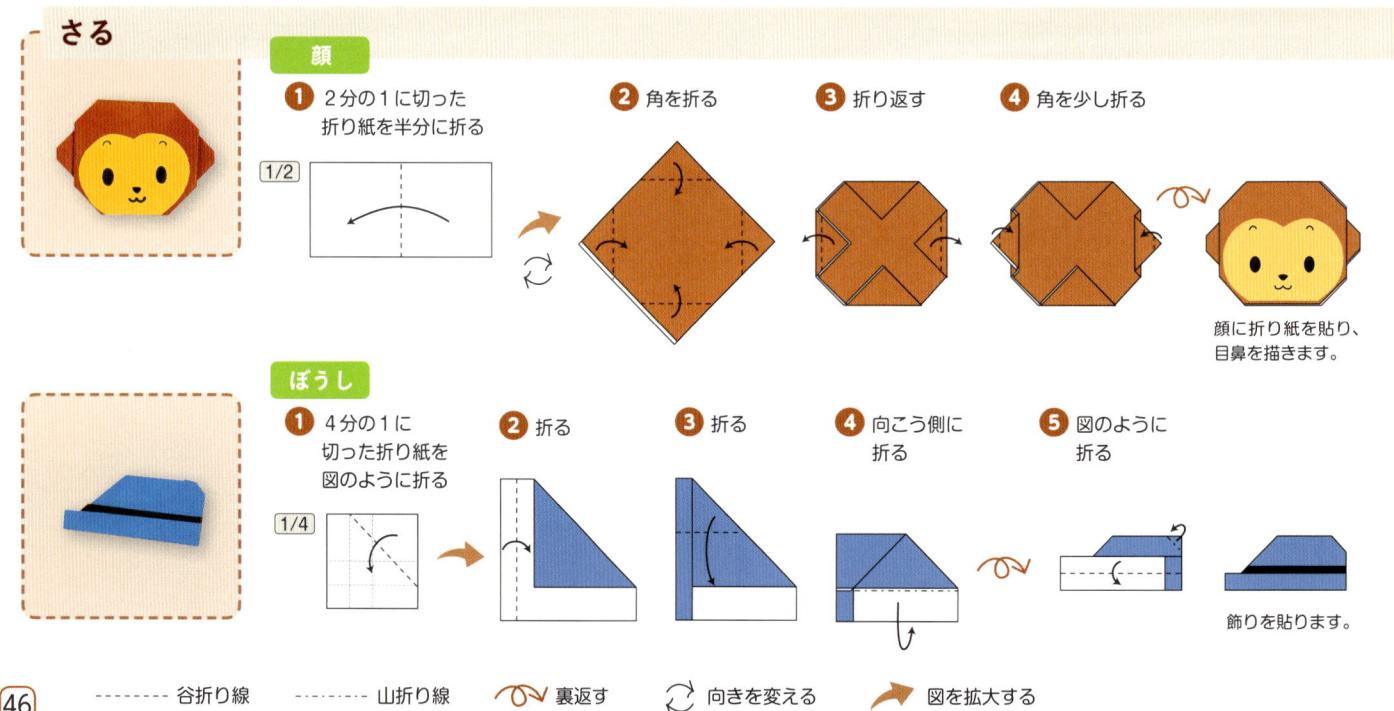

お山のくだもの列車の壁飾り

秋のくだものをいっぱい積んで、
おさるの電車がしゅっぱ～つ！
綿ロープで作った線路や山の景色が、
やわらかく迎えてくれます。

さる

顔

❶ 2分の1に切った折り紙を半分に折る

❷ 角を折る

❸ 折り返す

❹ 角を少し折る

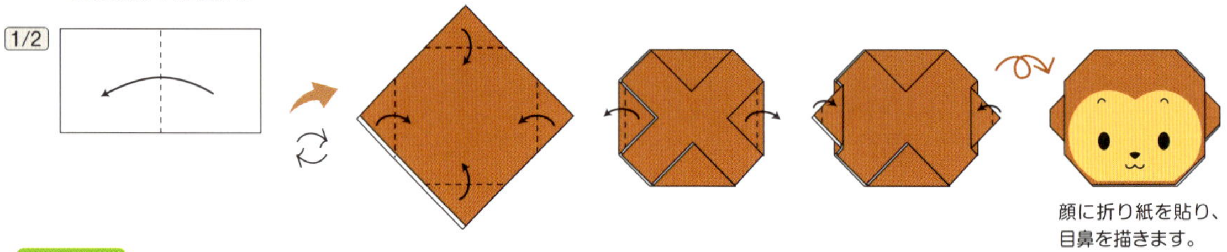

顔に折り紙を貼り、目鼻を描きます。

ぼうし

❶ 4分の1に切った折り紙を図のように折る

❷ 折る

❸ 折る

❹ 向こう側に折る

❺ 図のように折る

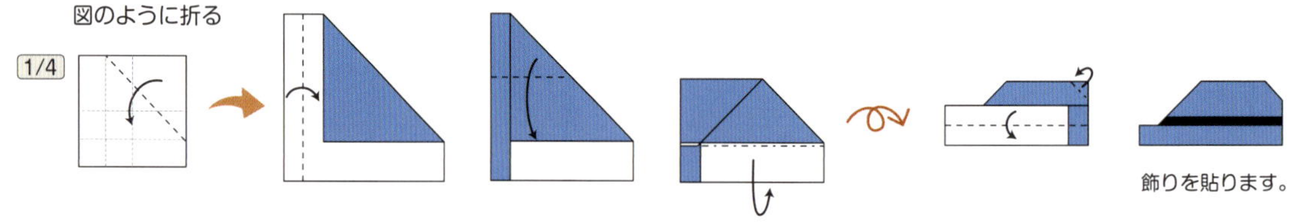

飾りを貼ります。

谷折り線　山折り線　裏返す　向きを変える　図を拡大する

機関車

車体

❶ 半分に折る

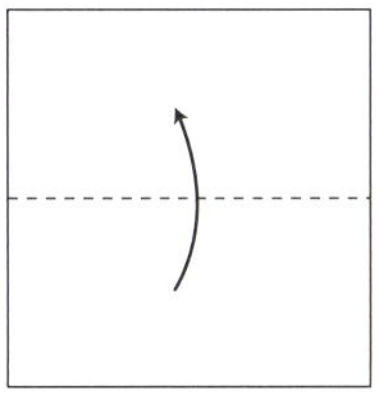

❷ 上を折る

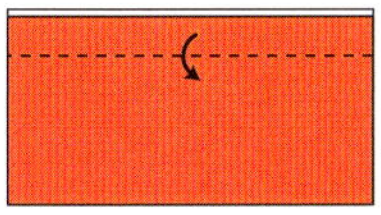

❸ 右角を折る

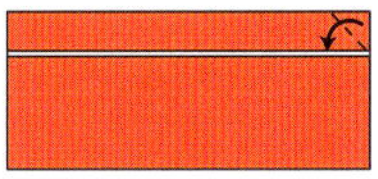

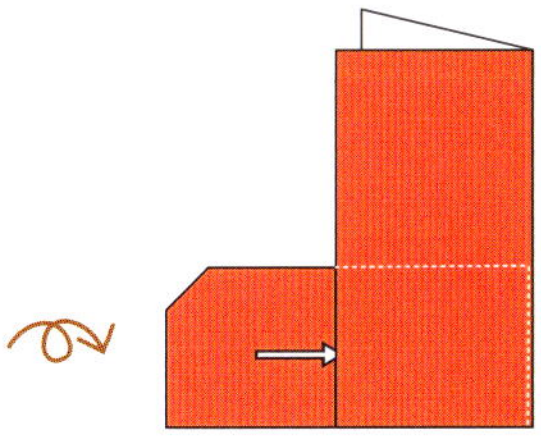

2つ折りにした折り紙で
はさんで貼ります。

屋根

2分の1に切った折り紙を図のように折る

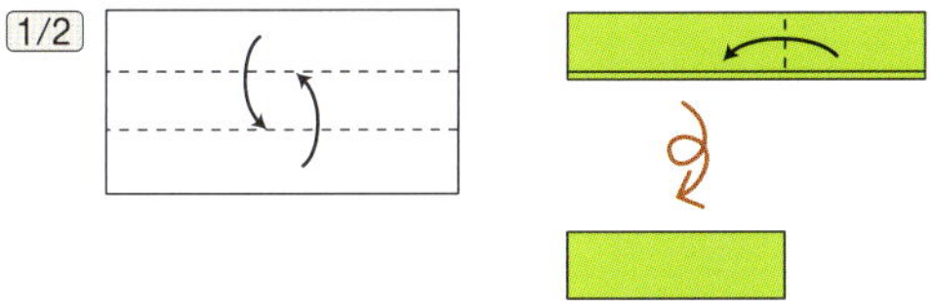

車体をはさんで貼り、
丸く切った車輪と
窓を貼って
仕上げましょう。
煙突も忘れずに！

さるの運転士さんを
乗せましょう。

体

❶ 4分の1に
切った折り紙を
図のように折る

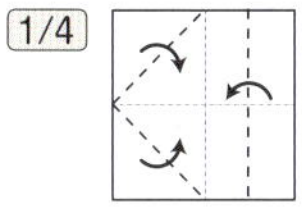

❷ 折る

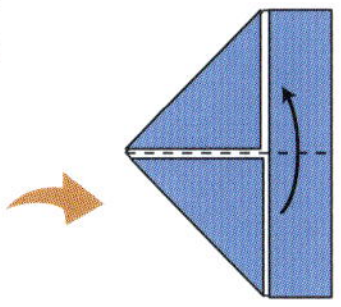

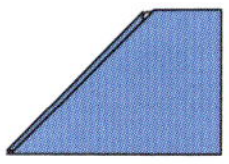

できあがり

顔と体を貼り合わせ、
ぼうしをかぶらせて
仕上げます。

貨物車

図のように折り、丸く切った車輪を貼る

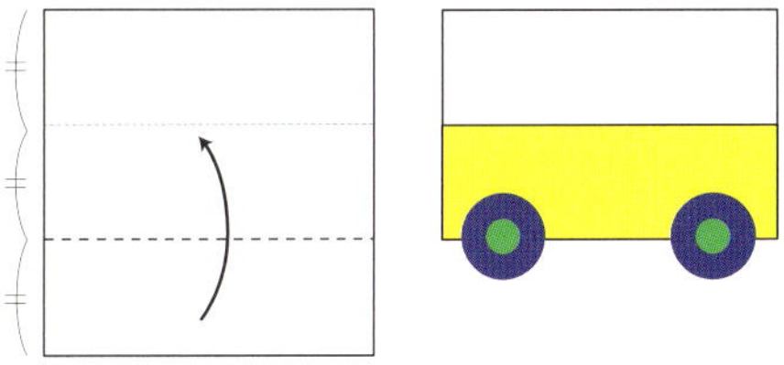

りんご

❶ 半分に折る

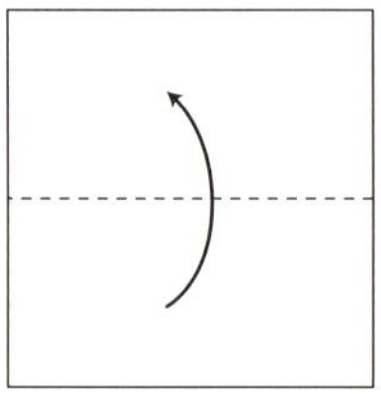

❷ 手前と向こう側に折る

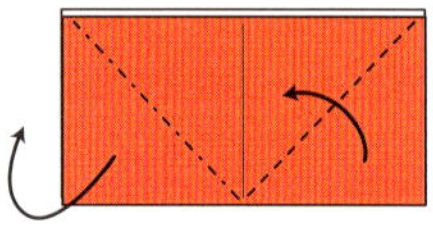

❸ 指を入れて開く

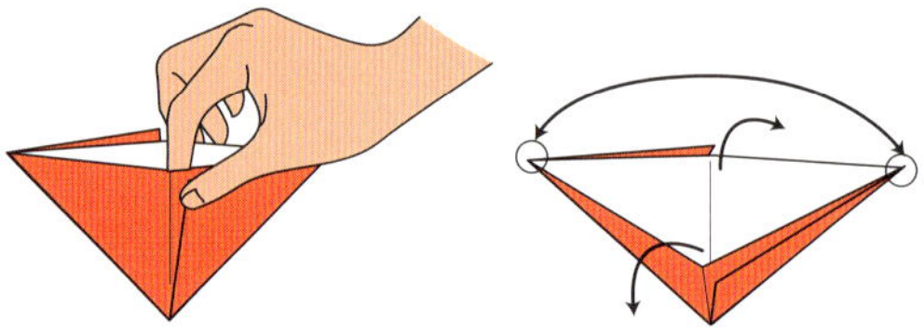

りんごの葉の作り方

16 分の 1 に
切った折り紙を
図のように折る

1/16

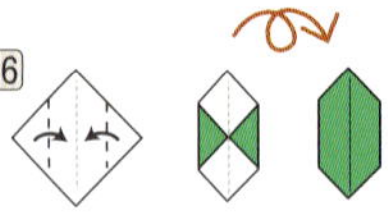

❹ 角を折り込む

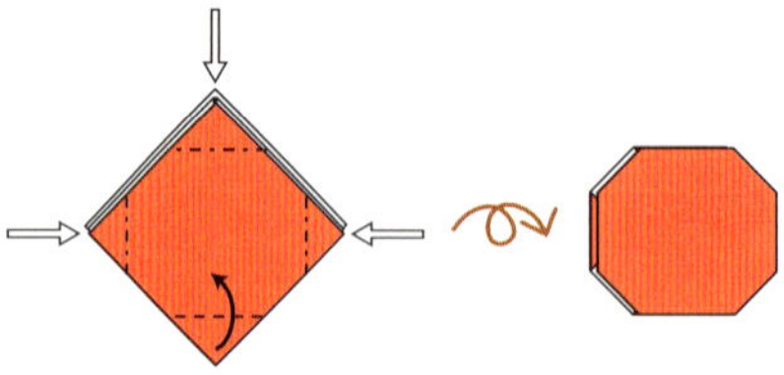

顔を描き、葉と枝を
付けて仕上げましょう。

かき

❶～❸ りんごの①～③と同じ

❹ 上下の角を深めに折り込む

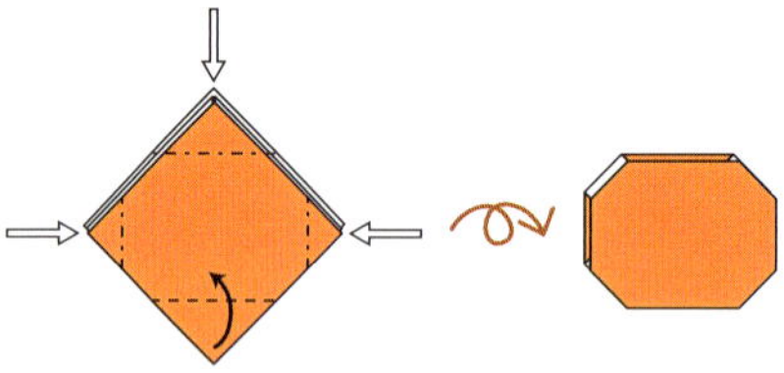

顔を描き、葉を付けて
仕上げましょう。

かきの葉の作り方

4 分の 1 に
切った折り紙を
図のように
折って切る

1/4

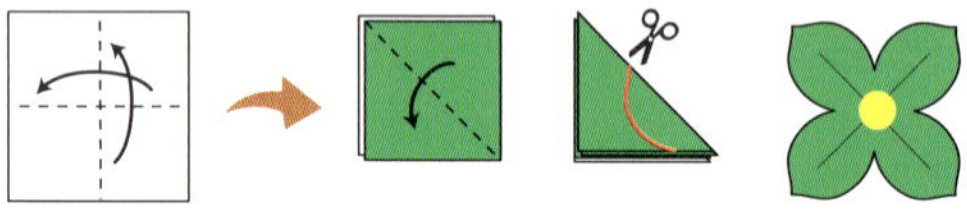

開いて
丸シールを
貼ります。

ぶどう

❶～❸ りんごの①～③と同じ

❹ 上の角を折り、両側を内側に折り込む

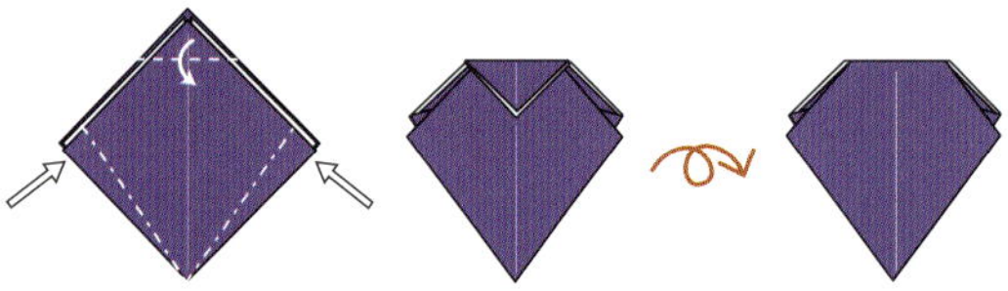

葉と丸く切った実を
貼って仕上げましょう。

ぶどうの葉の作り方

16 分の 1 に
切った折り紙に
図のように
切り込みを入れて折る

1/16

図のように切って下を折る

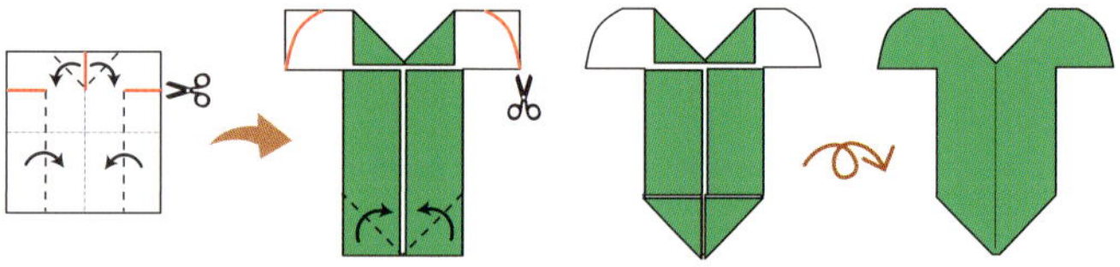

--------- 谷折り線　-・-・-・- 山折り線　裏返す　向きを変える　図を拡大する

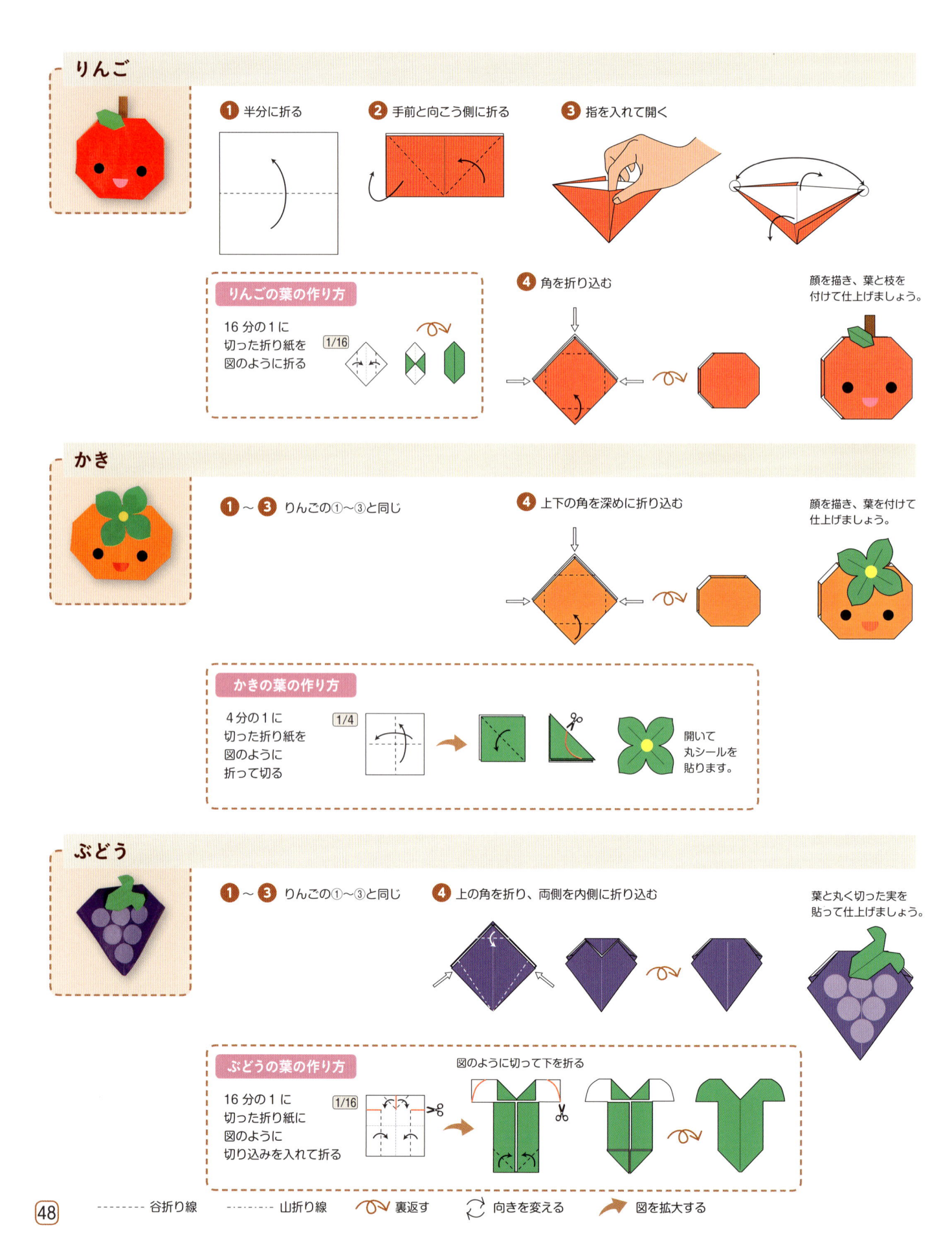

アレンジ

置き飾りのくだもの列車

くま

耳

❶ 8分の1に切った折り紙を半分に折る

❷ 角を折る

❸ 上を折る

1/8

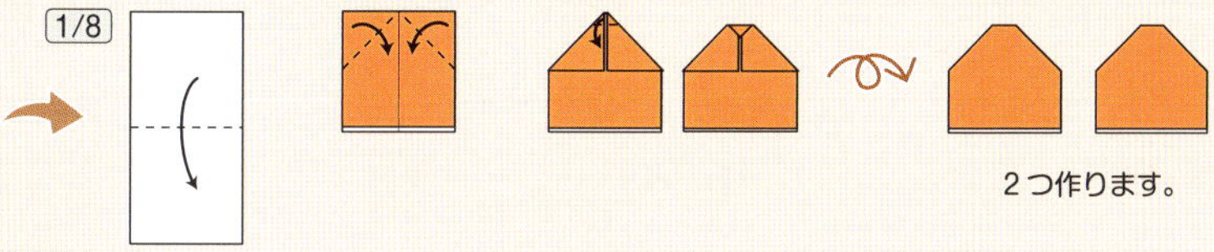

2つ作ります。

体

4分の1に切った折り紙を三角に折る

1/4

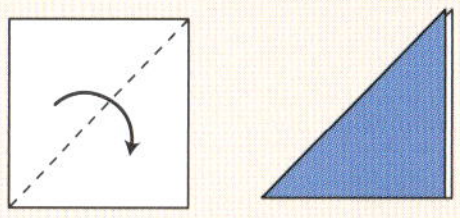

顔

❶ 2分の1に切った折り紙を半分に折る

❷ 角を折る

1/2

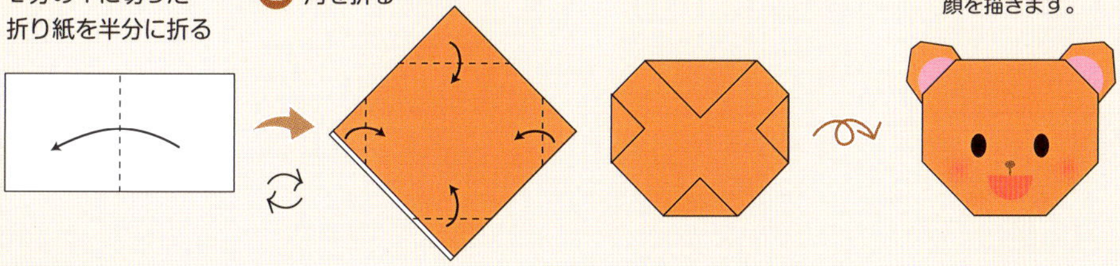

耳を貼り、顔を描きます。

顔と体を貼り合わせます。

立体機関車

❶ 図のように折る

❷ 折り線をつけて開き切り込みを入れて側面を起こす

●を貼り合わせてできあがり

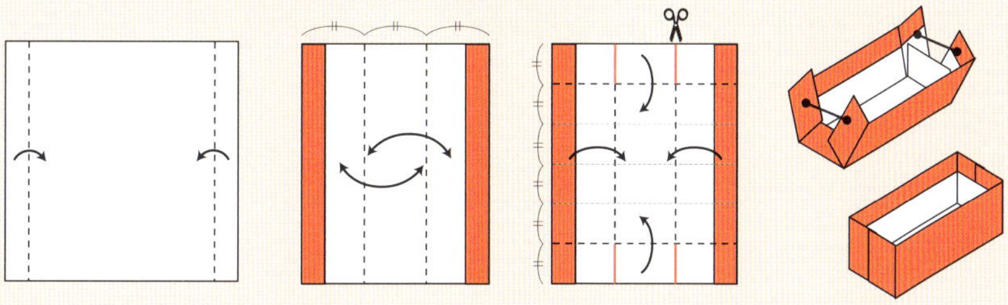

組み合わせて、車輪を貼って仕上げます。

タンクや貨物は、折り紙を自由な形に折って作りましょう。

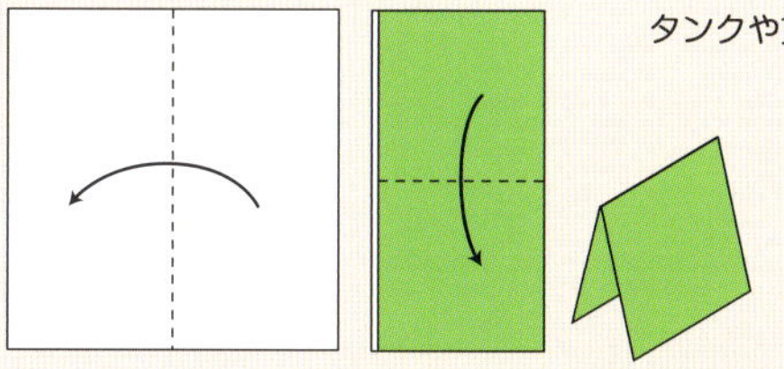

煙突は4分の1に切った折り紙で

1/4

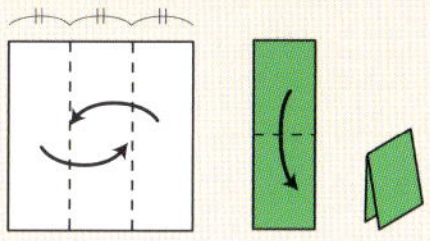

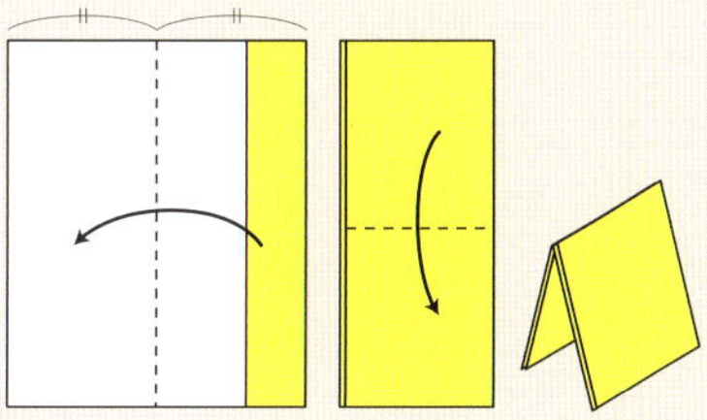

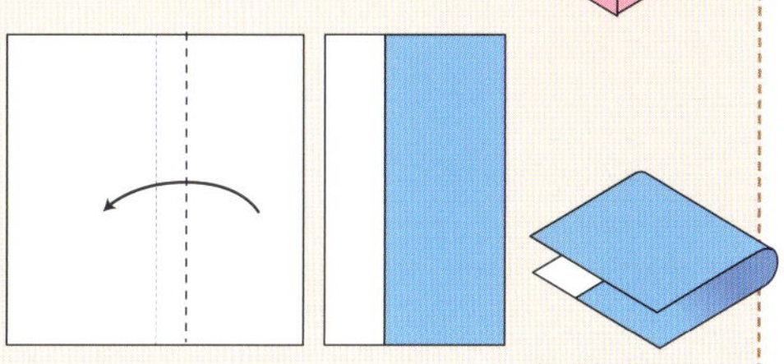

軽く丸めます。

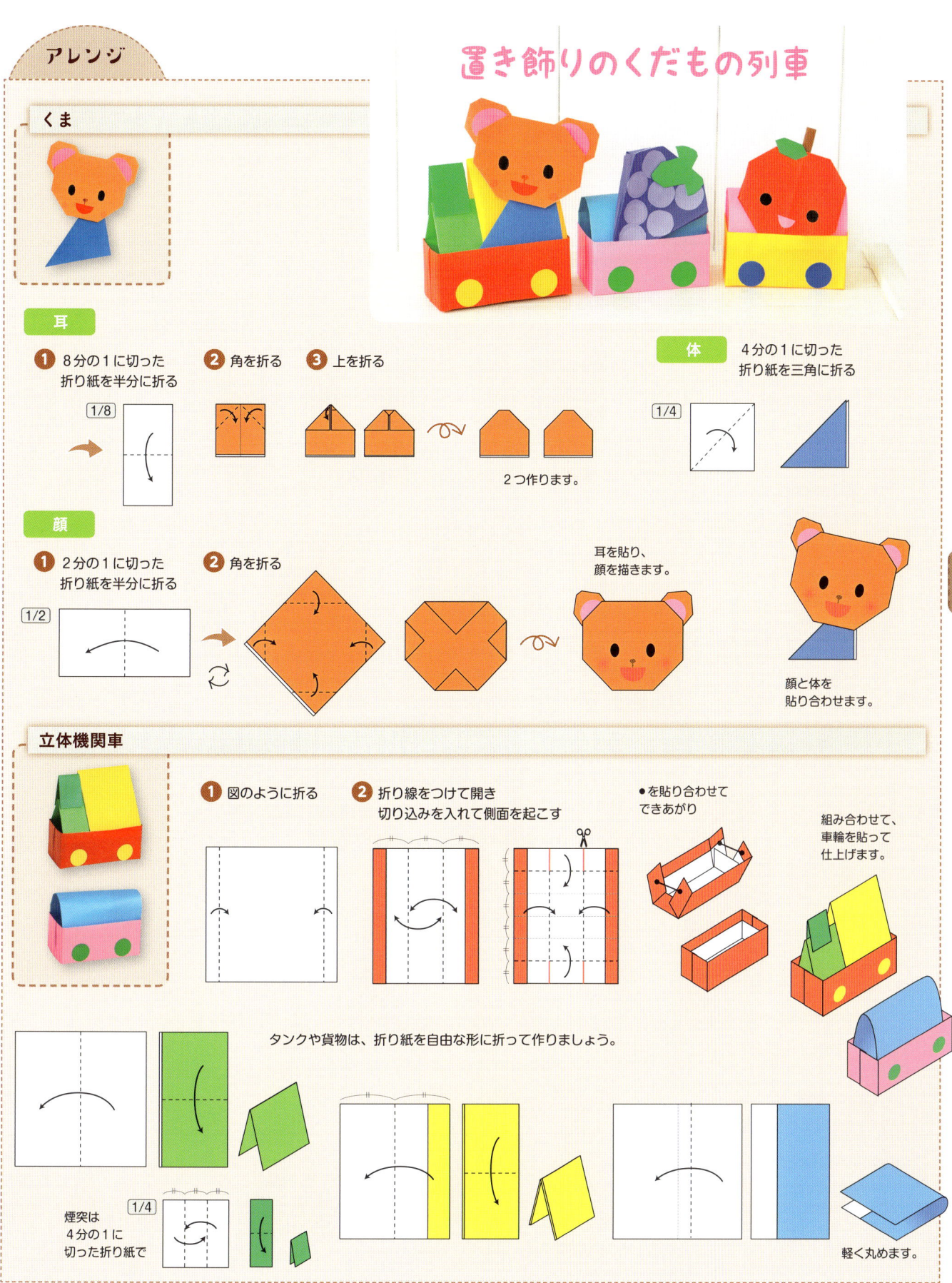

おめでとうの千歳飴ぶくろ

今日は晴れの七五三。
こんなおみやげを
もらったら、
うれしい気分が
盛り上がりますね。
袋は包装紙などで作り、
星型や花型パンチで
飾りましょう。

男の子と女の子

顔（途中まで共通）

1 折り紙を２枚重ねて図のように折る
2 向こう側に折る
3 中心線より少し下を折る

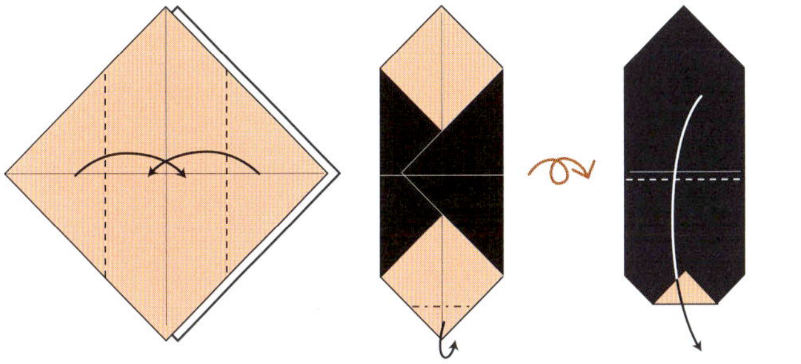

男の子

4 上に折る
5 角を折る

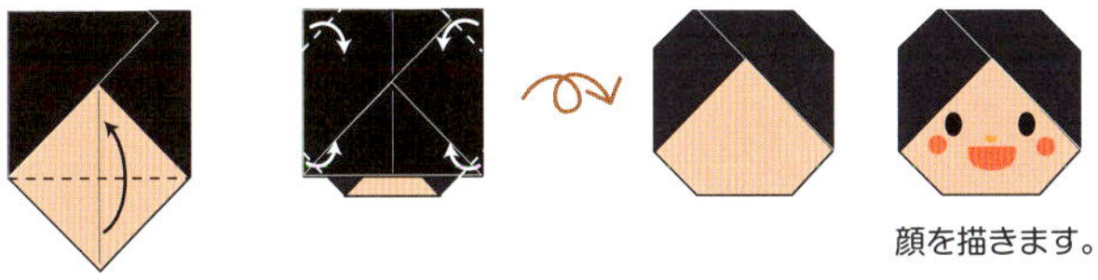

顔を描きます。

女の子

4 上に折る
5 角を折る

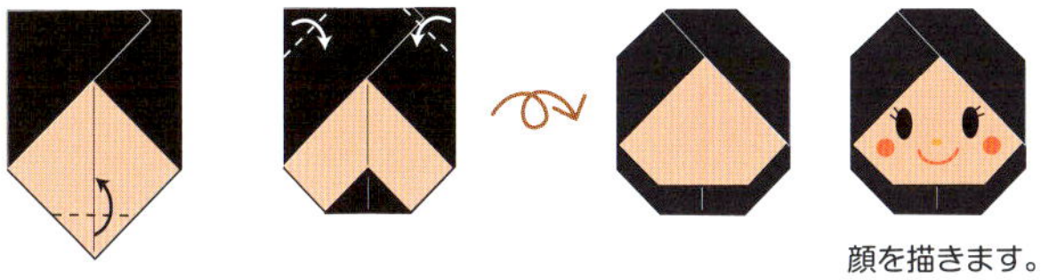

顔を描きます。

羽織（男の子）

1 半分に折る
2 図のように折る

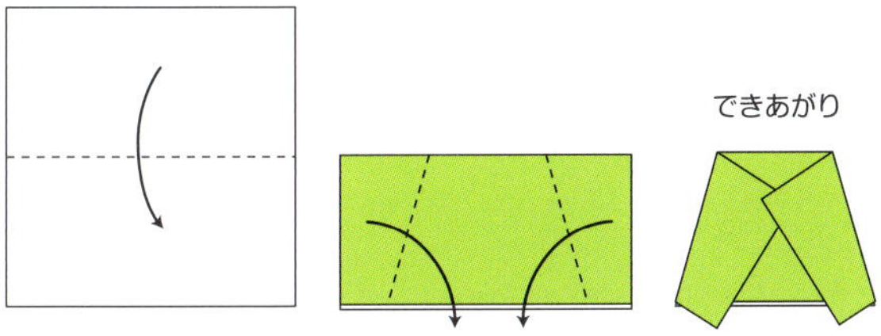

できあがり

貼り合わせ、
髪飾りや着物の
模様を付けて
仕上げましょう。

はかま（男の子）

1 半分に折る
2 3分の1くらい折る
3 右側を斜めに折り返して左側を折る
4 左側を斜めに折り返す
5 上を向こう側に折る

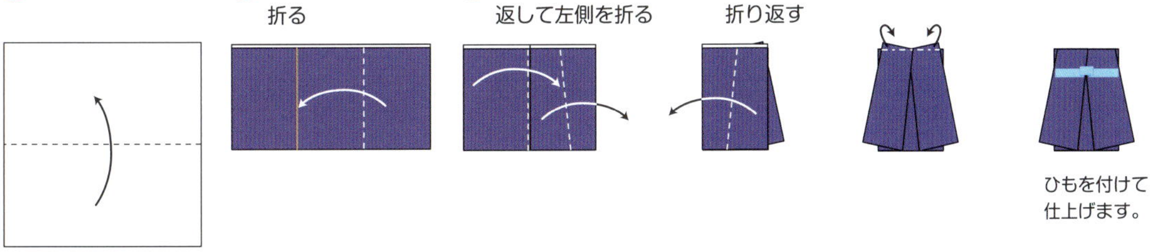

ひもを付けて
仕上げます。

着物（女の子）

1 図のように折る
2 3分の1くらい折る
3 右側を斜めに折り返して左側を折る
4 左側を斜めに折り返す
5 下の角を折る

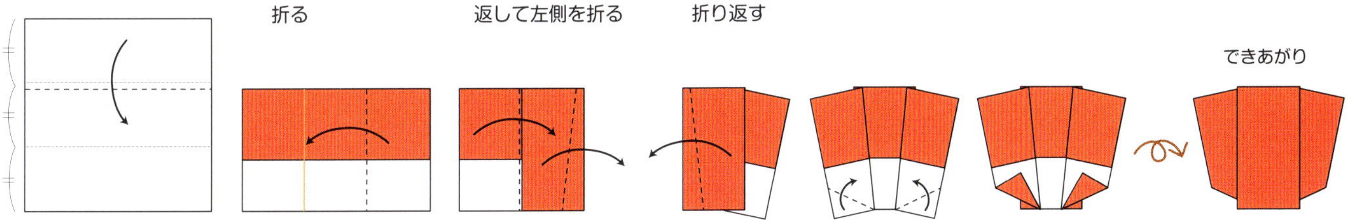

折ったところ

できあがり

わいわいクリスマスツリー

心うきうきクリスマス！
待ちきれない気分で、
わいわいにぎやかに
ツリーを飾りましょう。
サンタさんとトナカイさんも
にこにこ聖夜を待っています。

サンタクロース

顔

❶ 2分の1に切った折り紙の上を少し折る
❷ 図のように折る
❸ 図のように折る
❹ 下に折り返す
❺ 向こう側に折る

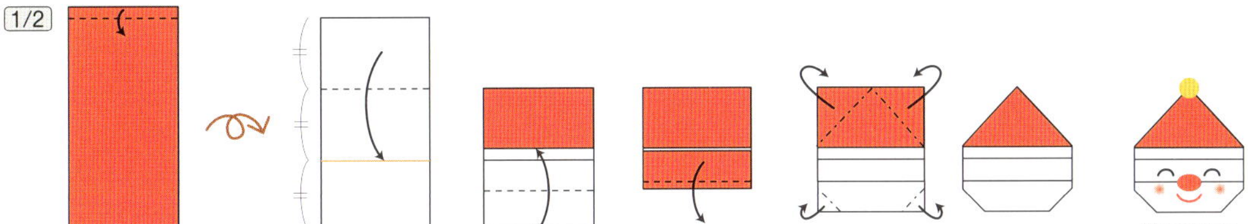

顔を描いて丸シールを貼ります。

体

❶ 2分の1に切った折り紙を半分に折る
❷ 内側に折る
❸ 図のように折る

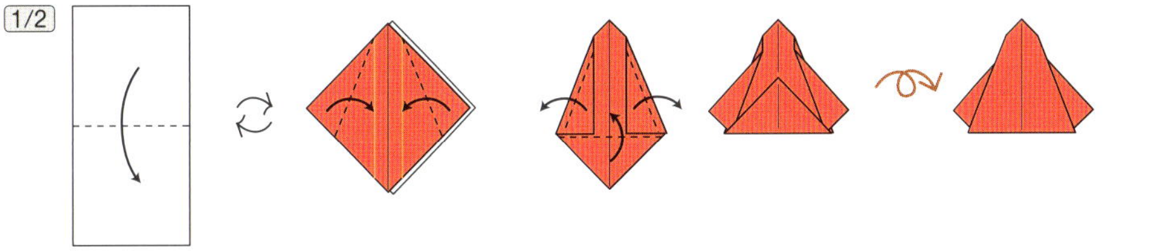

ボタンを付けて仕上げましょう。

トナカイ

顔

❶ 三角に折る

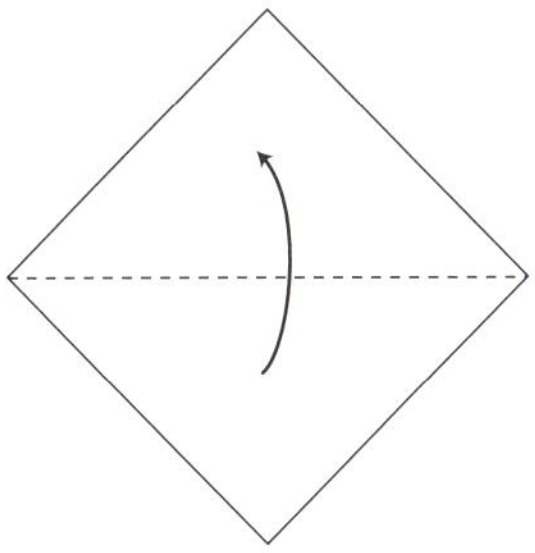

❷ 上の角を折る
❸ 中心に向かって折る
❹ 折り開く

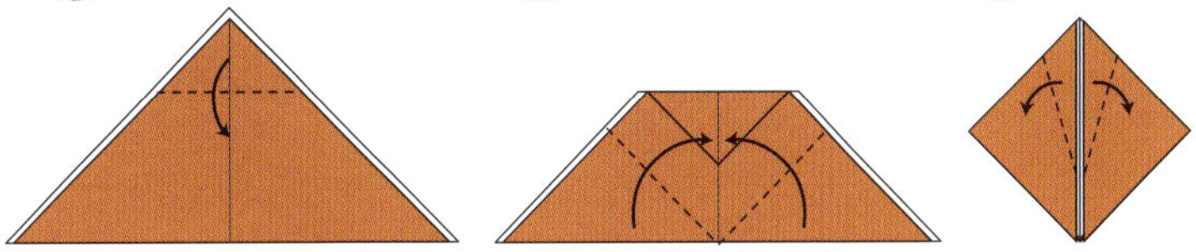

顔を描いて丸シールを貼ります。

❺ 内側に折る
❻ 折り返す

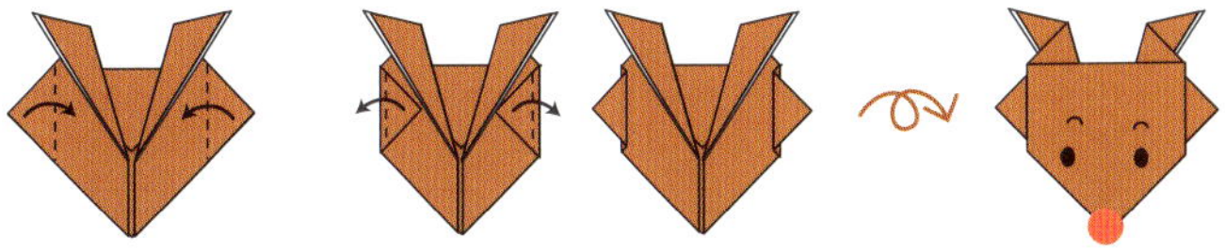

体

❶ 2分の1に切った折り紙を半分に折る
❷ 内側に折る
❸ 図のように折る

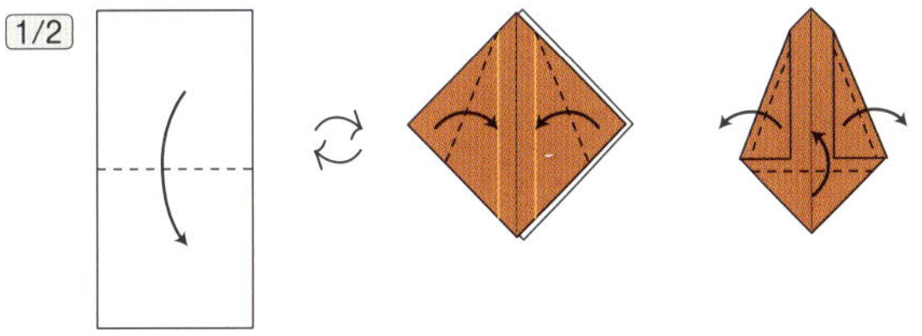

サンタクロースの体より少し縦長に作ります。

首に鈴を付けて仕上げましょう。

星

❶ 半分に折った折り紙を図のように折る
❷ 辺と辺が合うように折る
❸ 辺と辺が合うように折る
❹ 図のように切る

折ったところ

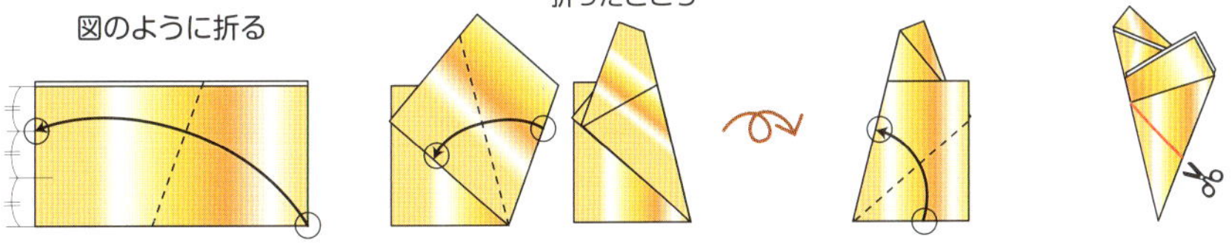

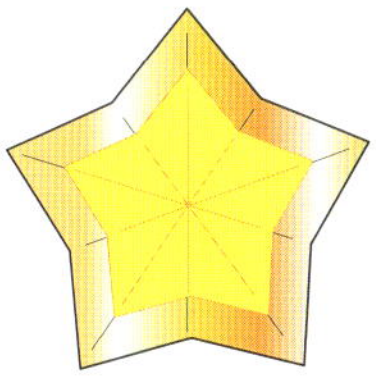

開いて、小さめに折った星を重ねてできあがり

-------- 谷折り線　-·-·-·-·- 山折り線　裏返す　向きを変える　図を拡大する

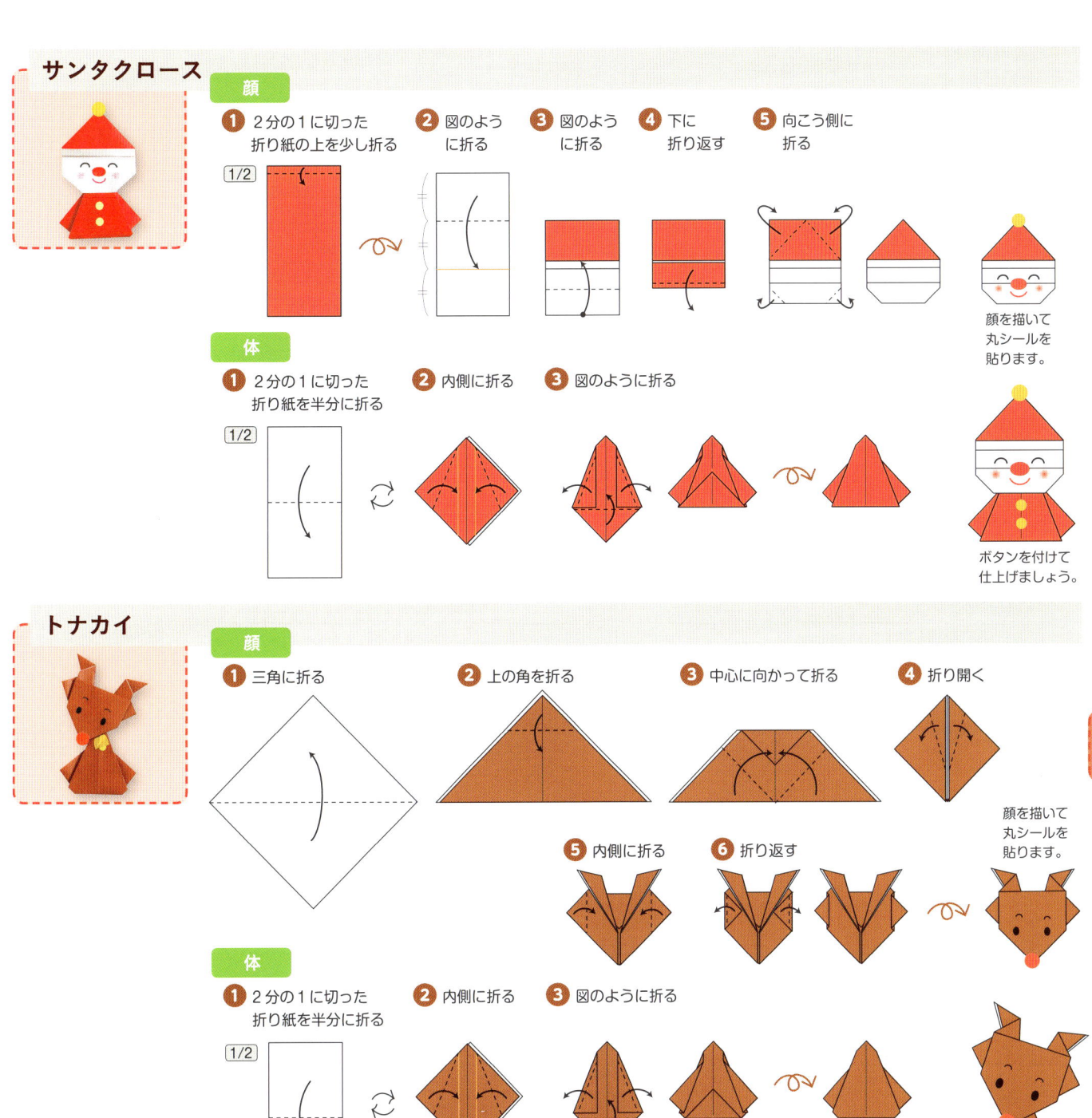

ベル

❶ 図のように折る
❷ 下の角を折る
❸ 半分に折る
❹ 手前だけを上に２回折る
❺ 角を向こう側に折る

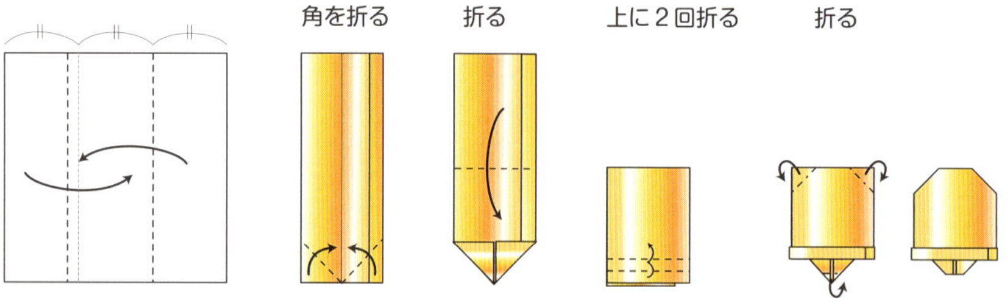

リボンを付けて仕上げましょう。

ベルのリボンの作り方

細長く４分の１に切った折り紙を
図のように折って切る

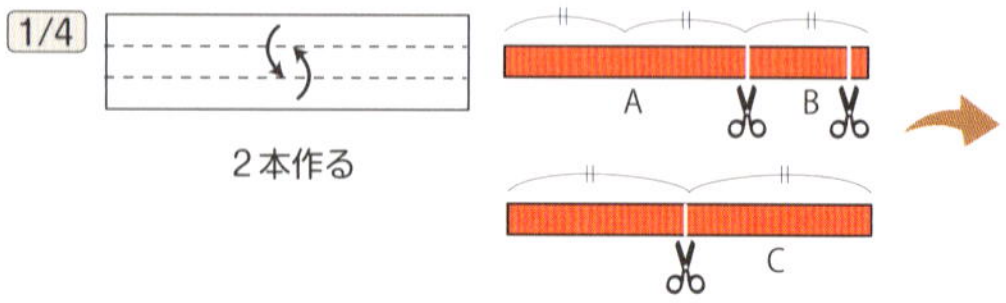
1/4
２本作る
A
B
C

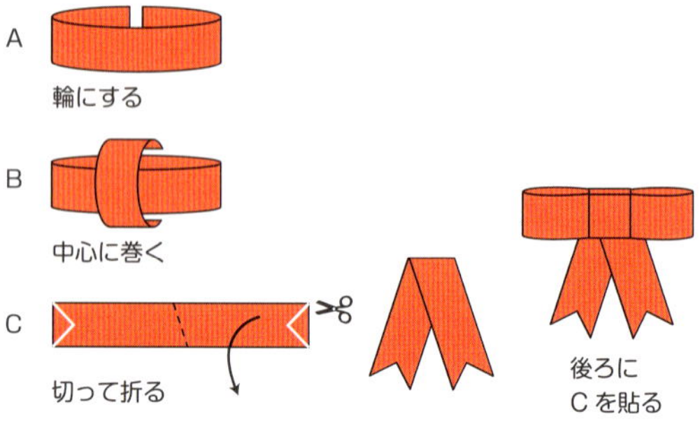
A
輪にする
B
中心に巻く
C
切って折る
後ろに
C を貼る

プレゼント

❶ 図のように折る
❷ 図のように折る
❸ 折り線をつけ、開いて図のように折って差し込む

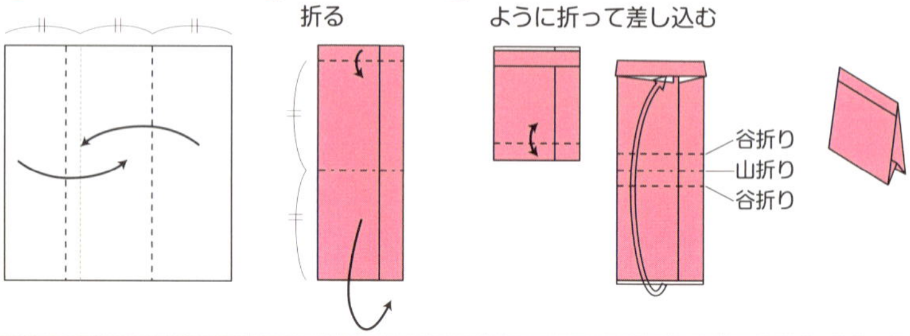
谷折り
山折り
谷折り

リボンや
模様を付けて
仕上げましょう。

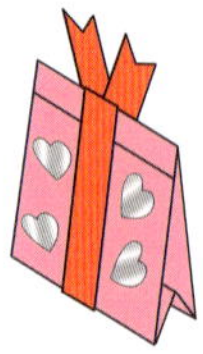

ベルのリボンの
C を付けると
ぴったり！

キャンドル

❶ 中心に向かって折る
❷ 折り開く
❸ 向こう側に折る
❹ 図のように折る

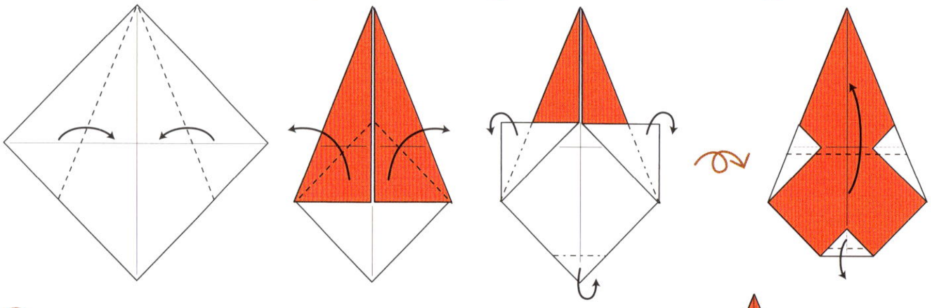

❺ 向こう側に斜めに折る

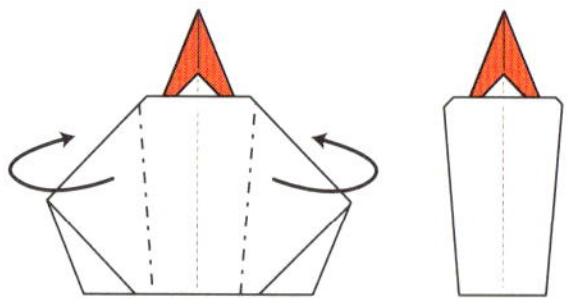

きれいな模様を
付けましょう。

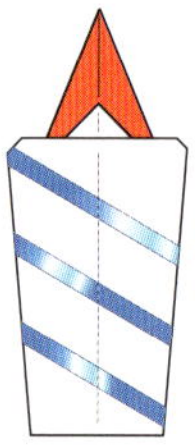

--------- 谷折り線　-・-・-・- 山折り線　裏返す　向きを変える　図を拡大する

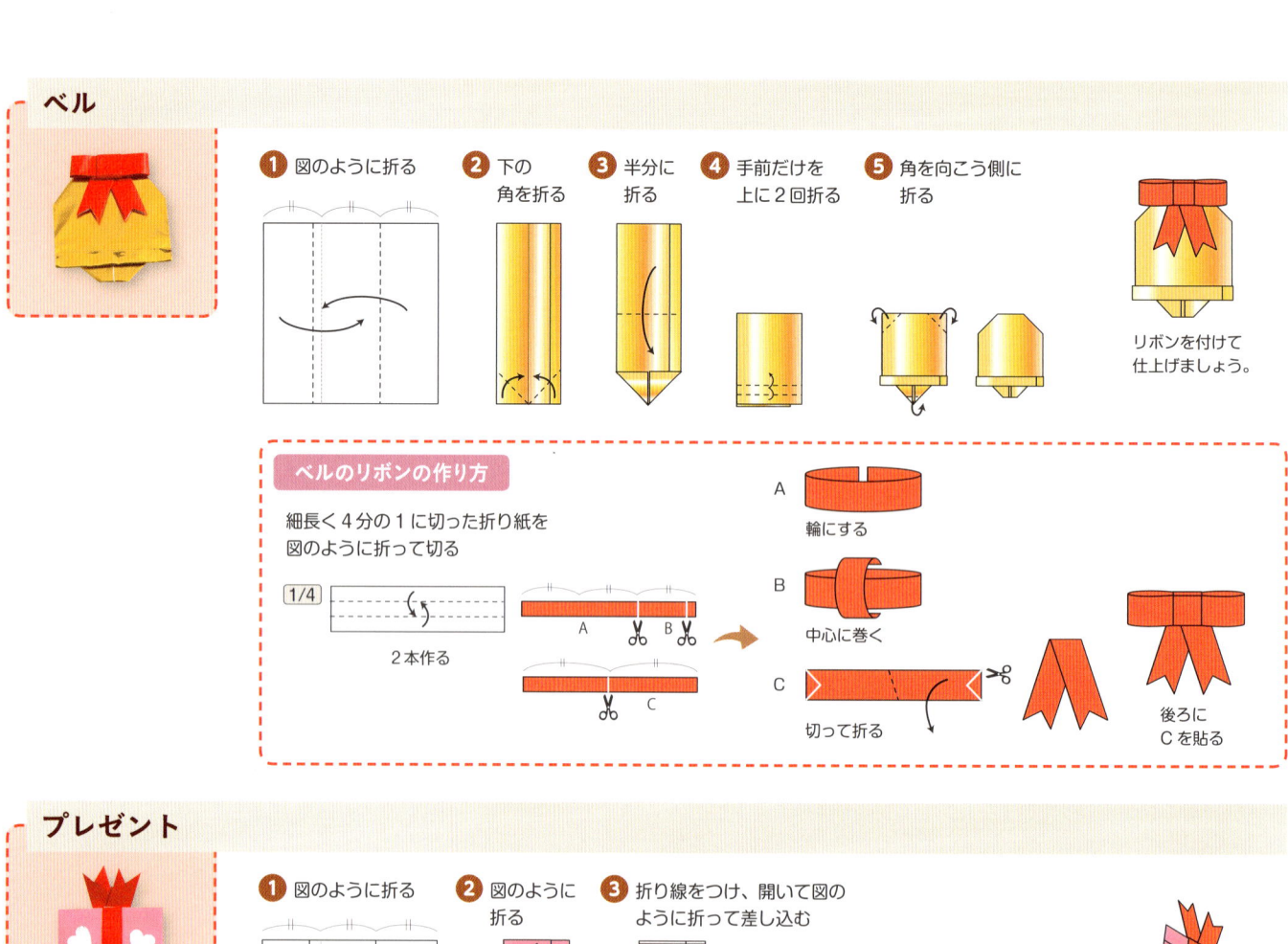

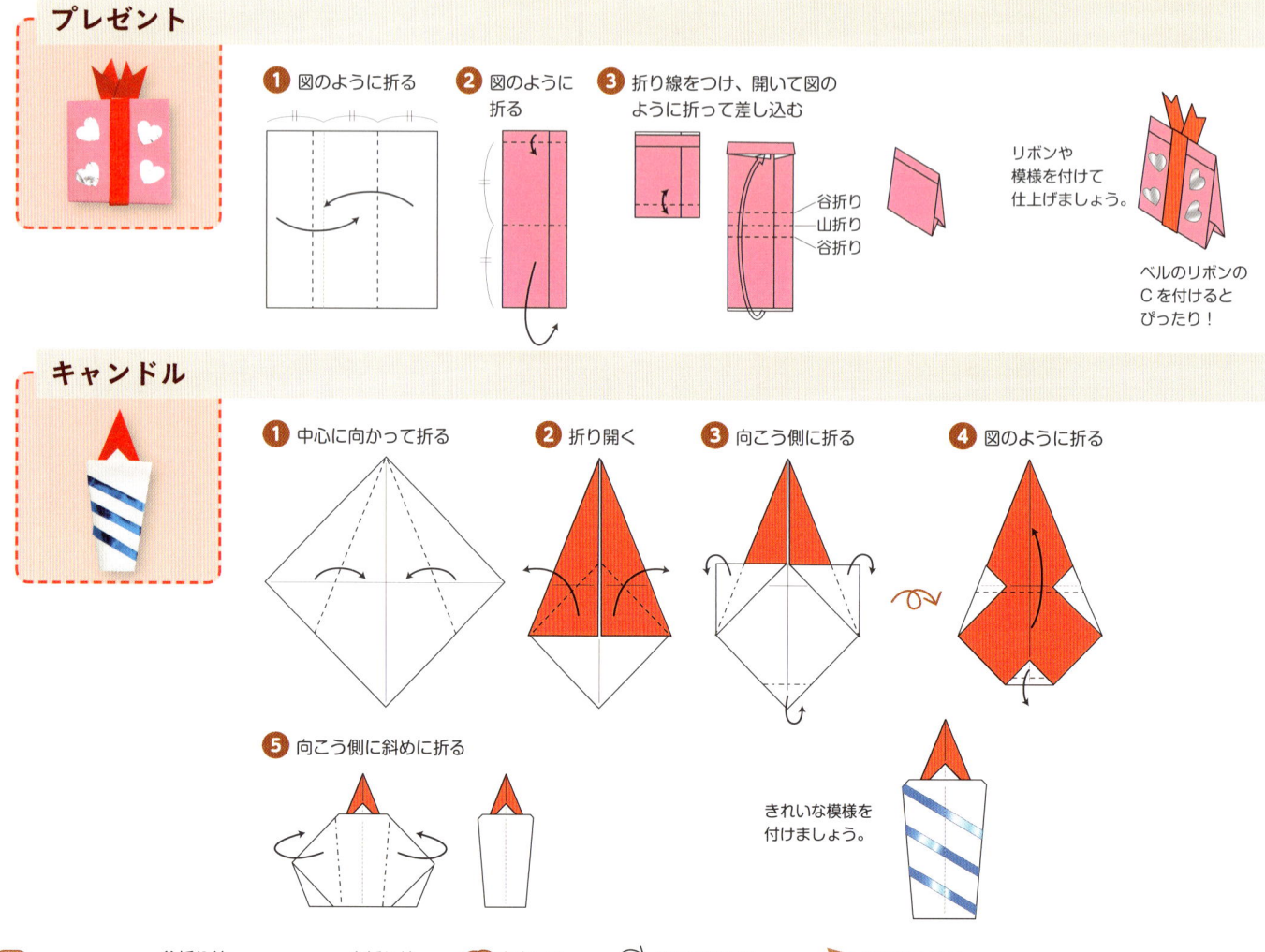

ハート

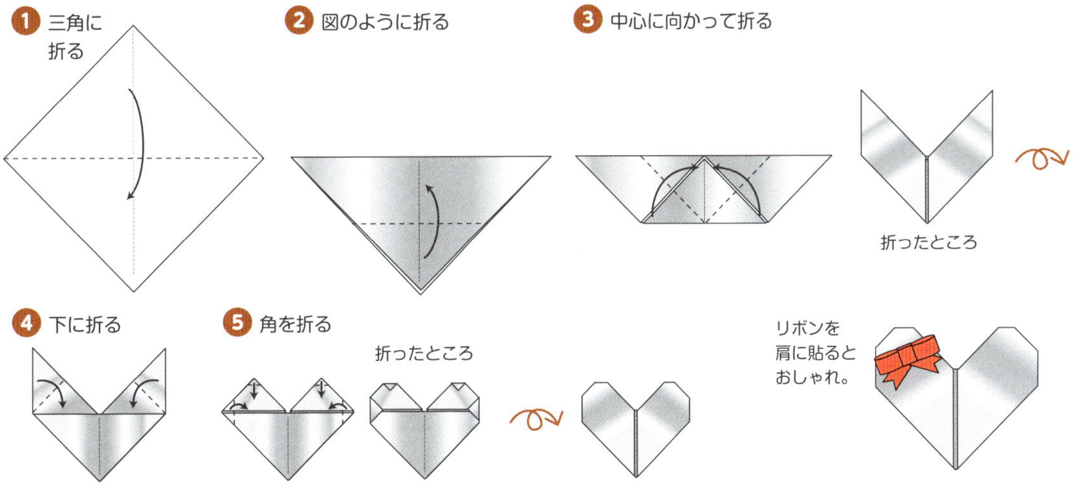

1 三角に折る
2 図のように折る
3 中心に向かって折る
折ったところ
4 下に折る
5 角を折る
折ったところ
リボンを肩に貼るとおしゃれ。

ハートのリボンの作り方

細長く6分の1に切った折り紙を図のように折って切る

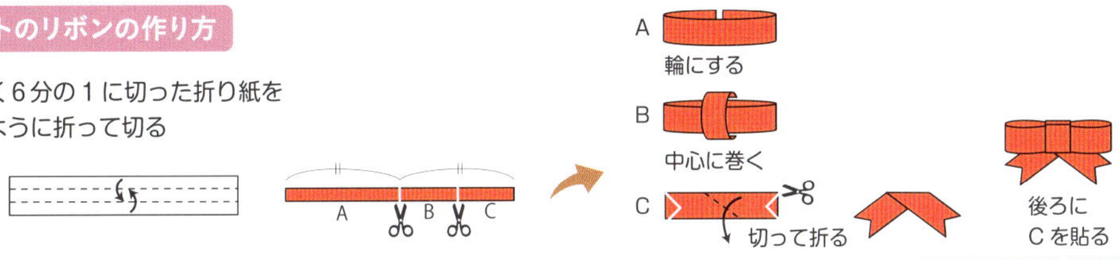

1/6
A
B
C
A
輪にする
B
中心に巻く
C
切って折る
後ろにCを貼る

ブーツ

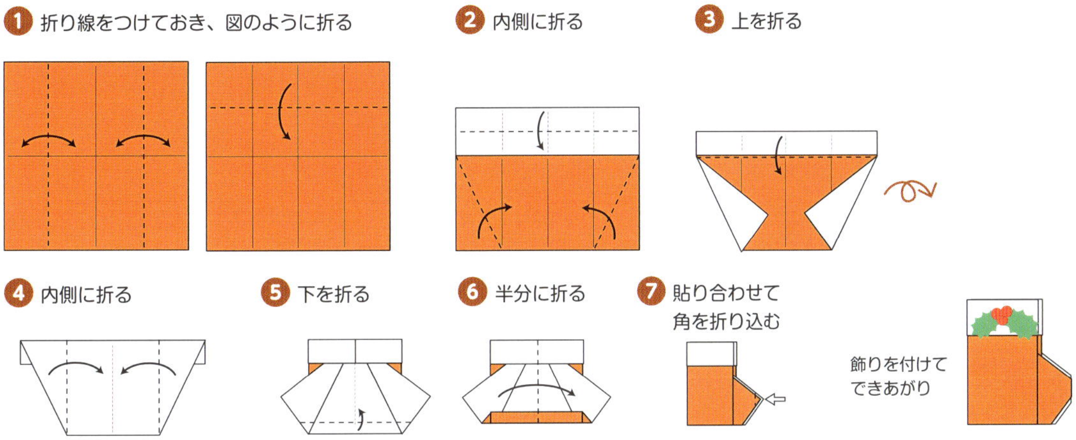

1 折り線をつけておき、図のように折る
2 内側に折る
3 上を折る
4 内側に折る
5 下を折る
6 半分に折る
7 貼り合わせて角を折り込む
飾りを付けてできあがり

スティック

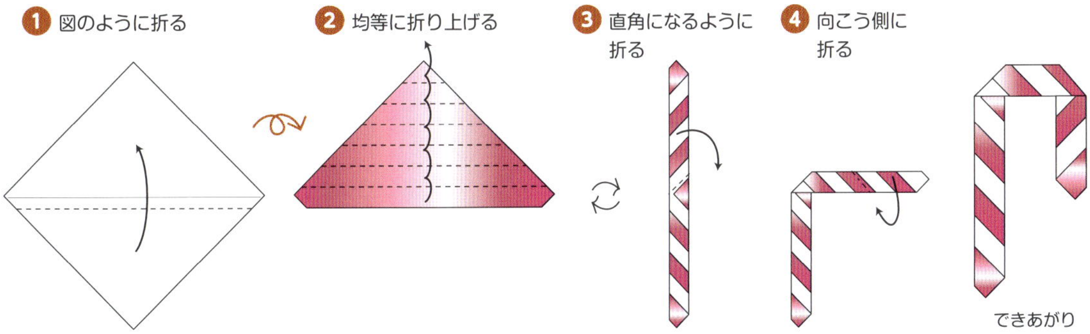

1 図のように折る
2 均等に折り上げる
3 直角になるように折る
4 向こう側に折る
できあがり

ホワイトクリスマスのきらきらリース

外は雪。窓辺にリースを飾って
サンタクロースを待ちましょう。
きらきらリボンと金銀の折り紙で
華やかに。

ミニリース

1 中心に向かって折る

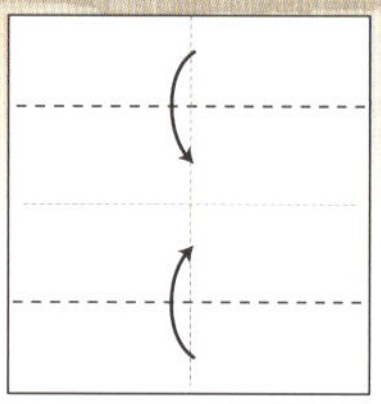

2 向こう側に折る

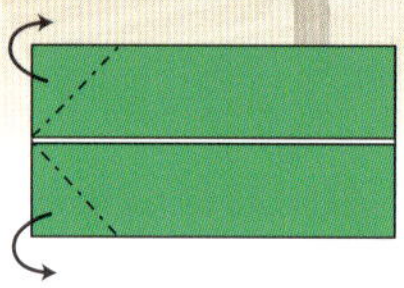

3 半分に折る

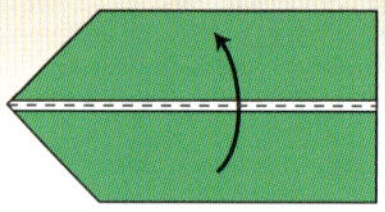

4 図のように折る

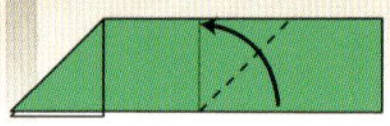

4つ作り、
図のように
組み合わせて
作ります。

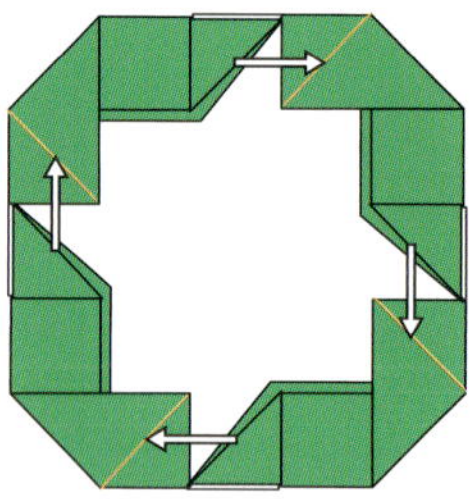

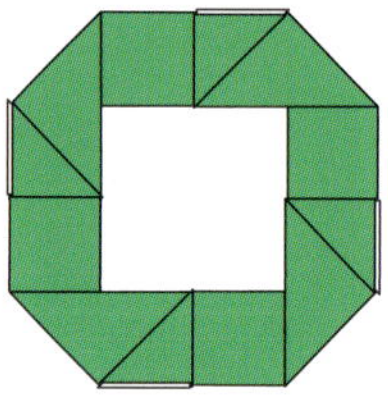

ベルは、ミルクの
空き容器を金色の
折り紙でくるんで
作りましょう。

リボンなどで
飾り付けて
仕上げます。

谷折り線　山折り線　裏返す　向きを変える　図を拡大する

デラックスリース

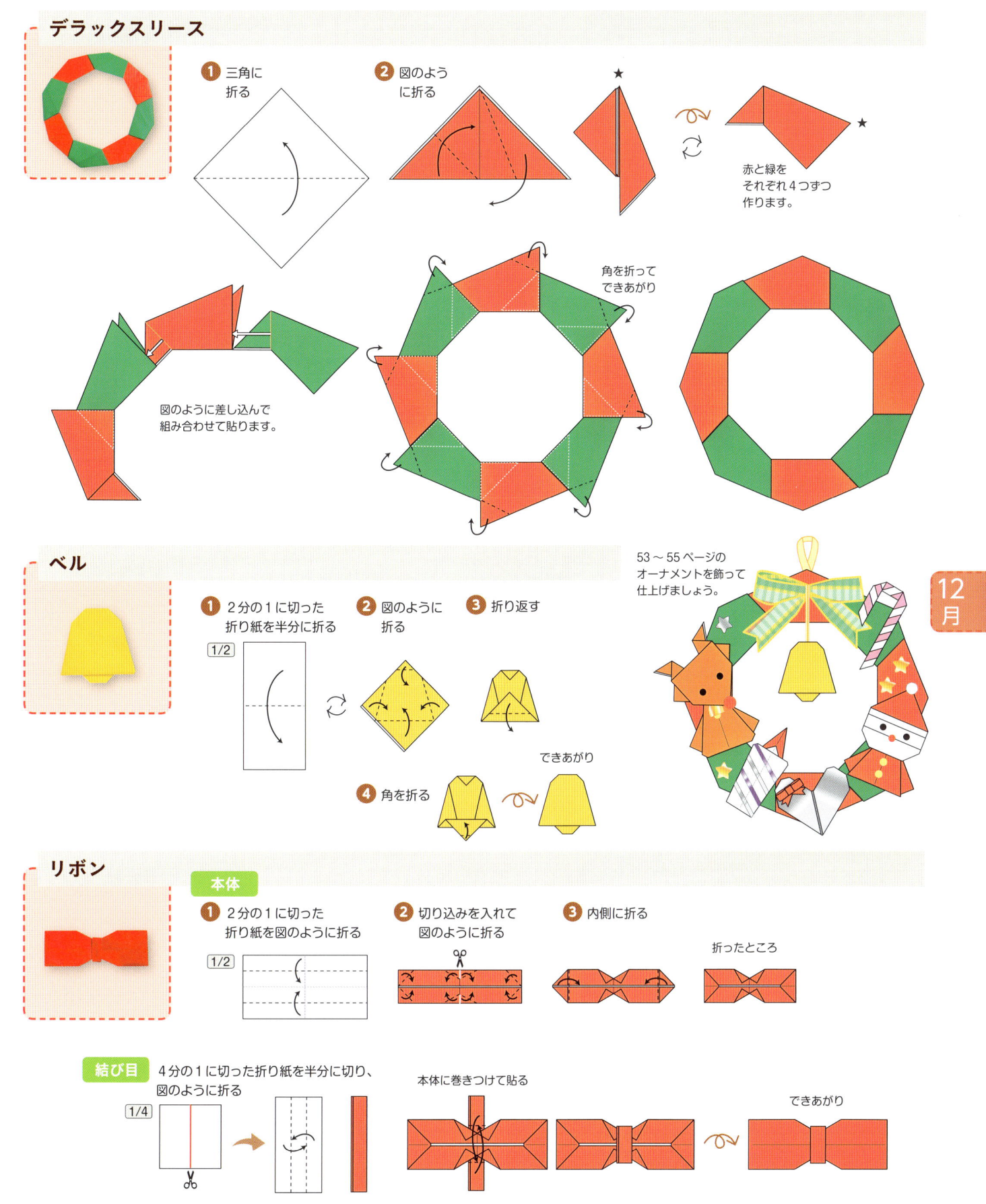

❶ 三角に折る

❷ 図のように折る

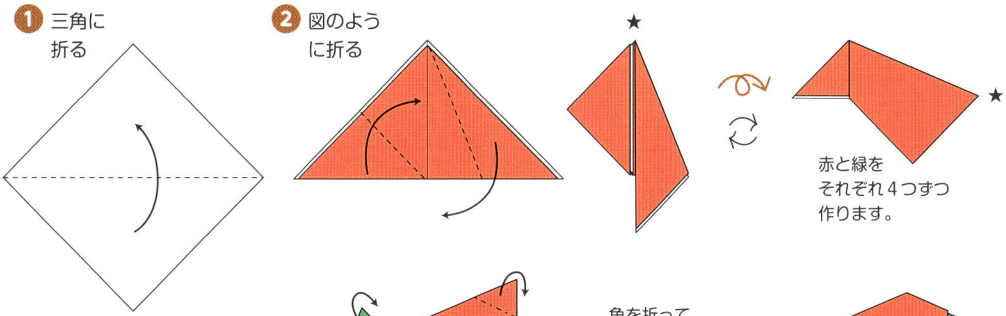

赤と緑をそれぞれ４つずつ作ります。

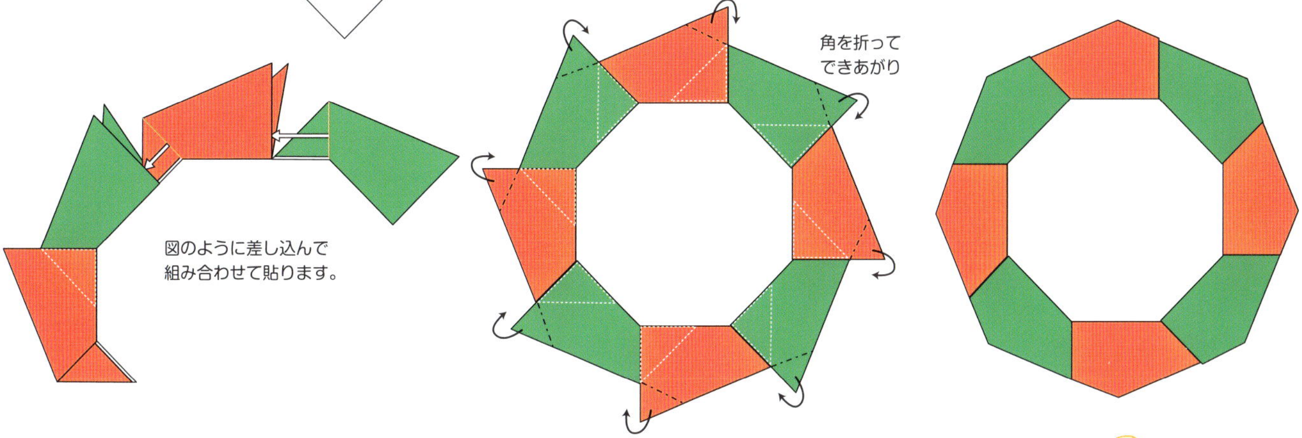

図のように差し込んで組み合わせて貼ります。

角を折ってできあがり

ベル

❶ ２分の１に切った折り紙を半分に折る

❷ 図のように折る

❸ 折り返す

❹ 角を折る

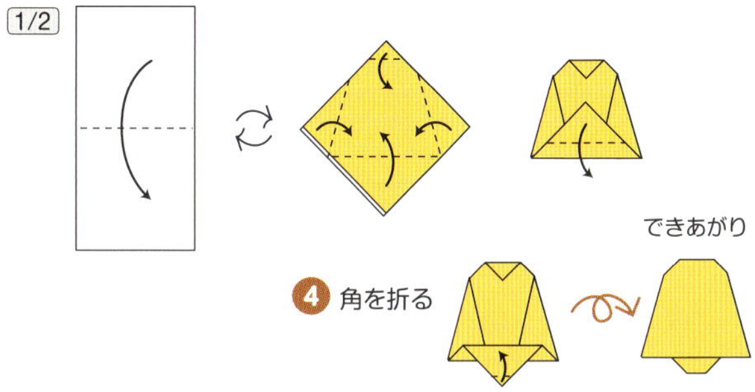

できあがり

53～55ページのオーナメントを飾って仕上げましょう。

リボン

本体

❶ ２分の１に切った折り紙を図のように折る

❷ 切り込みを入れて図のように折る

❸ 内側に折る

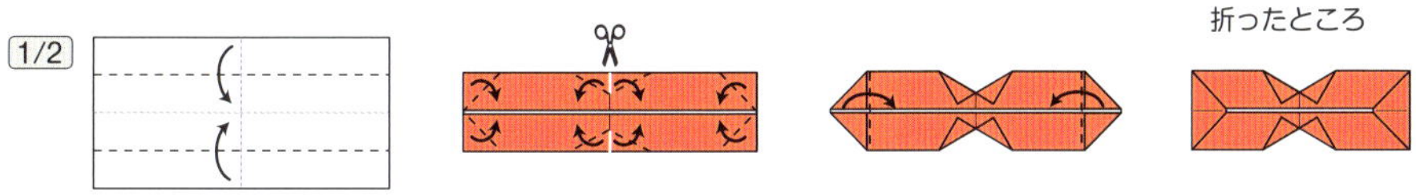

折ったところ

結び目 ４分の１に切った折り紙を半分に切り、図のように折る

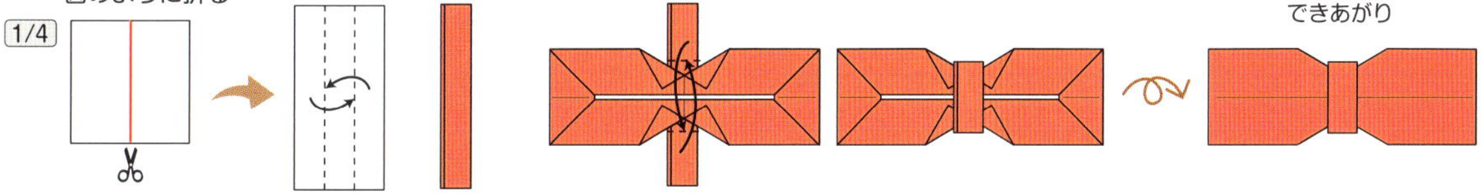

本体に巻きつけて貼る

できあがり

January

1月

門松とたこのお正月飾り

カラフルなたこが冬の空に浮かびます。
きれいに飾られた門松に見守られてうれしそう。

やっこだこ

体

図のように
切り込みを入れて折る

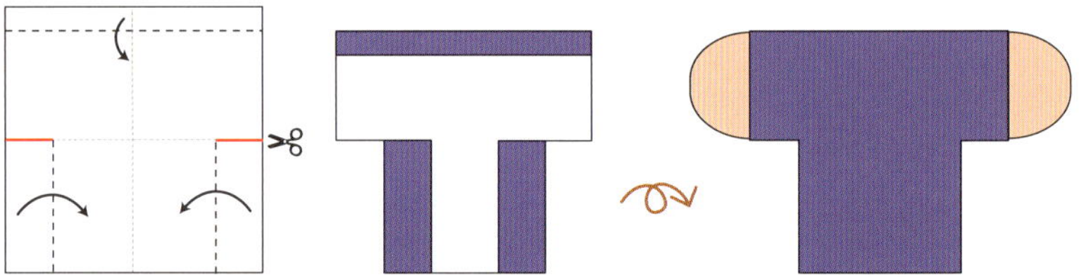

袖の幅に合わせて
手を切って貼ります。

顔

❶ 2分の1に切った
折り紙を図のように折る

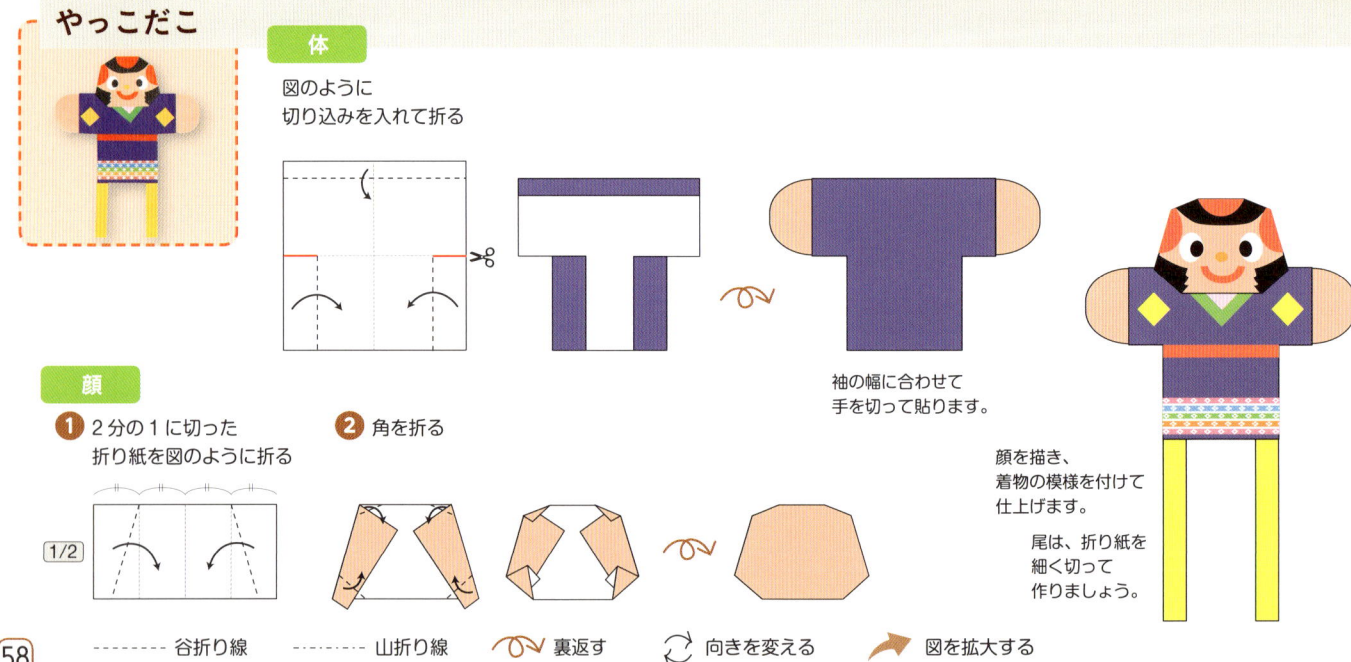

❷ 角を折る

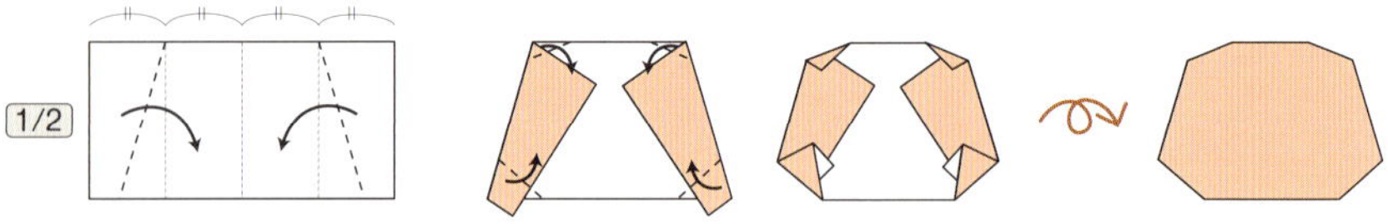

顔を描き、
着物の模様を付けて
仕上げます。

尾は、折り紙を
細く切って
作りましょう。

-------- 谷折り線　-・-・-・- 山折り線　裏返す　向きを変える　図を拡大する

門松

奥の竹

折り紙を２枚重ねて下を折り、角から巻いて留める

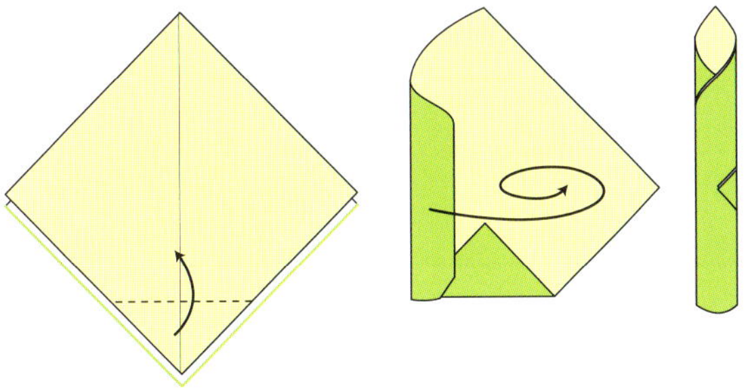

手前の竹

奥の竹より深く折って巻く

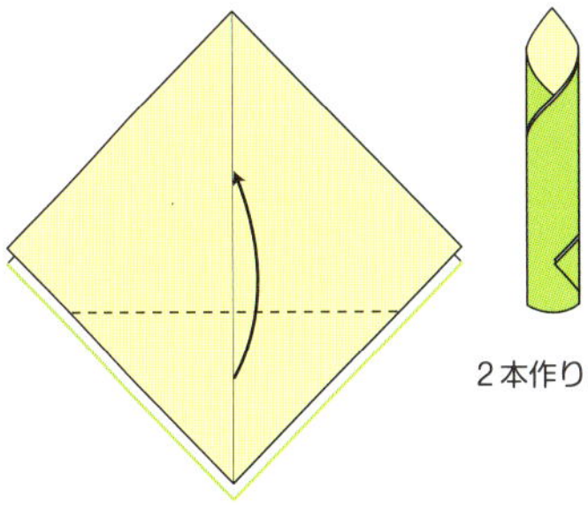

２本作ります。

土台

❶ 緑と茶色の
折り紙を
半分に折る

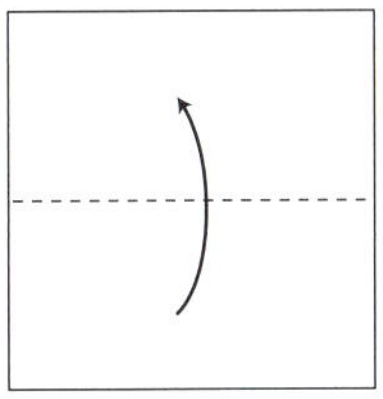

❷ 折り線をつけて、
その位置まで切り込みを入れ、
２枚を重ね合わせる

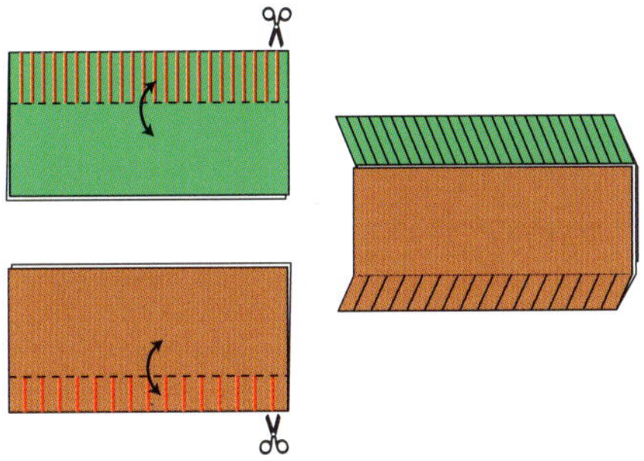

３本の竹を合わせ、
土台で図のように巻いて
セロハンテープで留めます。

飾りを付けて
華やかに
仕上げましょう。

花の飾りは、
パンチした花を
こよりにのりで
貼り付けます。

初日の出だこ

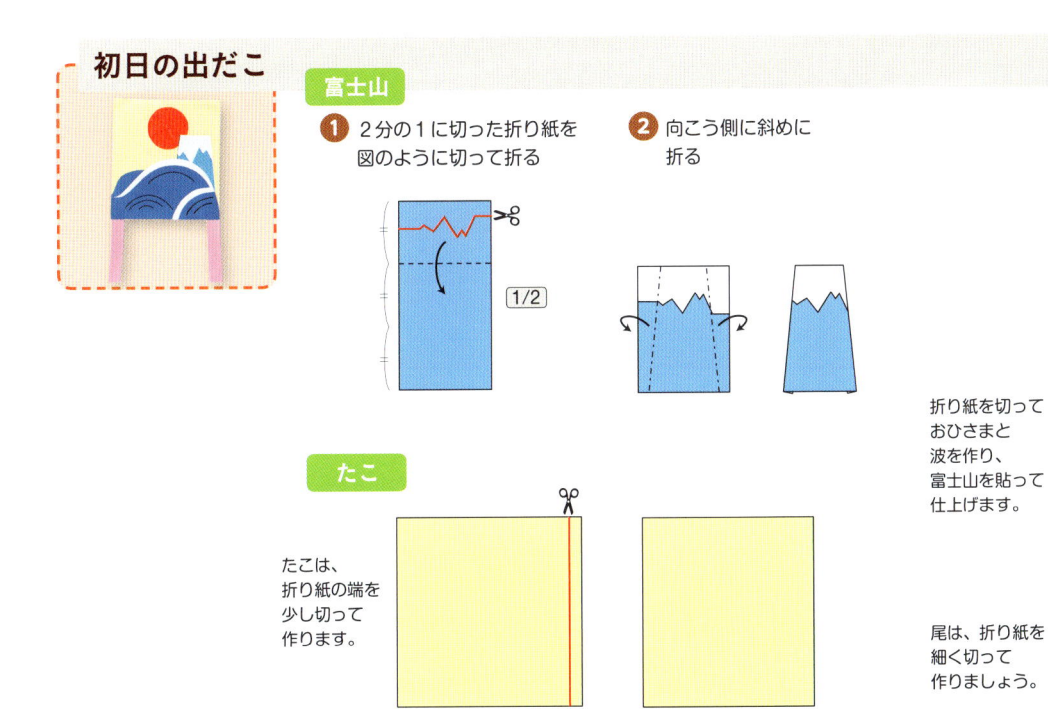

富士山

❶ ２分の１に切った折り紙を
図のように切って折る

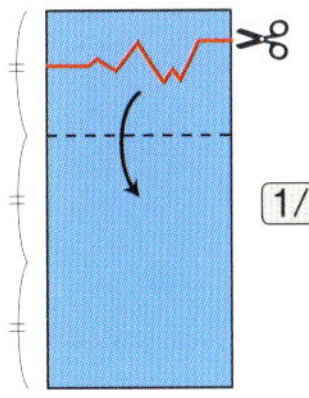

❷ 向こう側に斜めに
折る

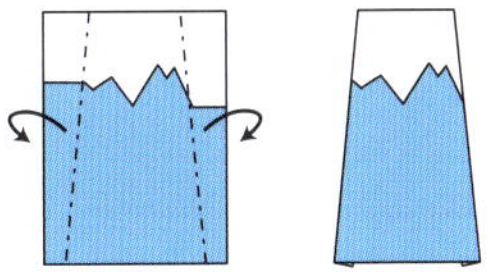

たこ

たこは、
折り紙の端を
少し切って
作ります。

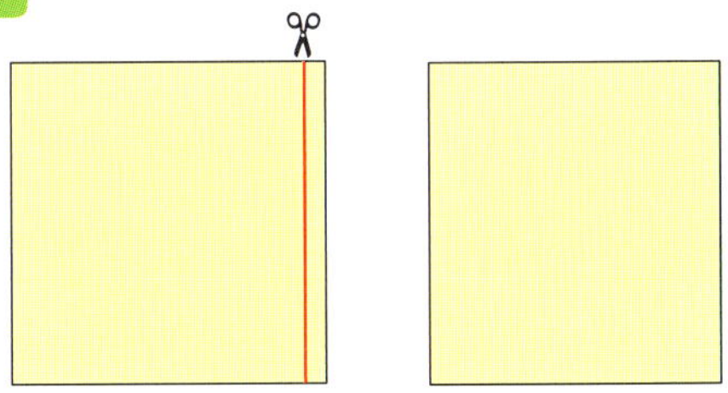

折り紙を切って
おひさまと
波を作り、
富士山を貼って
仕上げます。

尾は、折り紙を
細く切って
作りましょう。

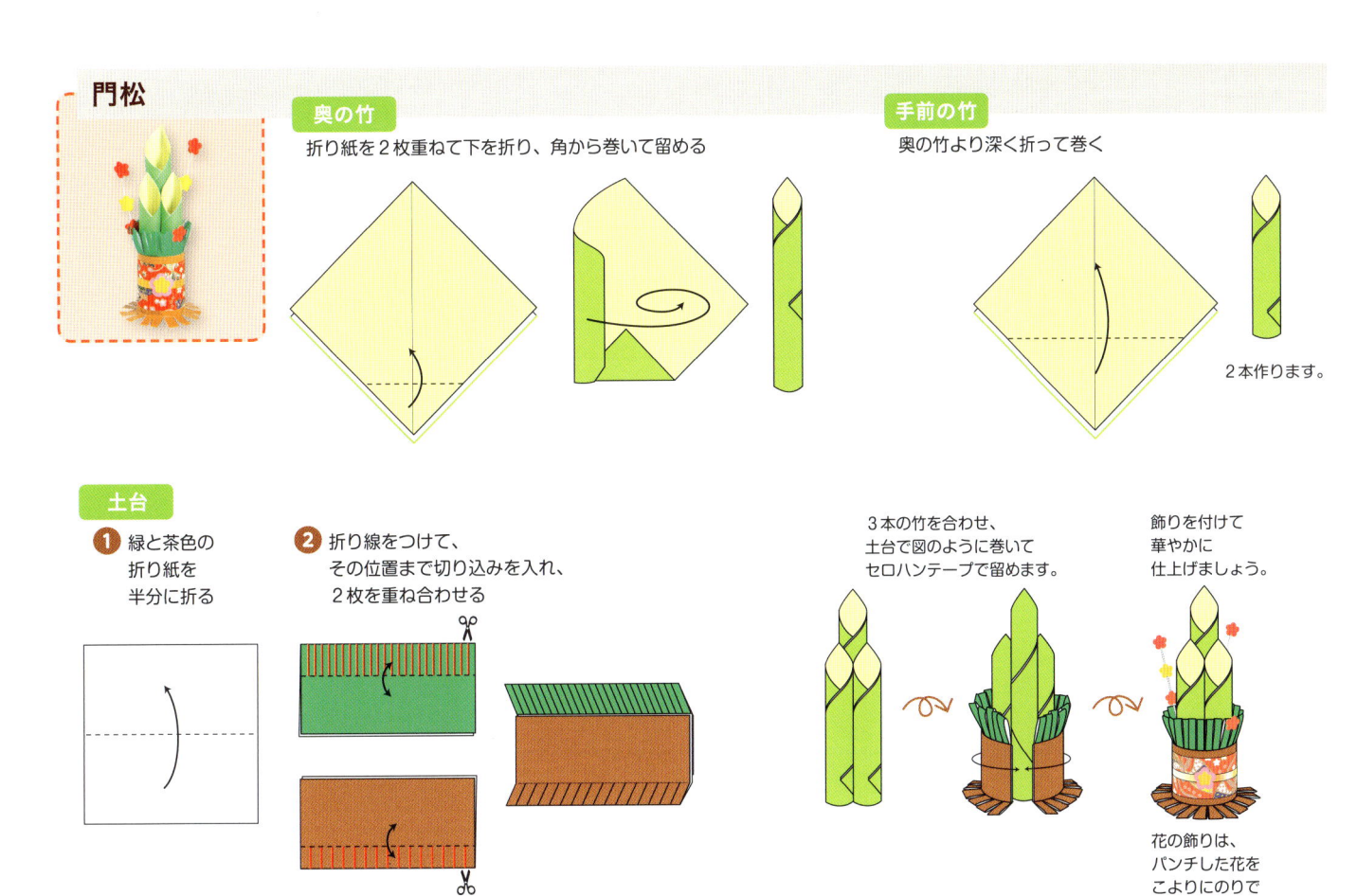

遊んで飾れるおしゃれな羽子板

お正月の
定番あそびの羽根つき。
牛乳パックで気軽に作って、
思いきり遊びましょう。
遊んだあとはきれいに飾って
楽しめます。

獅子舞

顔

4分の1に切った
折り紙を図のように折る

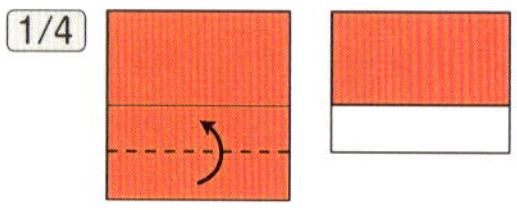

体

❶ 三角に折る

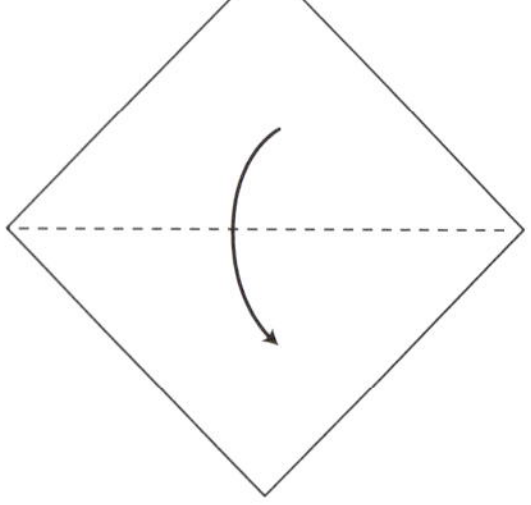

❷ 図のように
向こう側に折る

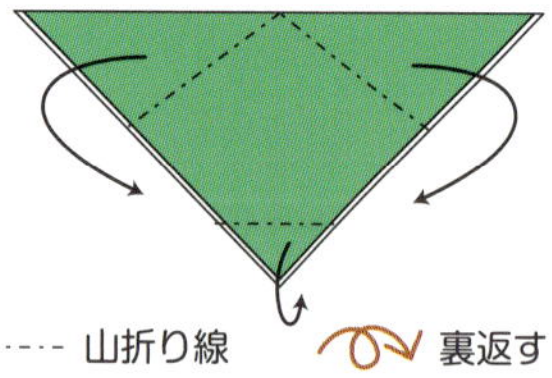

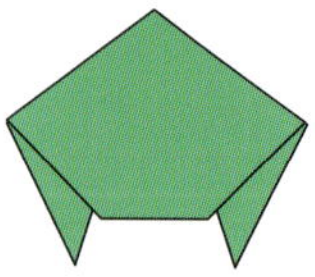

顔を描き、
体に模様を付けて
耳や足を貼ります。

千代紙を貼り、
獅子舞を貼り付けて
仕上げます。

---------- 谷折り線　-·-·-·-·- 山折り線　裏返す　向きを変える　図を拡大する

椿

花

❶ 4分の1に切った折り紙を中心に向かって折る
❷ 中心に向かって折る
❸ 折り開く
❹ 角を折る

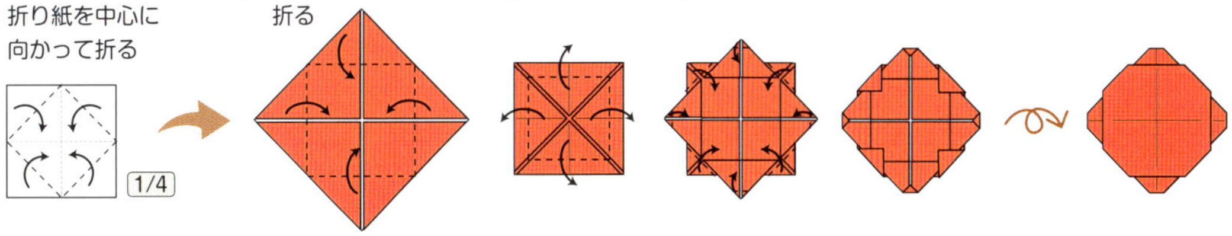

1/4

花心

4分の1に切った折り紙を
図のように切って折る

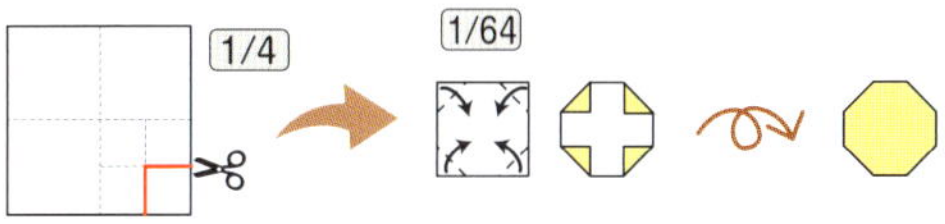

1/4
1/64

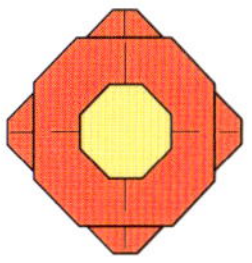

花の中心に
花心を貼ります。

葉

❶ 4分の1に切った折り紙を図のように切って三角に折る
❷ 図のように折る
❸ 角を折る

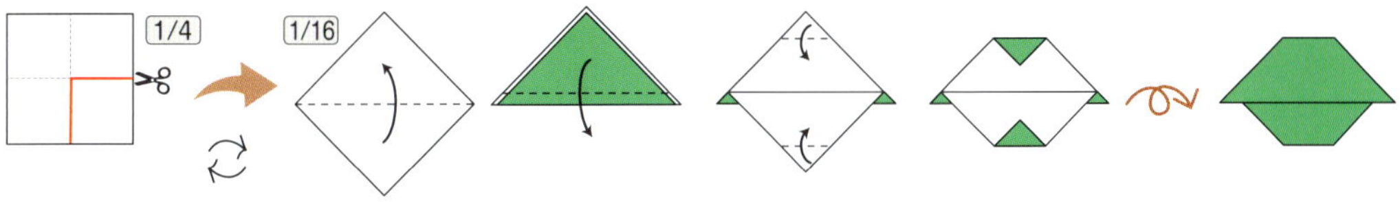

1/4
1/16

千代紙を貼り、
花と葉を
あしらって
仕上げます。

羽子板の作り方

牛乳パックを切って開いたものを使います。

持ち手 ❶ 図のように切る　❷ 図のように巻き折りして、最後は両面テープで留める

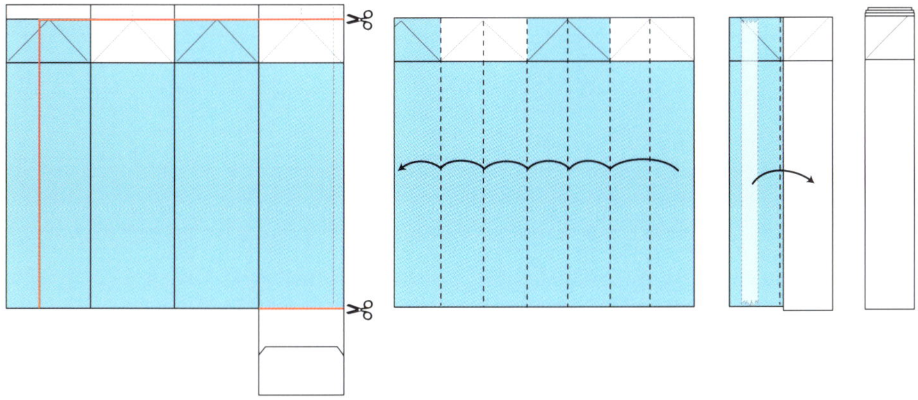

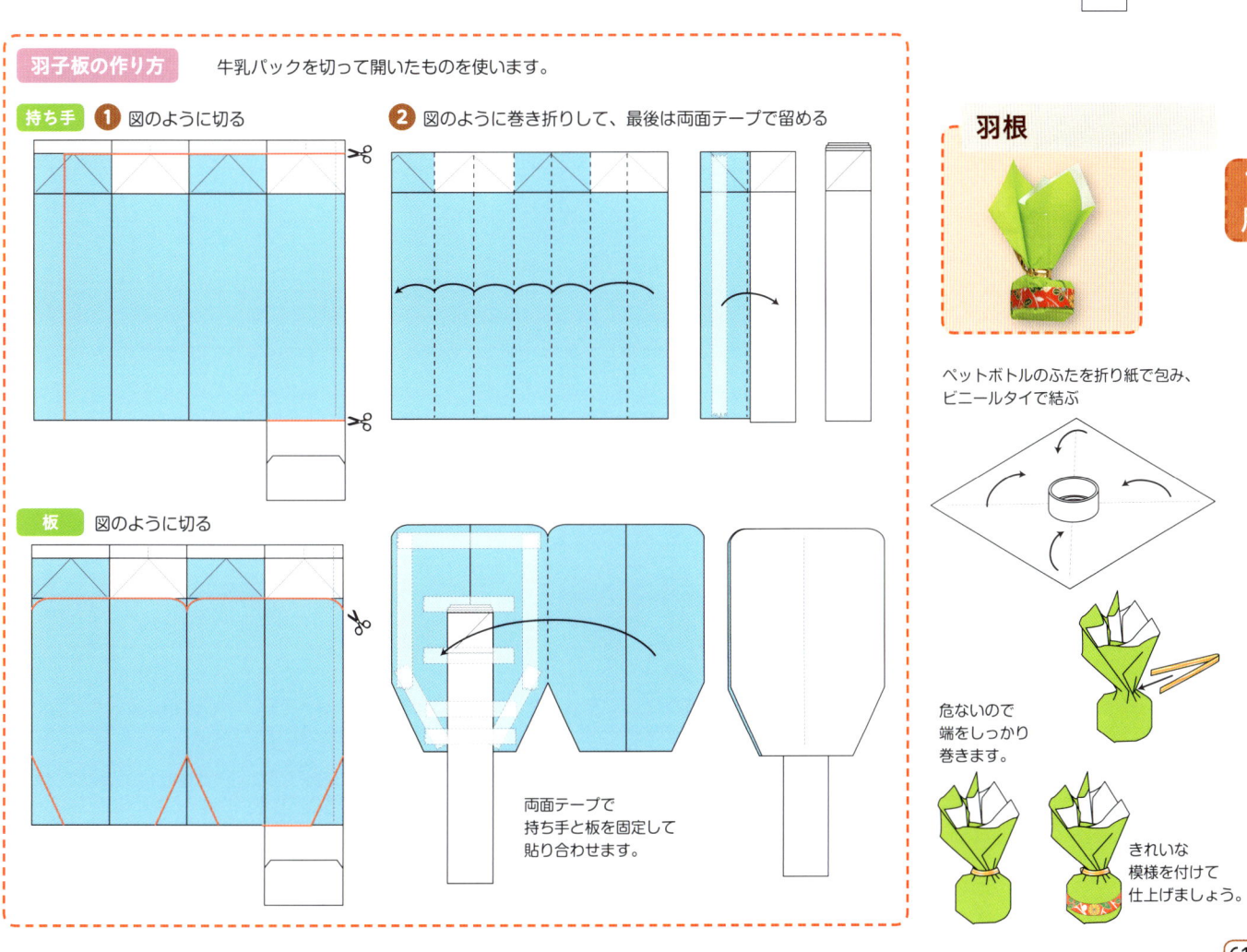

板 図のように切る

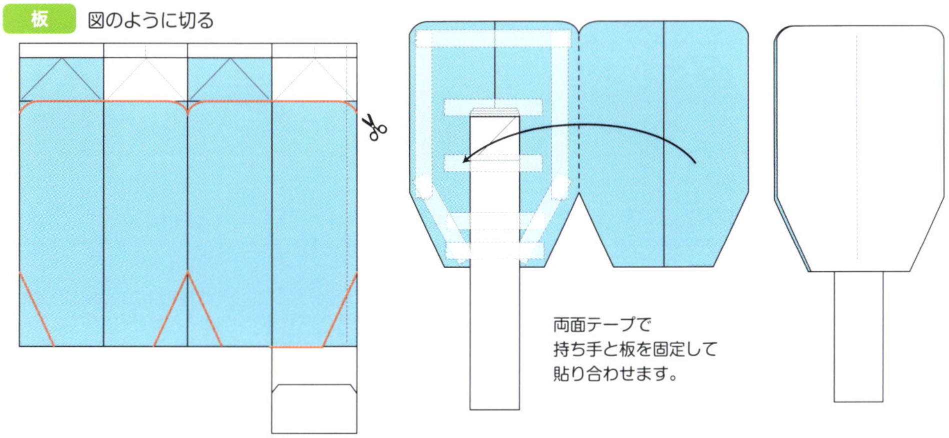

両面テープで
持ち手と板を固定して
貼り合わせます。

羽根

ペットボトルのふたを折り紙で包み、
ビニールタイで結ぶ

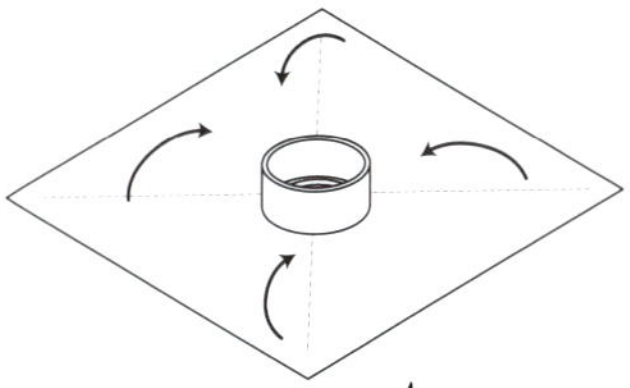

危ないので
端をしっかり
巻きます。

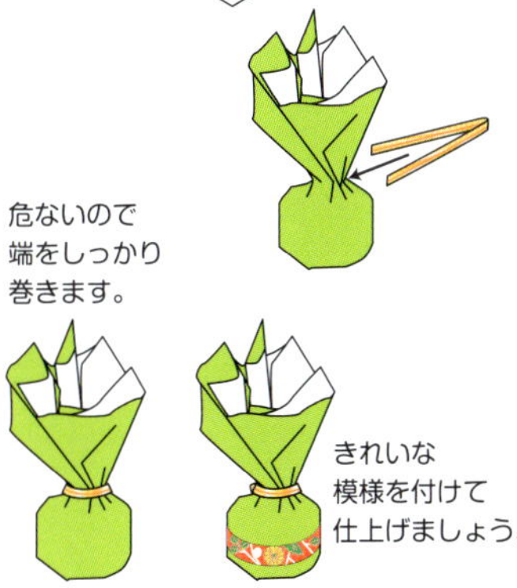

きれいな
模様を付けて
仕上げましょう。

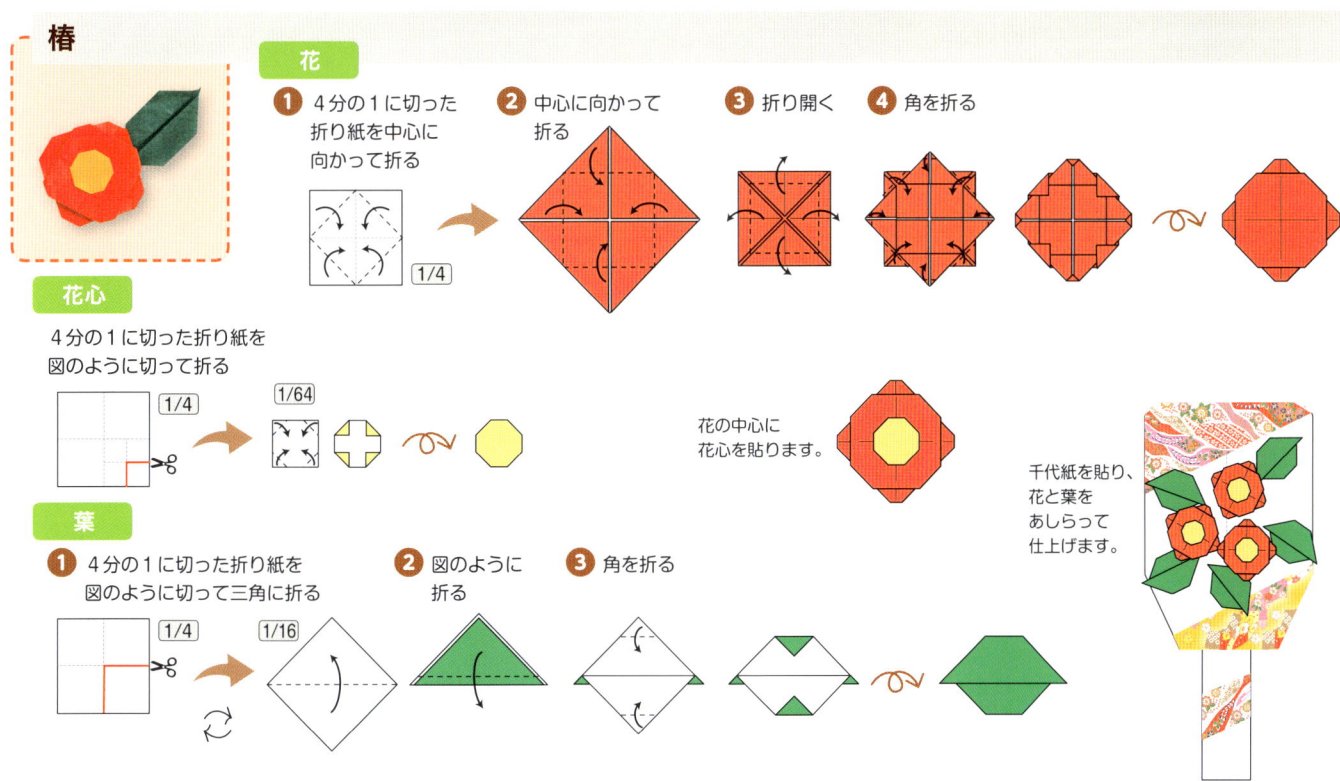

かぶって遊ぼう！
おにのお面

封筒に折り紙を貼って作るお面だから、
丈夫で簡単！　楽しく遊べます。
ますを片手に豆まきしましょう。

ます

底部分

❶ 中心に向かって折る

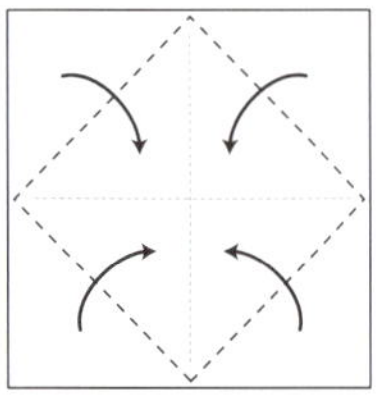

❷ 折って立てる

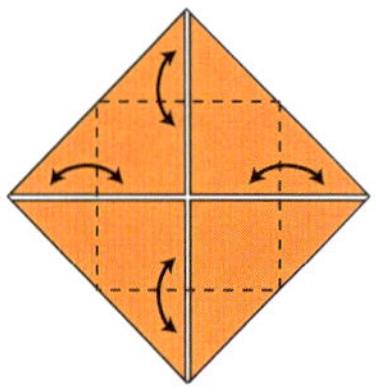

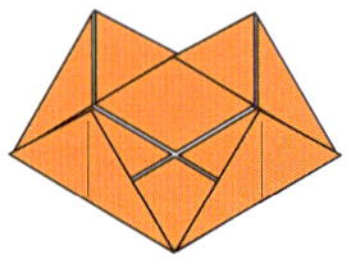

底部分の
できあがり

側面

❶ 3分の1に折る

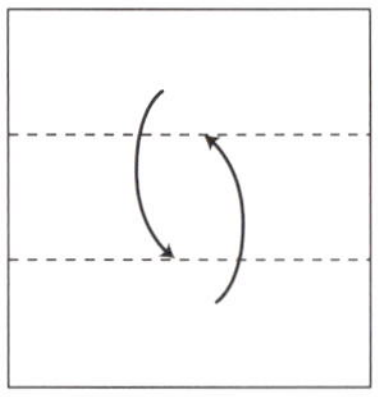

❷ 折り線をつける

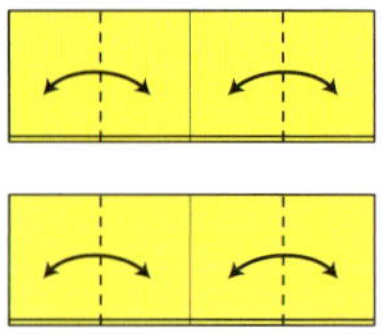

2つ作ります。

❸ 2つを合わせて、つなぎ目の内側を
セロハンテープで留める

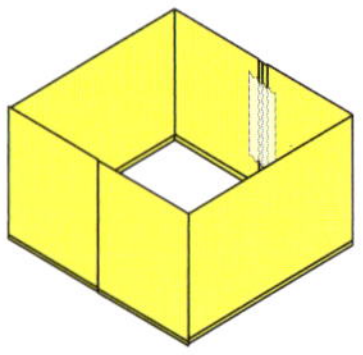

側面の
できあがり

-------- 谷折り線　-·-·-·-· 山折り線　裏返す　向きを変える　図を拡大する

おにのお面（赤おに）

❶ A4サイズの封筒を
図のように切る

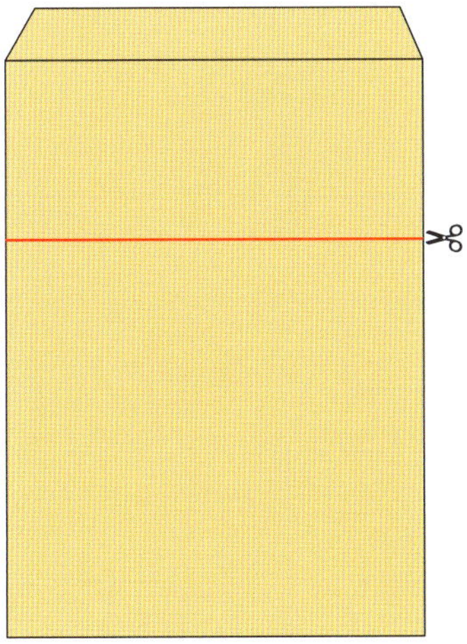

❷ 折り紙を貼って顔にし、
目や口、耳を貼って
図のように折る

❸ 黒目の部分をくり抜いて、角を貼り、
輪ゴムを通す穴をあけて、
耳の面を向こう側に折る

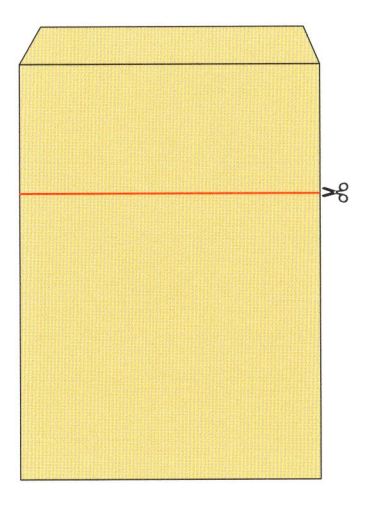

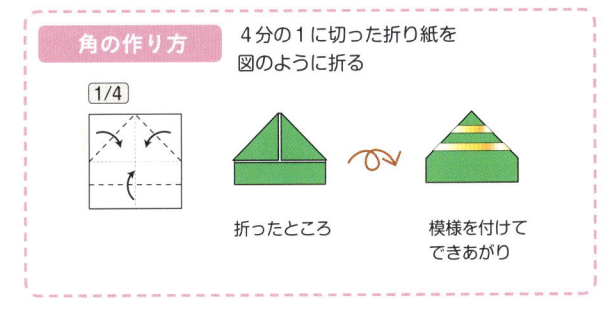

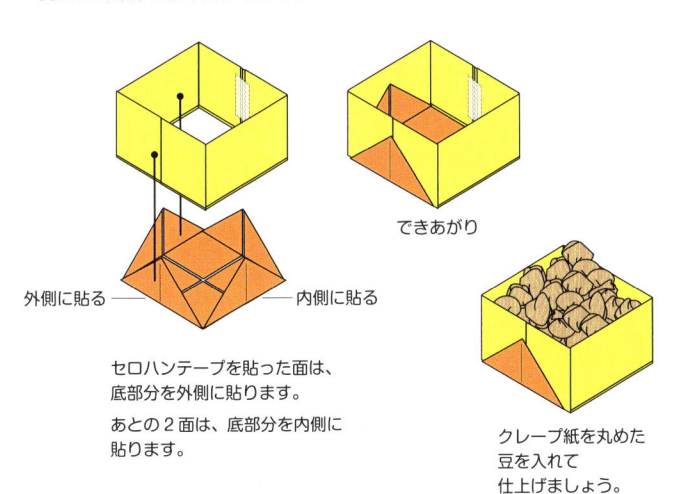

輪ゴムを付けてできあがり

角の作り方

4分の1に切った折り紙を
図のように折る

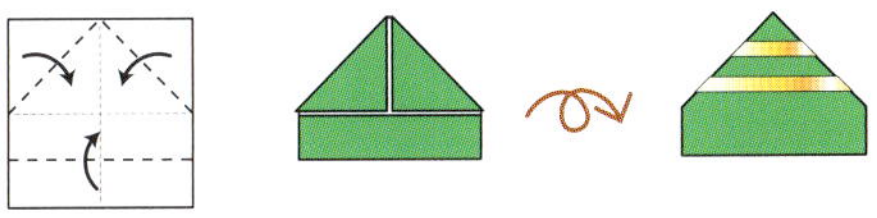

折ったところ

模様を付けて
できあがり

前髪と角をアレンジして青おににも作りましょう。

青おにの角

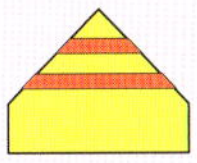

2本作り
ましょう。

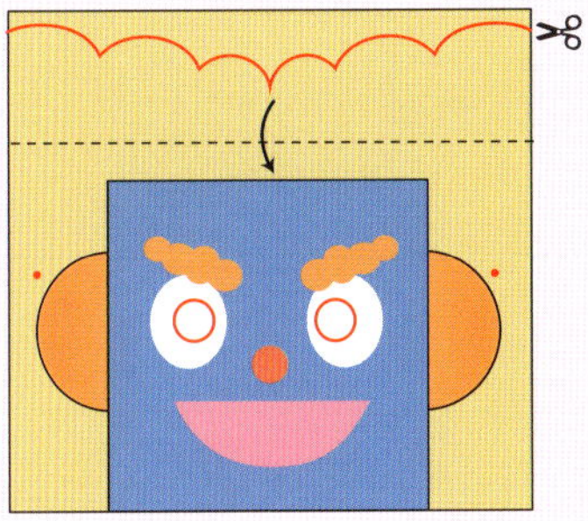

側面と底部分を組み合わせます。

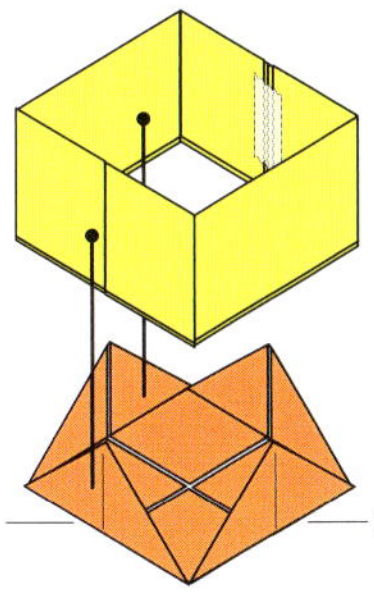

セロハンテープを貼った面は、
底部分を外側に貼ります。

あとの2面は、底部分を内側に
貼ります。

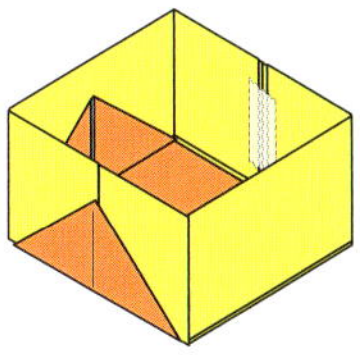

できあがり

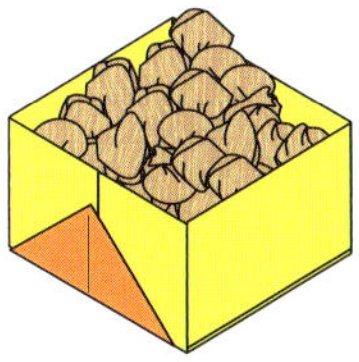

クレープ紙を丸めた
豆を入れて
仕上げましょう。

February

2月

キラキラ雪の窓飾り

おしゃれした雪だるまさんたちが、
楽しそうにおしゃべりしているよ。
雪の結晶もキラキラ光って、
すてきな雪の国のお話が始まりそう。

雪の結晶

❶ 半分に折る

❷ 図のように折る

❸ 半分に折る

❹ 図のように切って開く

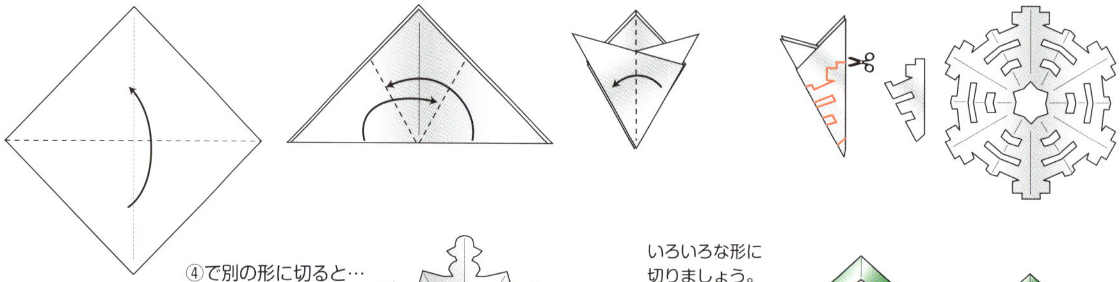

④で別の形に切ると…

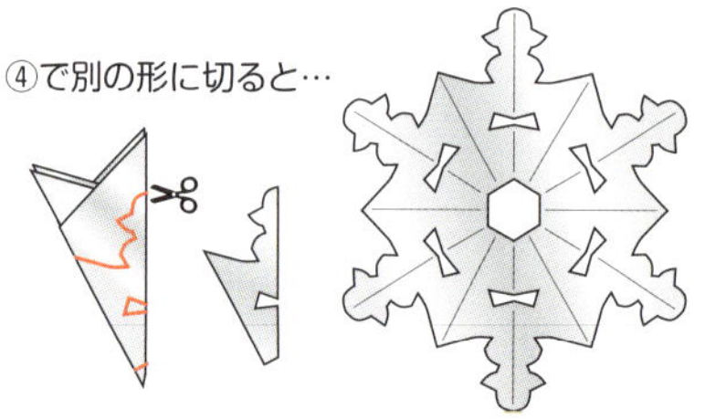

いろいろな形に
切りましょう。

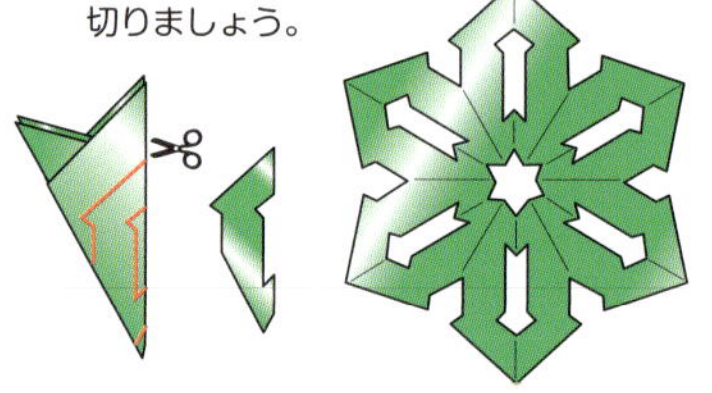

4分の1に切った
折り紙で作ると
小さい結晶に。

谷折り線　山折り線　裏返す　向きを変える　図を拡大する

雪だるま（大）

頭

❶ 内側に折る　❷ 半分に折る　❸ 角を折り込む

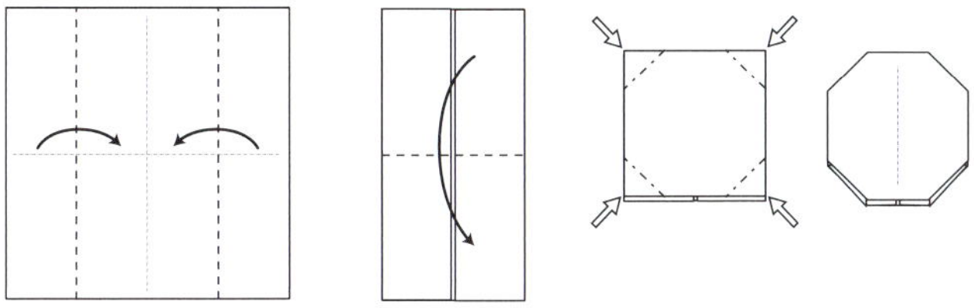

体

❶ 中心に向かって、少しすきまをあけて折る

❷ 図のように折る

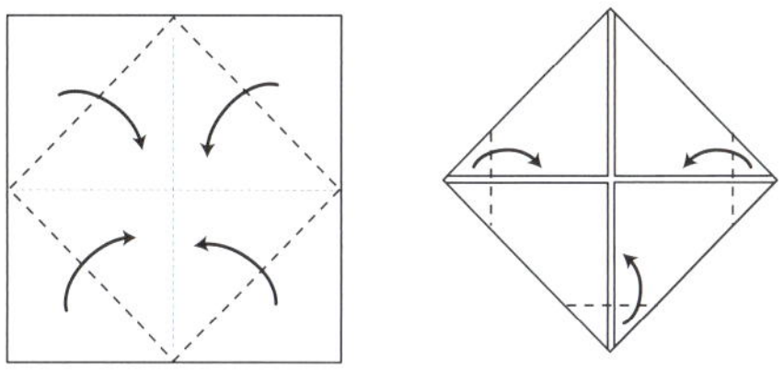

体を頭ではさんで貼り付けます。

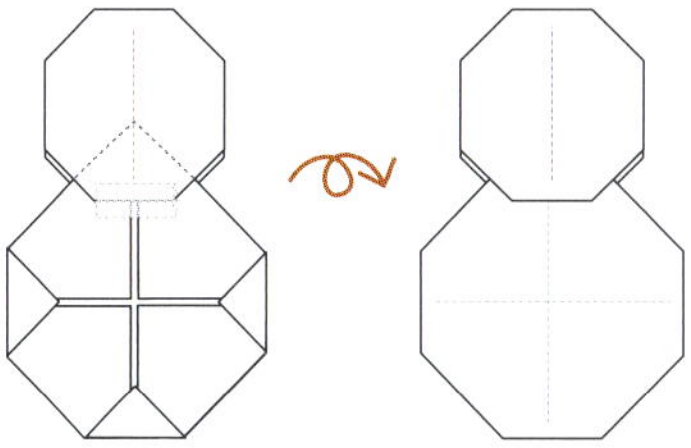

ぼうし

❶ 4分の1に切った折り紙を半分に折る

❷ 内側に折る

❸ 内側に折り込む

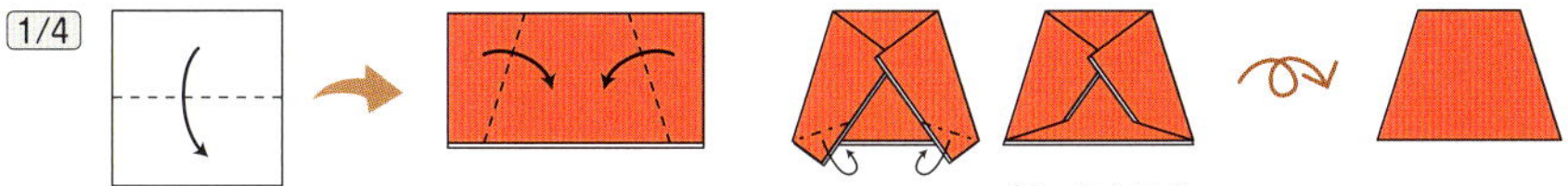

折ったところ

手ぶくろ

❶ 4分の1に切った折り紙を左側から図のように折る

❷ 折り線をつけて図のように折り開く

❸ 上を手前に差し込み、先端を折り込む

❹ 角を折り込む

逆向きでもう1つ作ります。

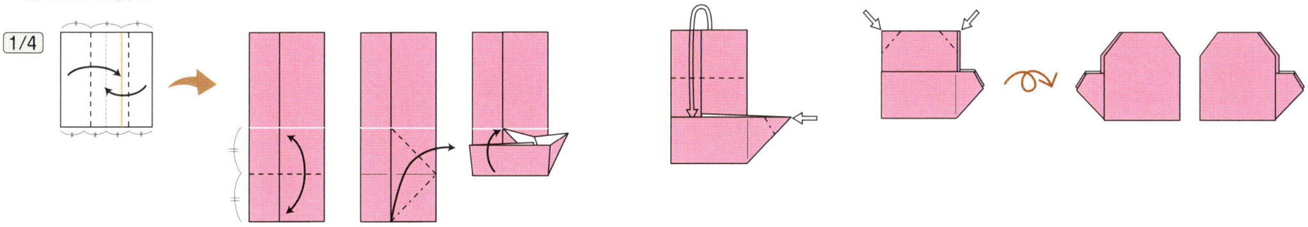

マフラー

❶ 4分の1に細長く切った折り紙を図のように折る

❷ 1、2の順に折る

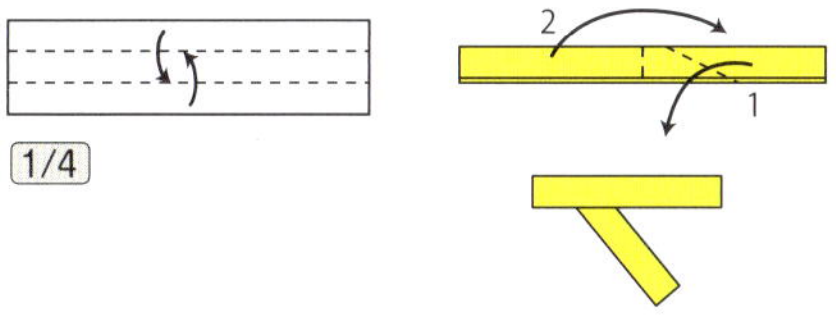

雪だるま（小）

❶ 内側に折る　❷ 下から図のように折る　❸ 角を切る

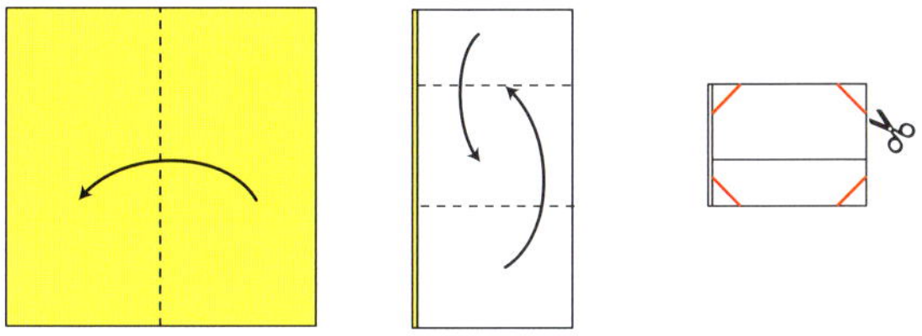

❹ いったん開いて図のように切り取り、向こう側に半分に折る

❺ 手前に折る

❻ 上を手前に折る

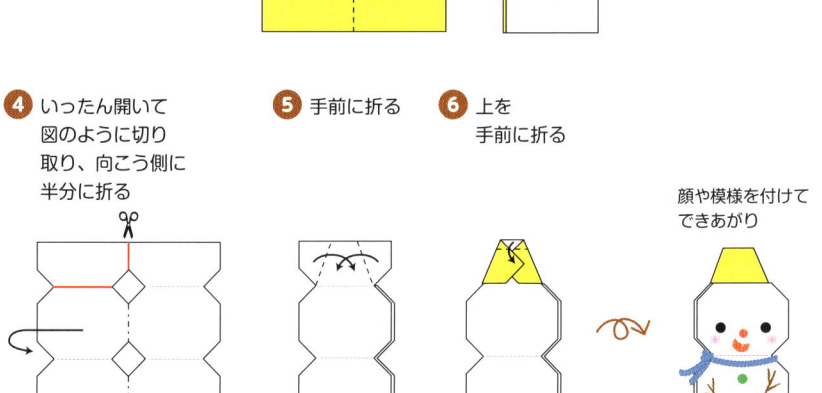

顔や模様を付けてできあがり

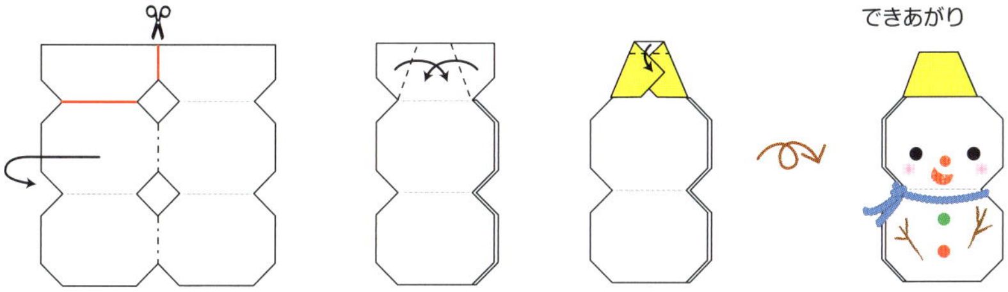

いろいろな表情の雪だるまを作ってみましょう。

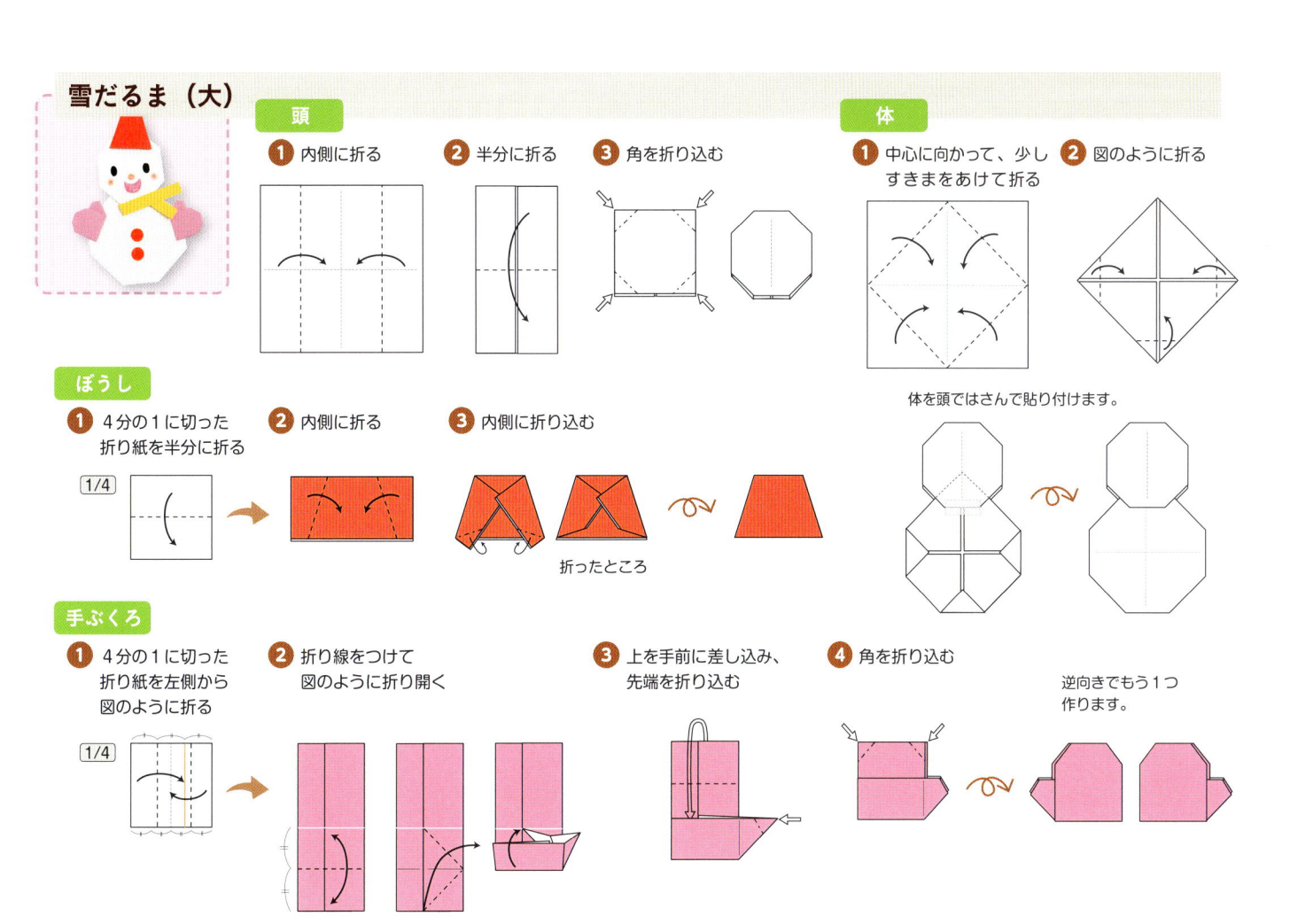

March

3月

キュートな壁掛けおひなさま

壁に掛けられるおひなさまなので、
場所を選ばず飾れます。
色紙サイズがぴったりです。

ぼんぼり

ちょうちん

❶ 4分の1に切った折り紙に
折り線をつけて図のように折る

❷ 図のように折り線を
つけてから、上下を手前に折る

❸ 角を折る

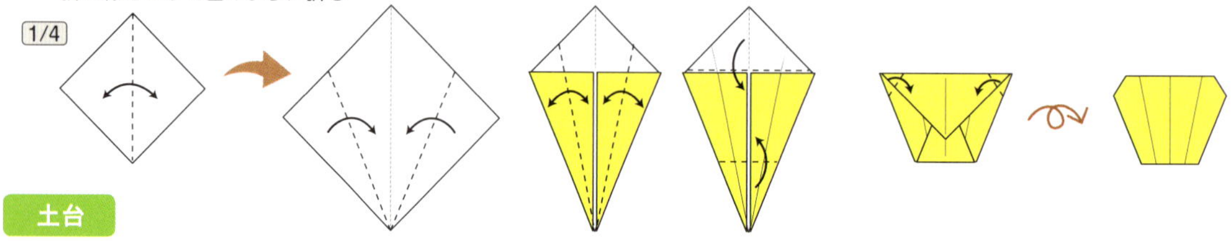

土台

❶ 4分の1に切った
折り紙を半分に切る

❷ 切り込みを入れて
図のように折る

❸ さらに折る

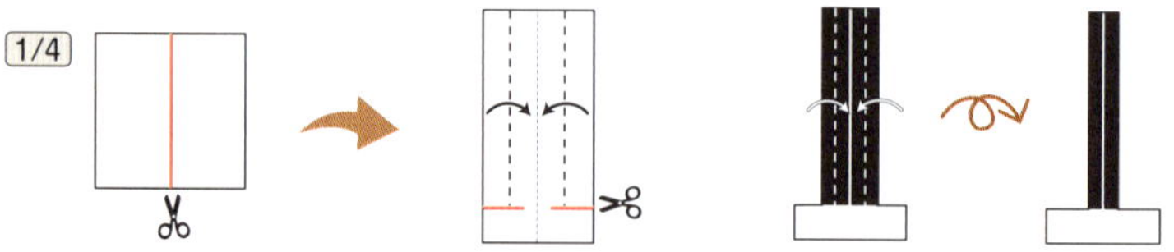

折り線で折って
立体的にした
ちょうちんを、
土台と貼り
合わせます。

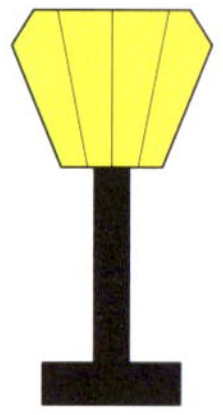

桃の花

❶ 4分の1に切った
折り紙を半分に折る

❷ 図のように折る

❸ 辺と辺が合うように折る

❹ 辺と辺が合うように
折る

❺ 図のように切る

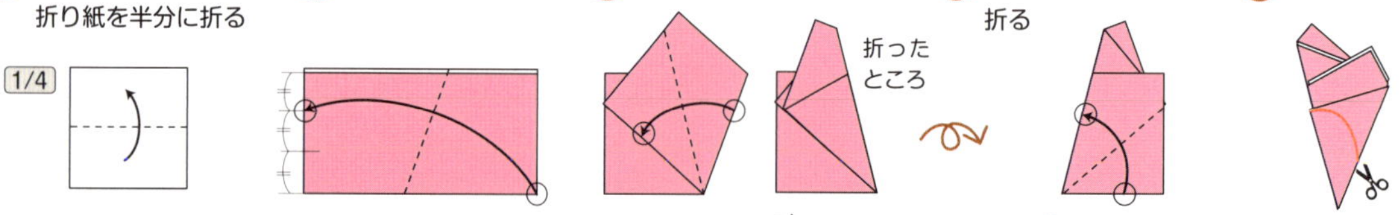

開いてできあがり

-------- 谷折り線　-・-・-・- 山折り線　裏返す　向きを変える　図を拡大する

おだいりさまとおひなさま

顔

1. 4分の1に切った折り紙を図のように折る
2. 図のように折る
3. 内側に折る
4. 角を向こう側に折る

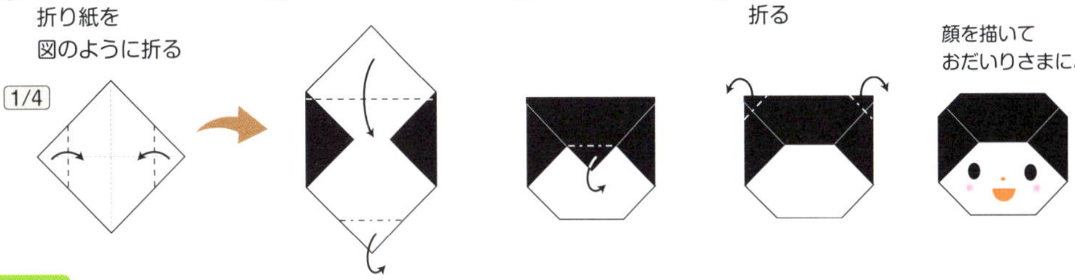

顔を描いておだいりさまに。

おひなさまの髪

1. 16分の1に切った折り紙を図のように切る
2. 半分に折る
3. 下を切る

2つ作ります。

おだいりさまの髪に差し込んだらおひなさまに。

烏帽子《えぼし》

1. 4分の1に切った折り紙を半分に切る
2. 図のように切って折る
3. 角を折る

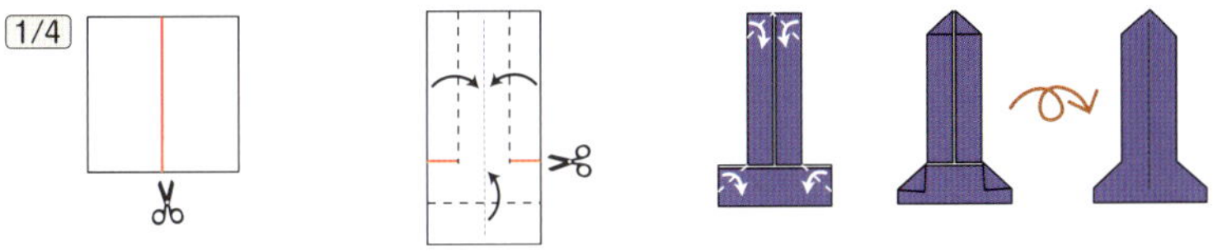

冠

1. 16分の1に切った折り紙をさらに4分の1に切り、半分に折る
2. 図のように切る

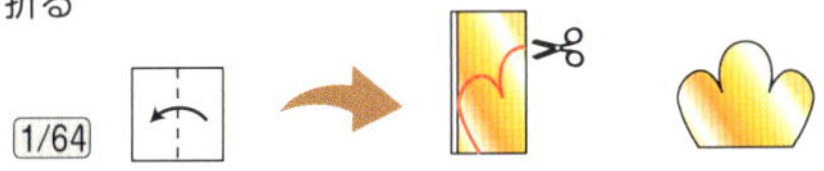

開いてできあがり

着物

1. 図のように折る
2. 上に折る
3. 内側に折る
4. 向こう側に折る

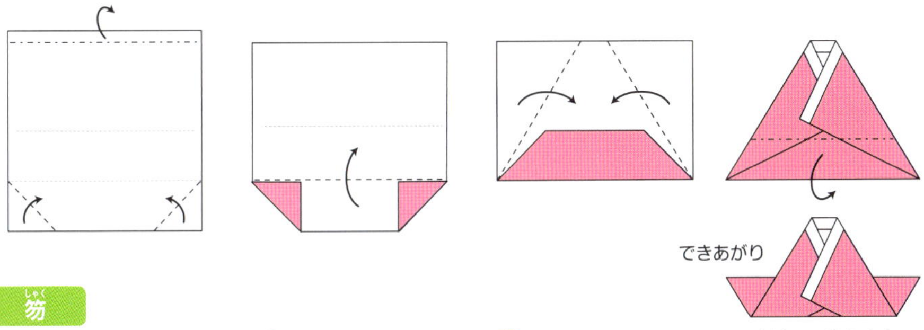

できあがり

色違いで作ります。

烏帽子と冠をかぶせ、笏と扇を持たせて仕上げましょう。

笏《しゃく》

1. 16分の1に切った折り紙を半分に切る
2. 半分に折る
3. 図のように切る

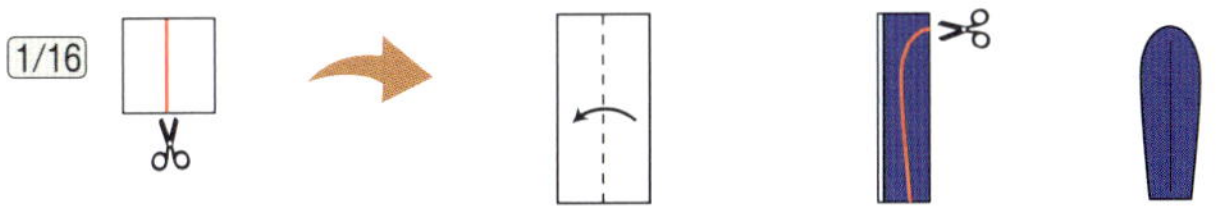

開いてできあがり

扇

1. 4分の1に切った折り紙を図のように切って三角に折る
2. 図のように切る
3. 開いてじゃばら折りする

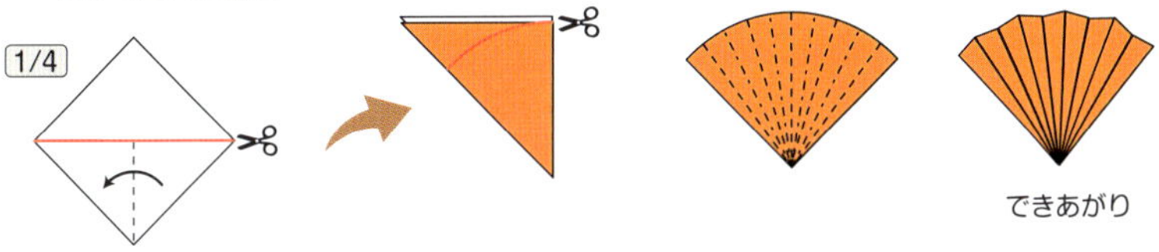

できあがり

ひな壇

色画用紙などを使って6等分に折り線をつけ、図のように折って貼ります。

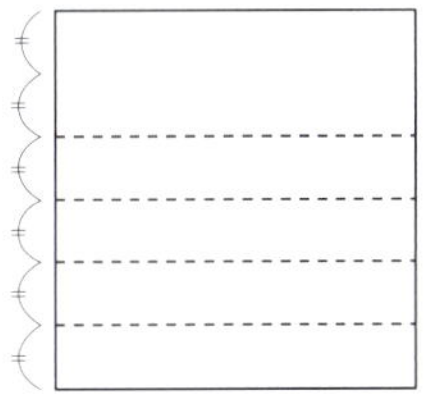

千代紙で作ると雰囲気がでます。

March
3月

スタンドおひなさまの置き飾り

にっこり笑顔のおひなさまは幸せオーラがたっぷり。
千代紙を貼った黒い台に載せれば、豪華な雰囲気を演出できます。

ぼんぼり

ちょうちん

❶ 4分の1に切った折り紙を2回折って、角に折り線をつける

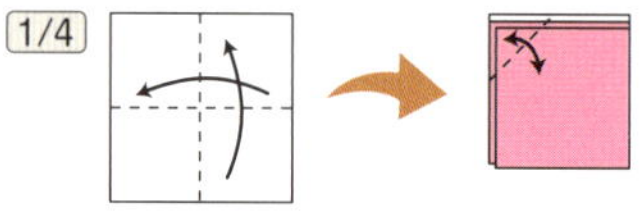

❷ 開いて四隅を折る

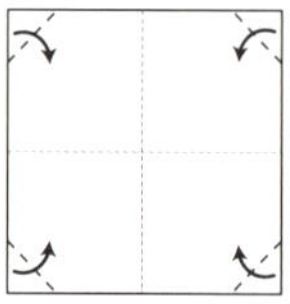

❸ 半分に折る

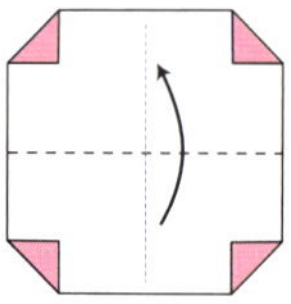

❹ 手前と向こう側に折る

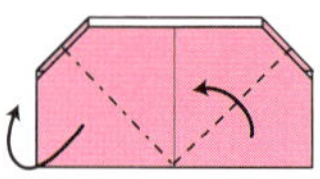

❺ 指を入れて開く

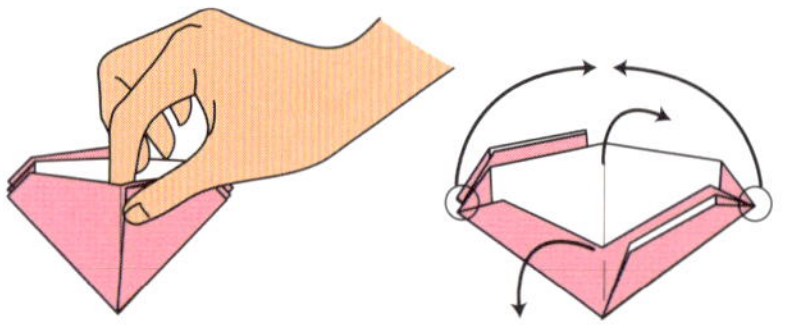

❻ 下を少し切る

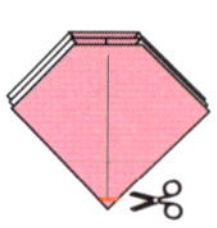

開いて
できあがり

谷折り線　山折り線　裏返す　向きを変える　図を拡大する

おだいりさまとおひなさま

おだいりさまの顔

❶ ２分の１に切った折り紙を図のように折る　❷ 内側に折る　❸ 図のように折る　❹ 角を折る

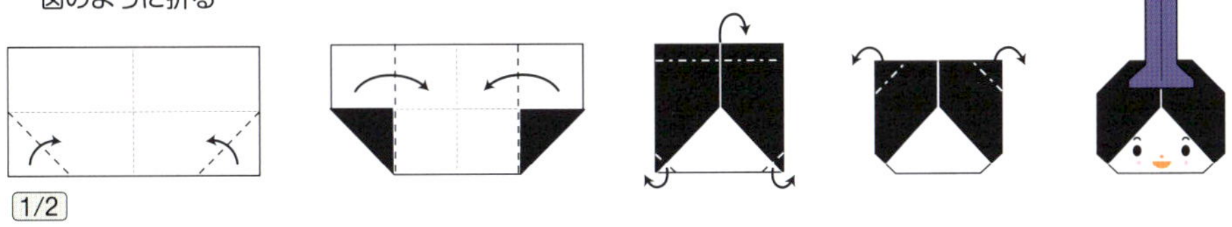

67 ページの烏帽子を貼って顔を描きましょう。

おひなさまの顔

❶ 折り線をつけた折り紙を図のように折る　❷ 内側に折る　❸ 角を手前に折る　❹ 向こう側に折る　❺ 角を折る

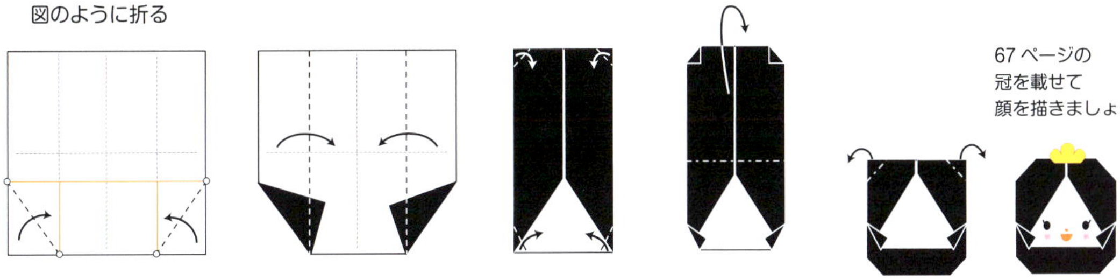

67 ページの冠を載せて顔を描きましょう。

着物

❶ 折り紙の中心に２分の１に切った折り紙を置いて図のように折る　❷ 向こう側に折る　❸ 角を折り込み、裾は図のようにじゃばらに折って開く

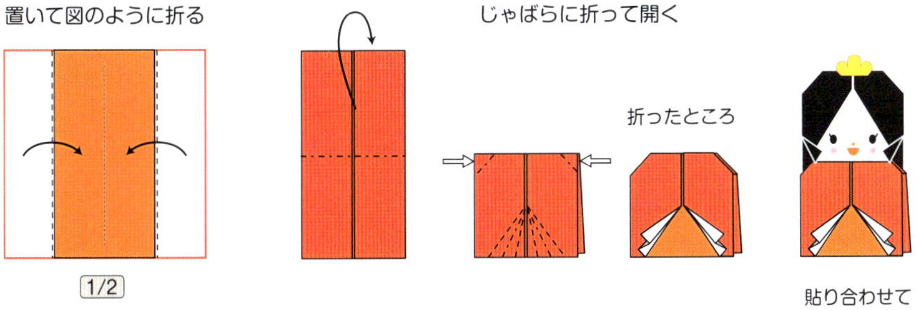

貼り合わせてできあがり

おだいりさまの着物も色違いで作りましょう。千代紙で作るときれいです。67 ページの笏と扇も持たせましょう。

土台

❶ ４分の１に切った折り紙を中心に向かって折る　❷ ２回折る　❸ 折り線をつけて開く　❹ 半分に折る

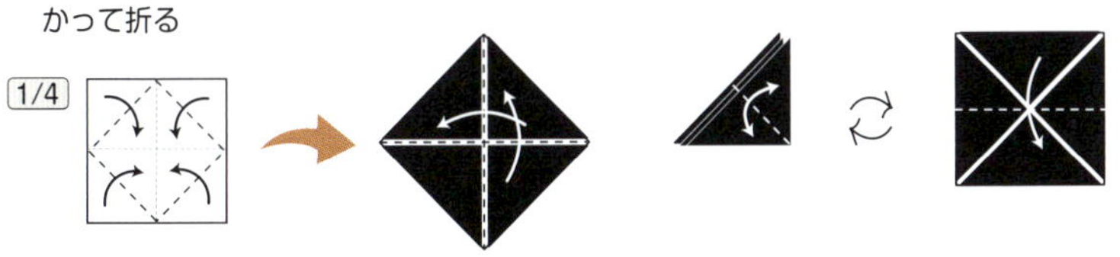

❺ 内側に折り込む　❻ 上を少し切る

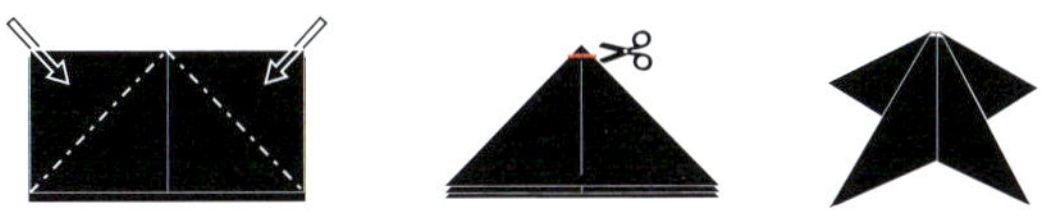

開いてできあがり

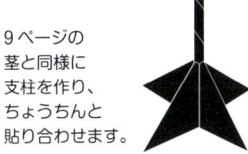

9 ページの茎と同様に支柱を作り、ちょうちんと貼り合わせます。

屏《びょう》風《ぶ》

色画用紙をじゃばら折りして、屏風も作りましょう。千代紙や花をあしらって。

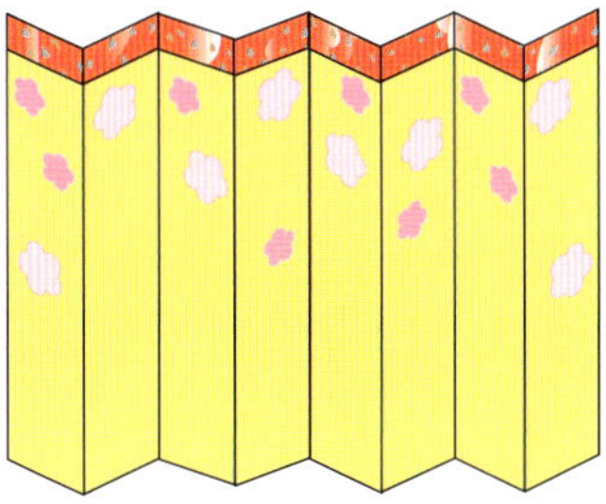

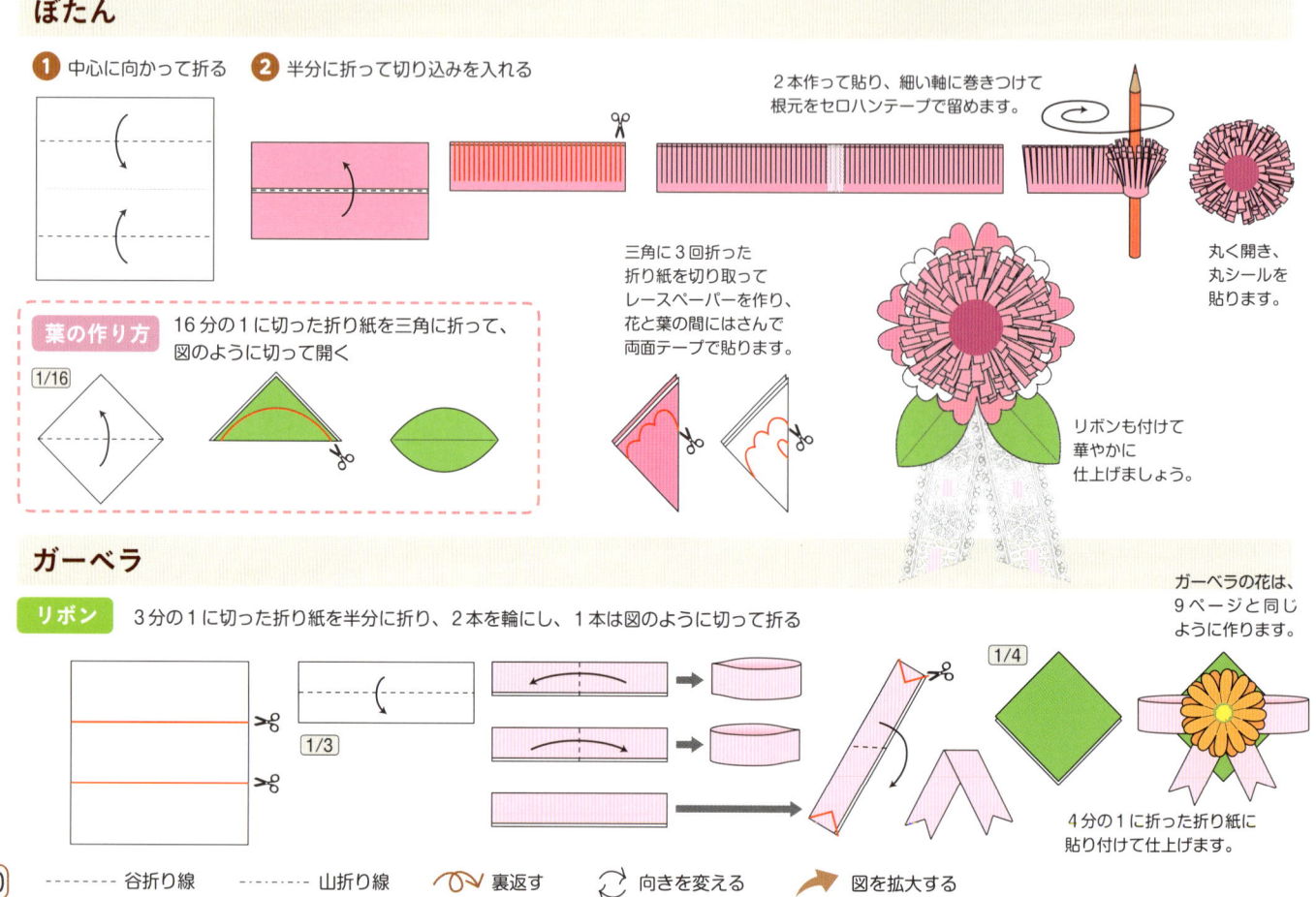

卒園式の華やかコサージュ

旅立ちの日、
お祝いの
気持ちを込めて
作りましょう。
子どもたちの
晴れやかな姿が
目に浮かびますね。

ぼたん

❶ 中心に向かって折る　❷ 半分に折って切り込みを入れる

2本作って貼り、細い軸に巻きつけて根元をセロハンテープで留めます。

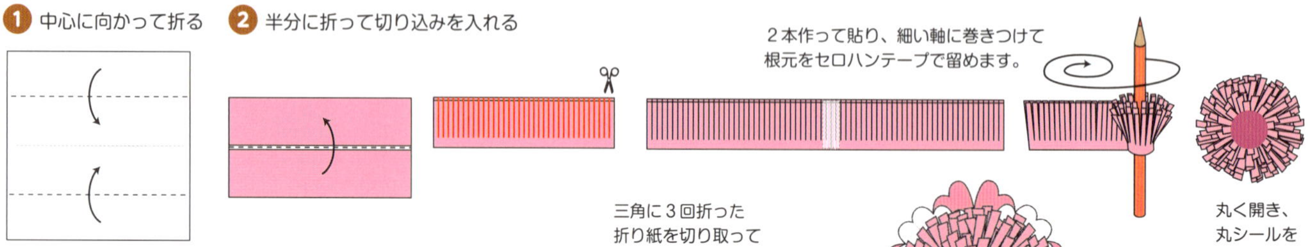

丸く開き、丸シールを貼ります。

葉の作り方　16分の1に切った折り紙を三角に折って、図のように切って開く

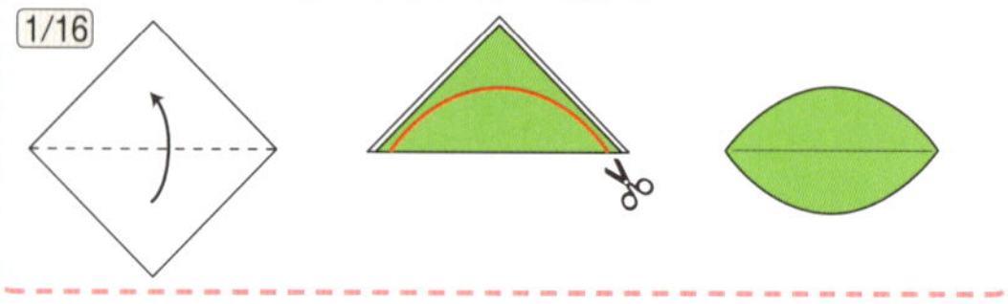

三角に3回折った折り紙を切り取ってレースペーパーを作り、花と葉の間にはさんで両面テープで貼ります。

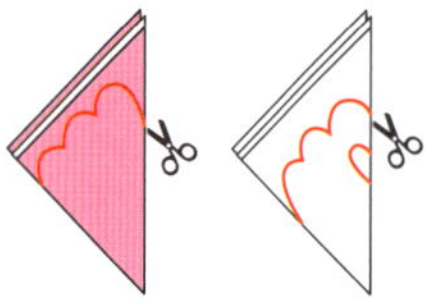

リボンも付けて華やかに仕上げましょう。

ガーベラ

リボン　3分の1に切った折り紙を半分に折り、2本を輪にし、1本は図のように切って折る

ガーベラの花は、9ページと同じように作ります。

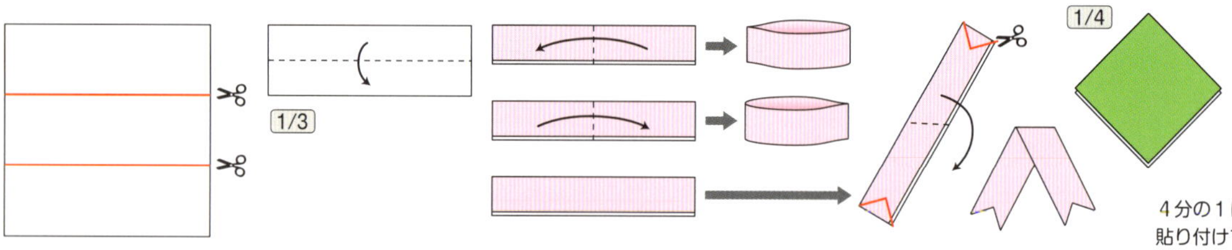

4分の1に折った折り紙に貼り付けて仕上げます。

------ 谷折り線　-・-・- 山折り線　裏返す　向きを変える　図を拡大する

バラ（１輪）

❶ ４分の１に切った折り紙を３枚重ねて半分に折る

❷ 手前と向こう側に折る

❸ 指を入れて開く

❹ 手前に折る（裏側も）

❺ 図のように切り、折り線をつけて開く

ねじったりしながら１枚ずつ開きましょう。

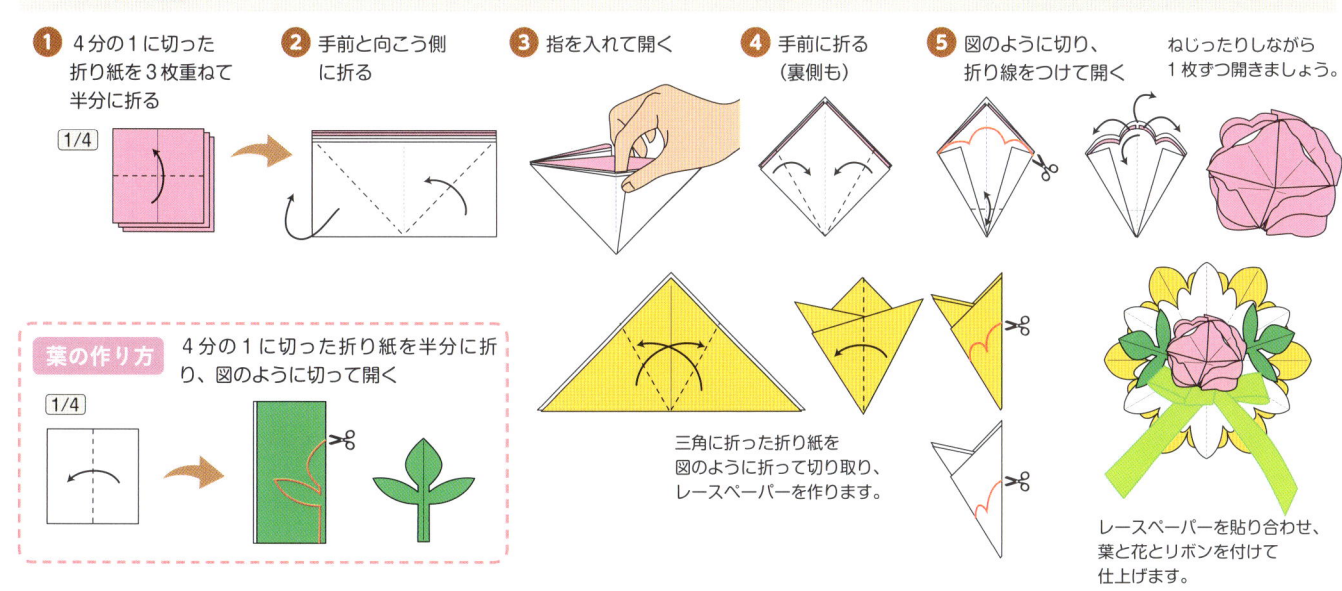

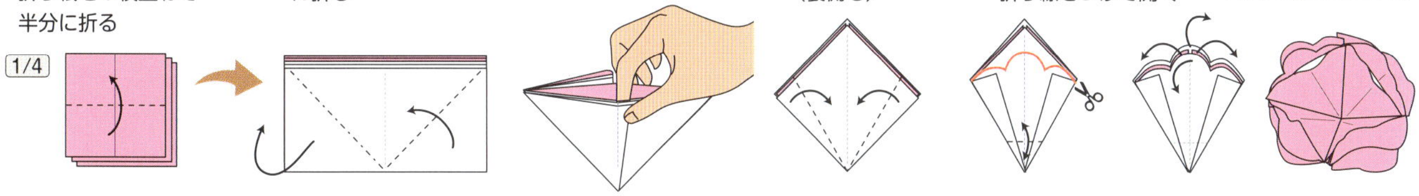

1/4

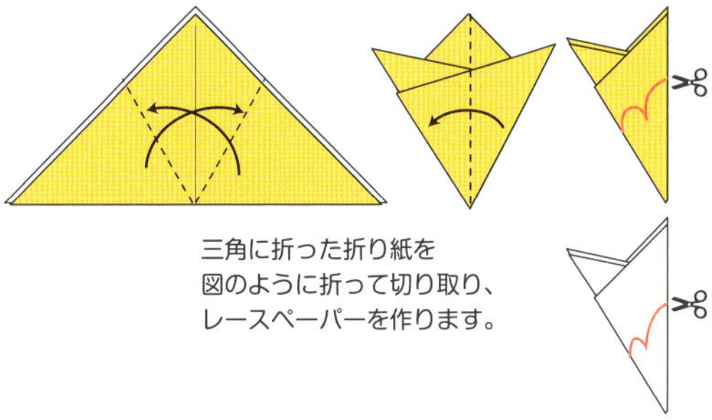

三角に折った折り紙を図のように折って切り取り、レースペーパーを作ります。

レースペーパーを貼り合わせ、葉と花とリボンを付けて仕上げます。

葉の作り方 ４分の１に切った折り紙を半分に折り、図のように切って開く

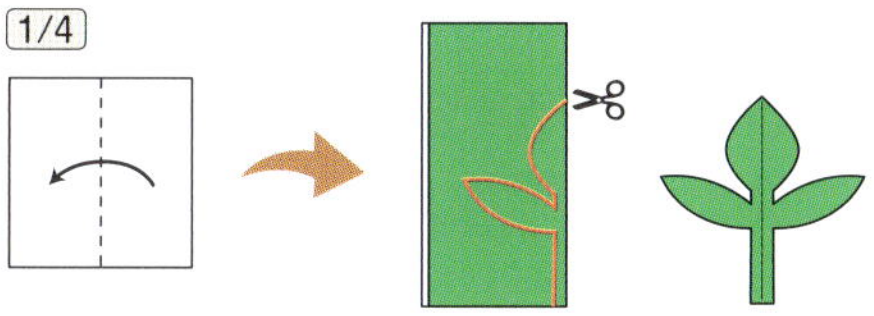

1/4

バラ（２輪）

⑤まで、バラ１輪と同じように花を作り、切り込みを入れたストローではさんで留め、花びらを開く

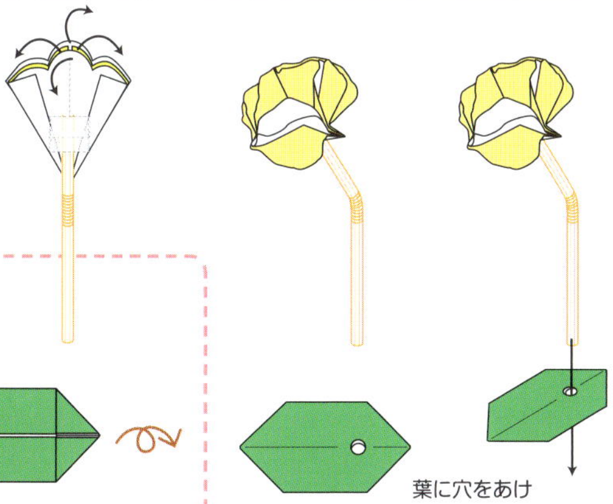

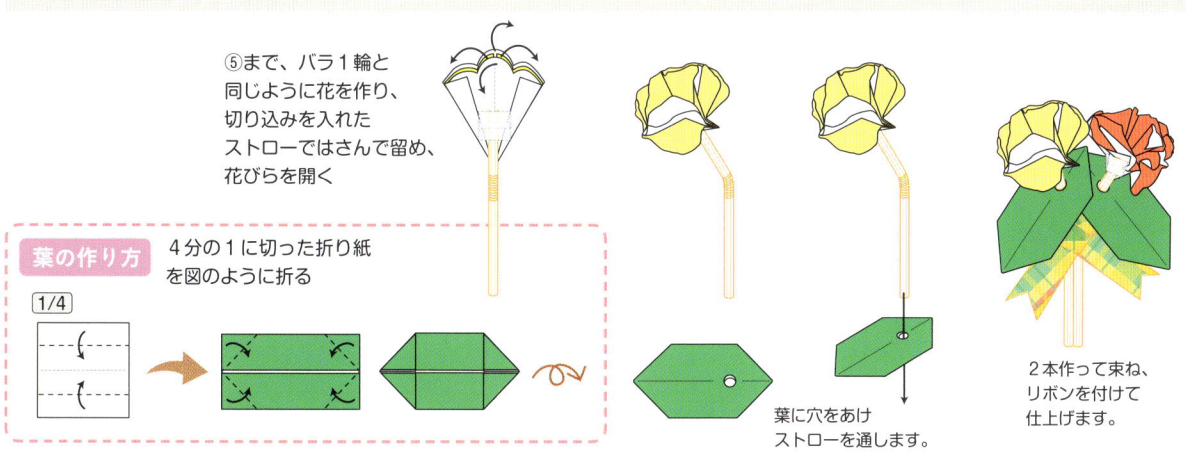

葉に穴をあけストローを通します。

２本作って束ね、リボンを付けて仕上げます。

葉の作り方 ４分の１に切った折り紙を図のように折る

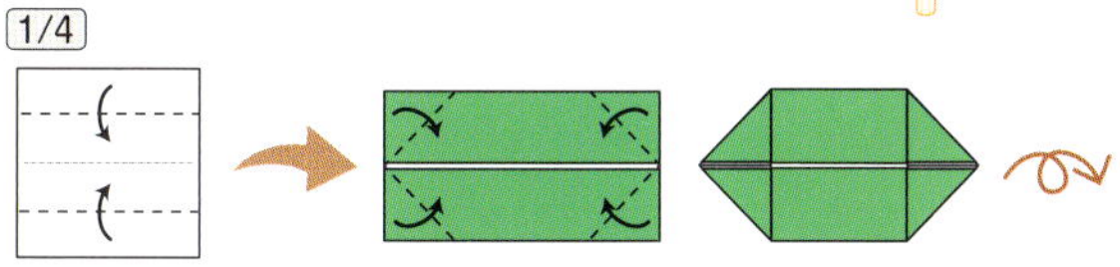

1/4

バラ（花束）

❶ 図のように切って折る

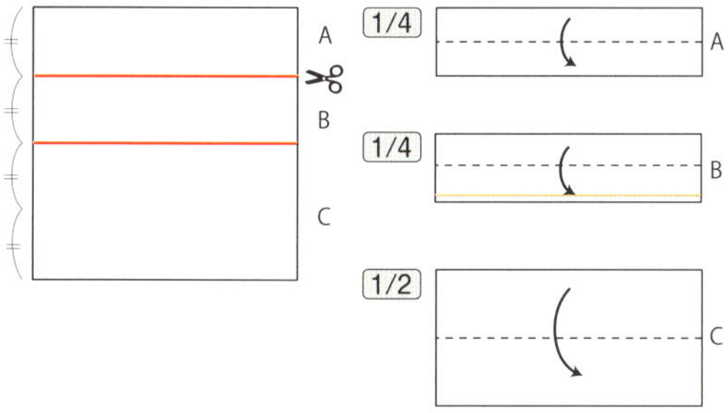

A
B
C
1/4
A
1/4
B
1/2
C

三角に３回折った折り紙を切り取ってレースペーパーを作ります。

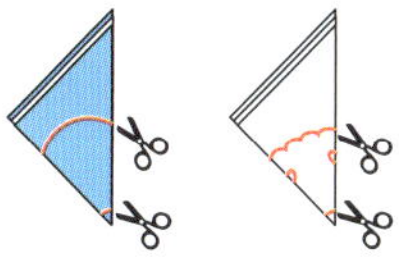

❷ 両面テープを貼って、茎に巻きつけて留めていく

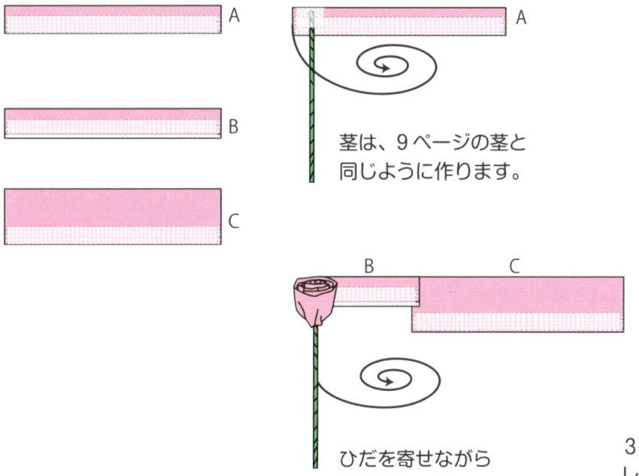

A
B
C
A
B
C

茎は、９ページの茎と同じように作ります。

ひだを寄せながら巻きましょう。

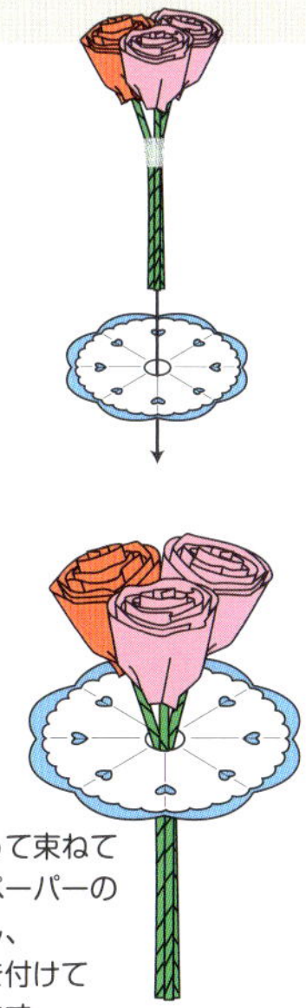

３本作って束ねてレースペーパーの穴に通し、リボンを付けて仕上げます。

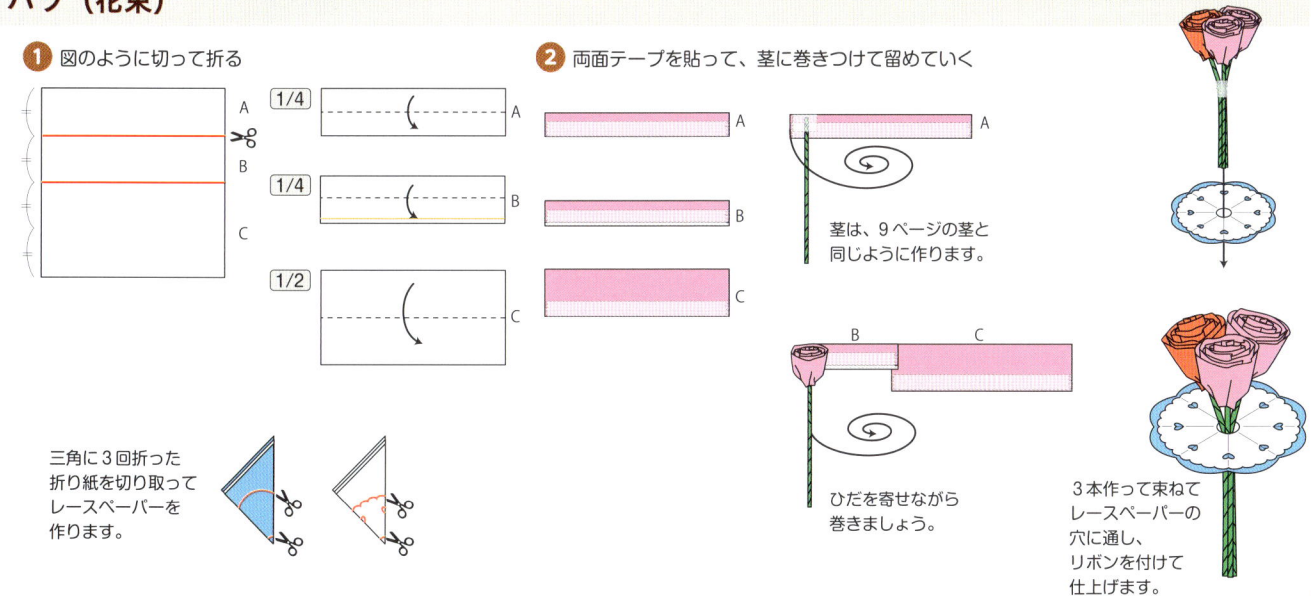

通年

お部屋を彩る いろいろマーク

道具の分類や、掲示するおたよりのワンポイントなどに
便利なマークを集めました。さまざまなシーンでお役立てください。

たべもの

いちご
バナナ
おにぎり
ケーキ
アイスクリーム
トマト
パイナップル
サンドイッチ
ドーナツ

ひと

男の子
女の子
コックさん
シャツ

どうぶつ

ぶた
ねこ
ねずみ
いぬ
りす
ぞう

文具・おもちゃ

はさみ
えほん
どうぶつ
絵本
なべ
くるま
フライパン

マークの作り方

たべもの

いちご

4分の1に切った折り紙を
図のように折る

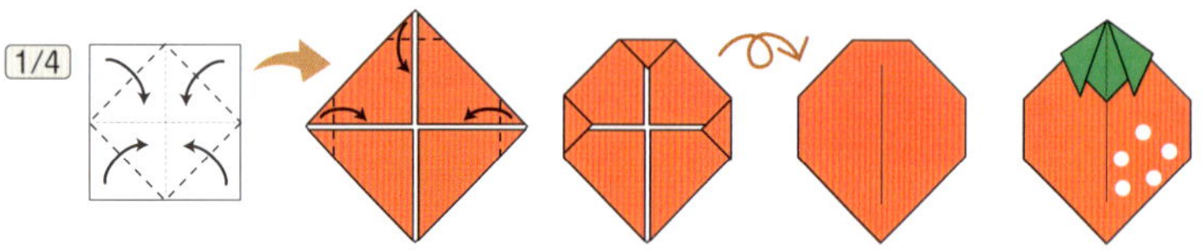
1/4

へたと丸シールを
貼って仕上げます。

へたの作り方

16分の1に切った折り紙を三角
に折って図のように折る

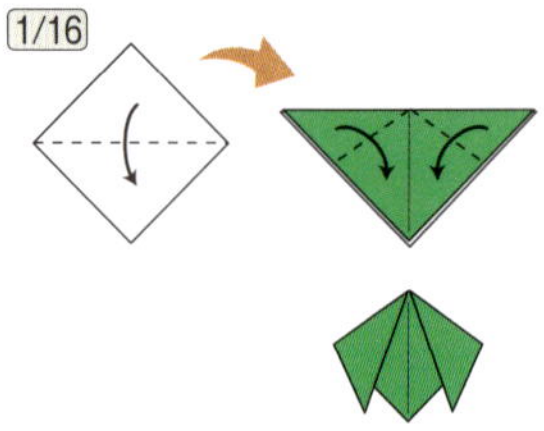
1/16

バナナ

❶ 折り線をつけて角を折る
❷ 半分に折る
❸ 少しずらして折る
❹ ずらして折る
❺ 向こう側に
折る

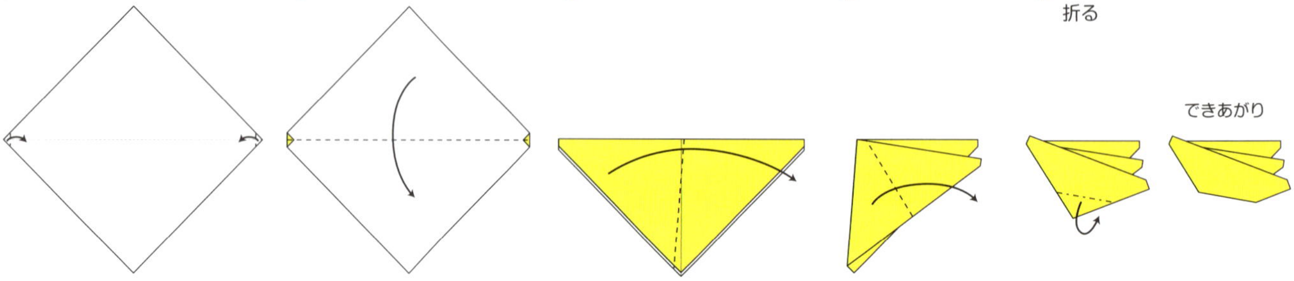
できあがり

トマト

❶ 4分の1に切った
折り紙を図のように折る

❷ 角を折る

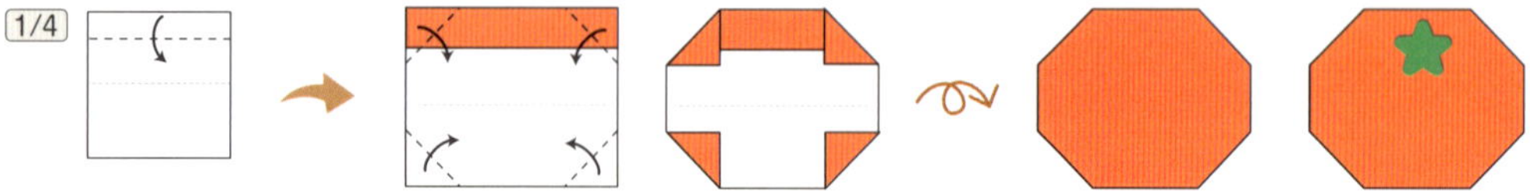
1/4

星型シールを貼って
できあがり

パイナップル

実

❶ 2分の1に
切った
折り紙を
半分に折る

❷ 角を折る

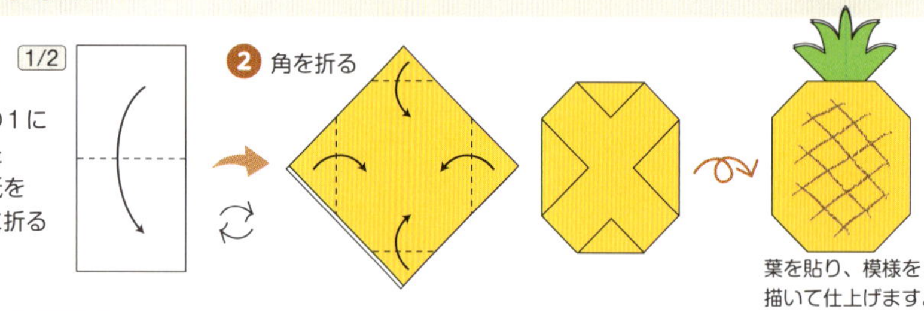
1/2

葉を貼り、模様を
描いて仕上げます。

葉の作り方

4分の1に切った折り紙を
図のように折って切る

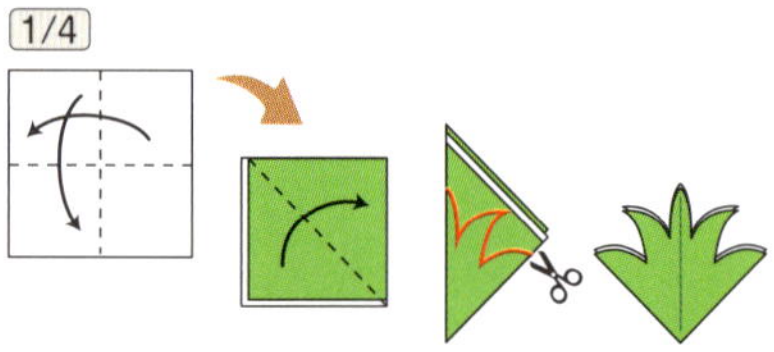
1/4

おにぎり

❶ 図のように折る
❷ 半分に折る
❸ 図のように折る
❹ 角を折る

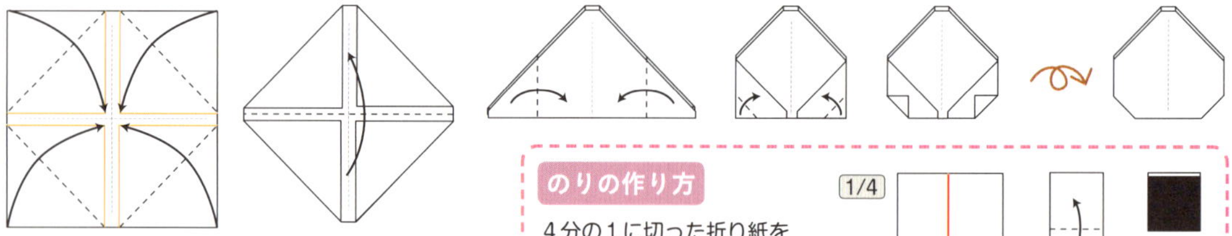

のりの作り方

4分の1に切った折り紙を
半分に切って、半分に折る

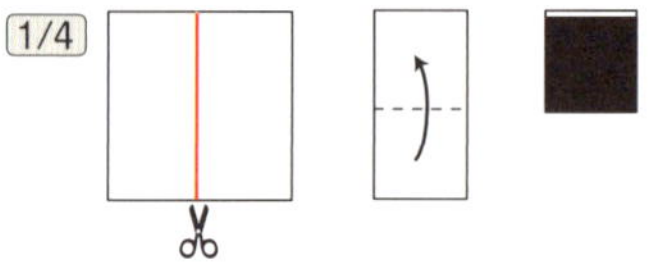
1/4

のりで
はさんで
できあがり

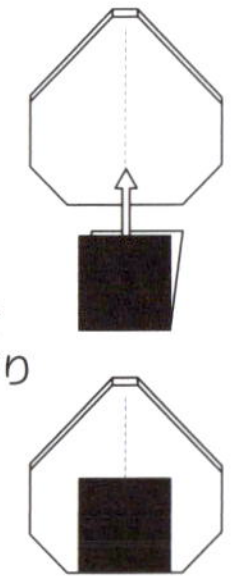

---------- 谷折り線 -・-・-・- 山折り線 裏返す 向きを変える 図を拡大する

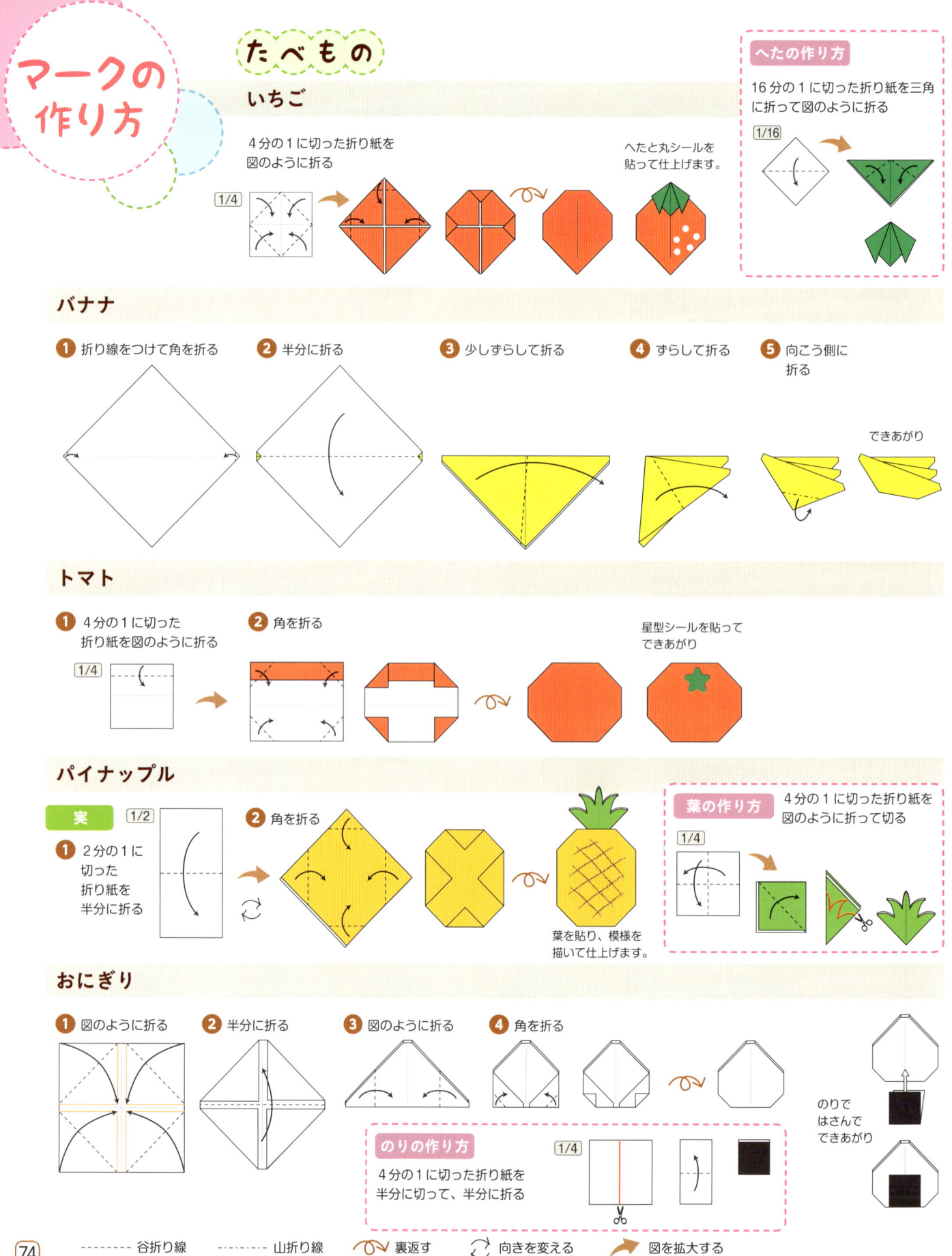

サンドイッチ

パン

❶ 図のように折る　❷ 半分に折る　❸ 図のように折る　❹ 差し込む

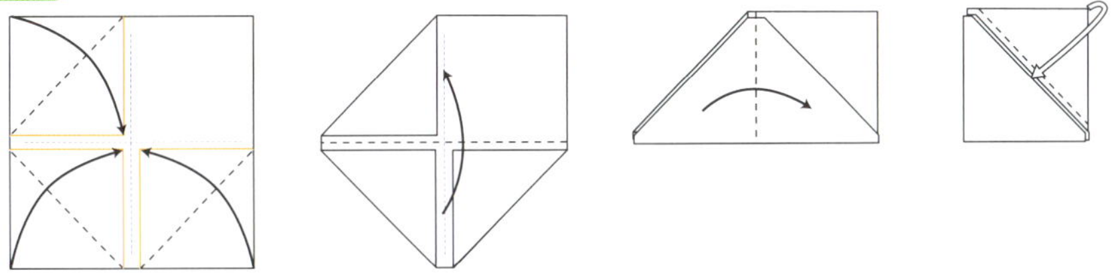

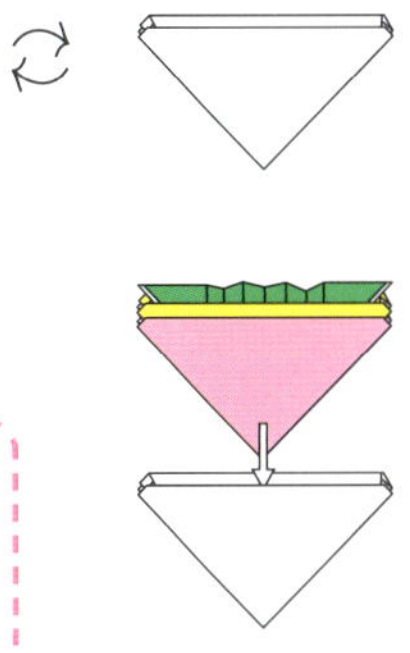

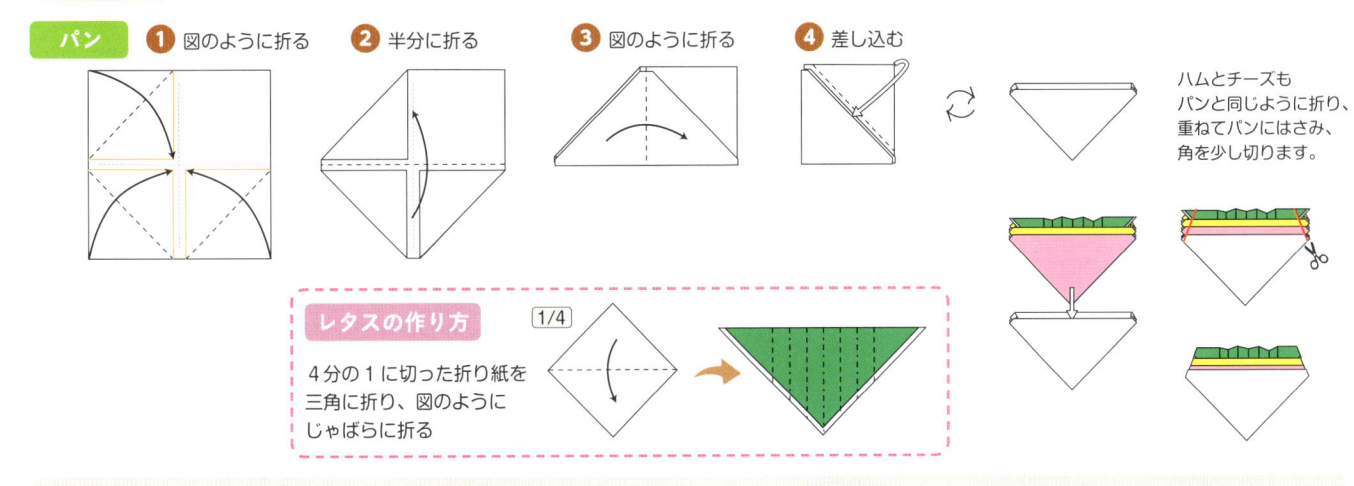

ハムとチーズも
パンと同じように折り、
重ねてパンにはさみ、
角を少し切ります。

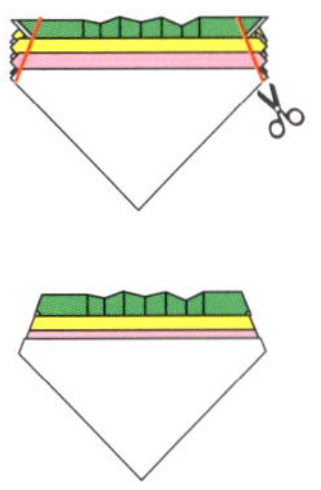

レタスの作り方

4分の１に切った折り紙を
三角に折り、図のように
じゃばらに折る

1/4

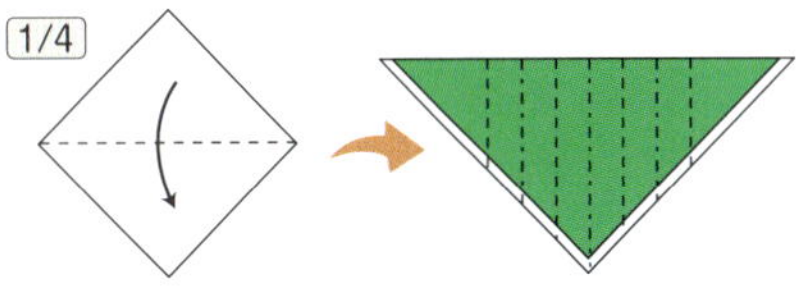

アイスクリーム

❶ 4分の１に切った
折り紙を図のように折る

1/4

❷ 図のように折る

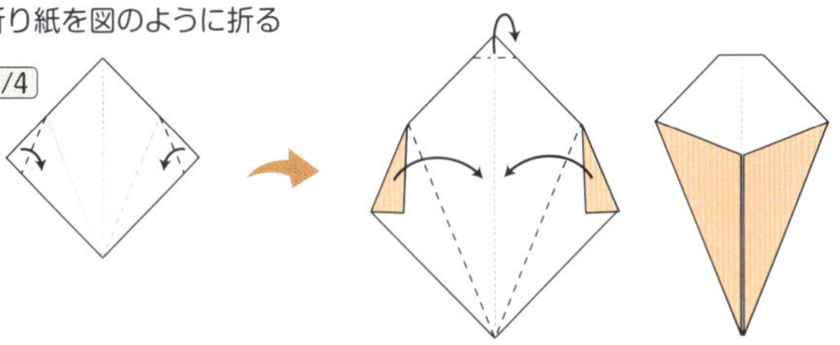

トッピングを
付けて
仕上げましょう。

ケーキ

❶ 図のように
波に切って折る

❷ 向こう側に折る

❸ 向こう側に折る

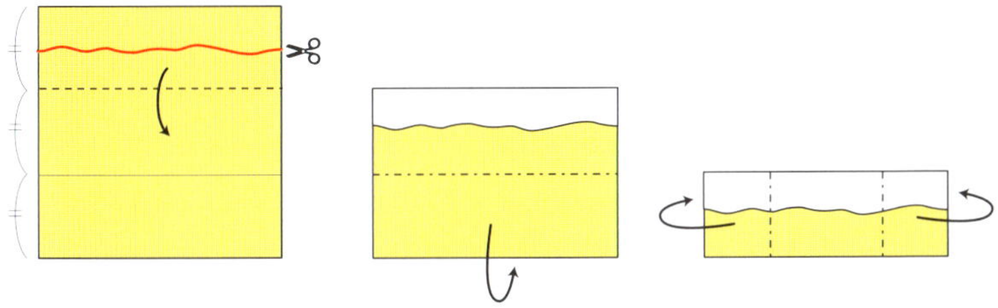

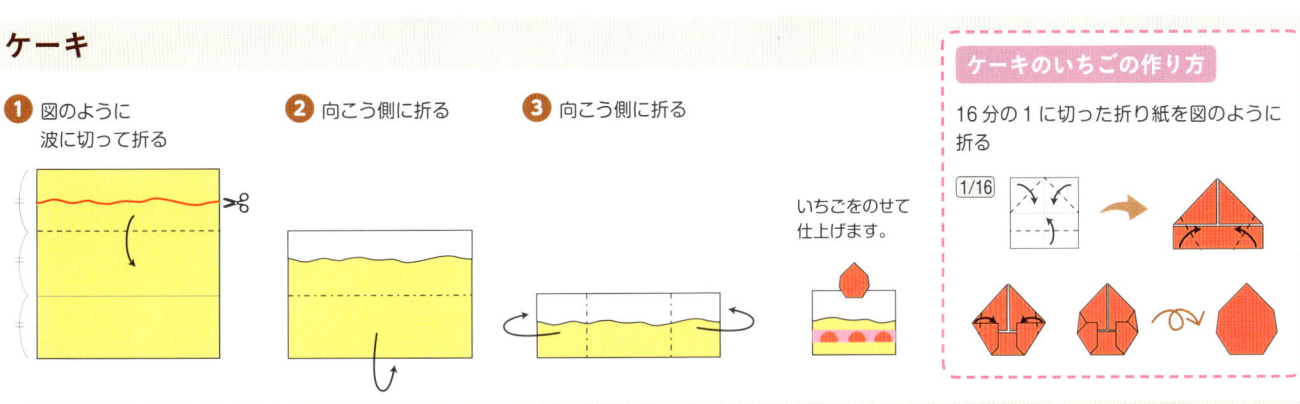

いちごをのせて
仕上げます。

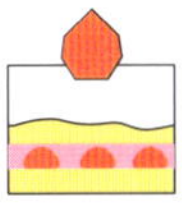

ケーキのいちごの作り方

16分の１に切った折り紙を図のように
折る

1/16

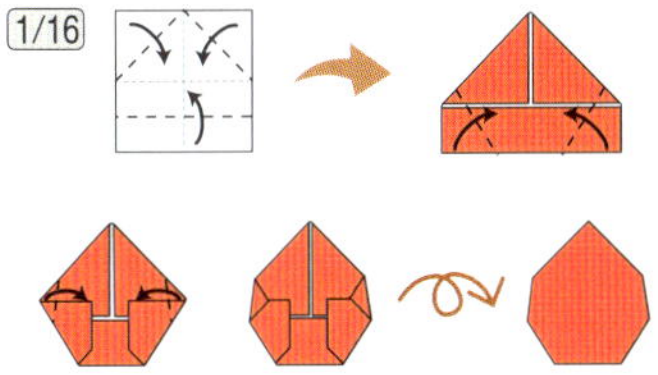

ドーナツ

❶ 2分の１に切った
折り紙を半分に折る

1/2

❷ 2回折って切る

❸ 開いて角を向こう側に折る

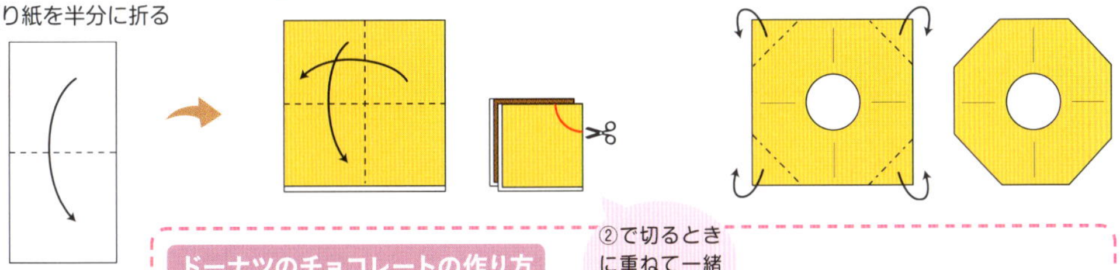

チョコレートを貼り、
トッピングを付けて
できあがり

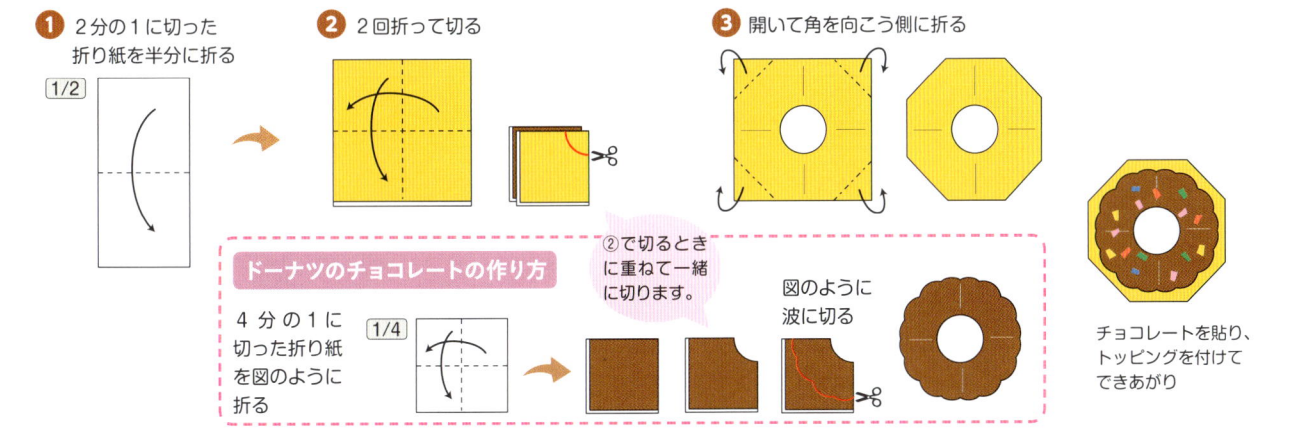

ドーナツのチョコレートの作り方

②で切るとき
に重ねて一緒
に切ります。

4 分 の 1 に
切った折り紙
を図のように
折る

1/4

図のように
波に切る

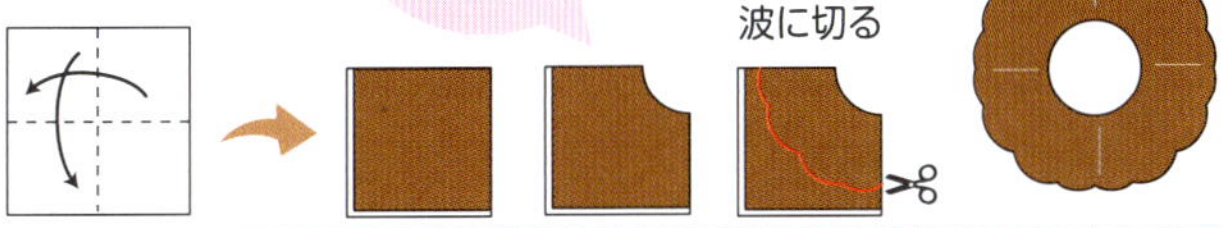

ひと

男の子と女の子

顔

❶ 2分の1に切った折り紙を半分に折る

❷ 図のように折る

❸ 下を折る

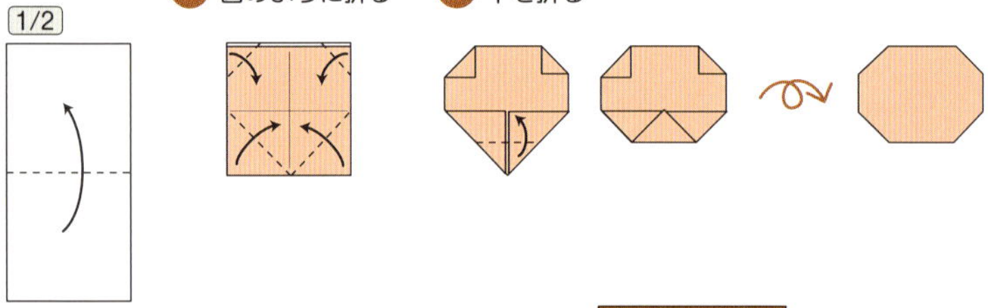

髪

4分の1に切った折り紙を3分の2に切って半分に折る

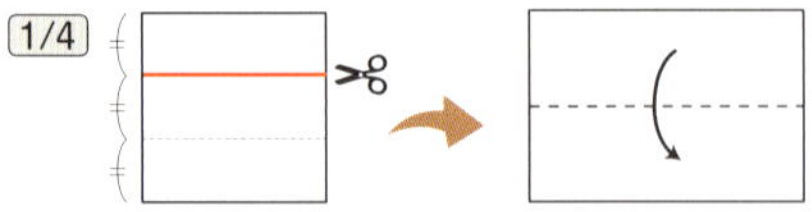

髪を顔にかぶせ、角を折ってできあがり

前髪を切ります。

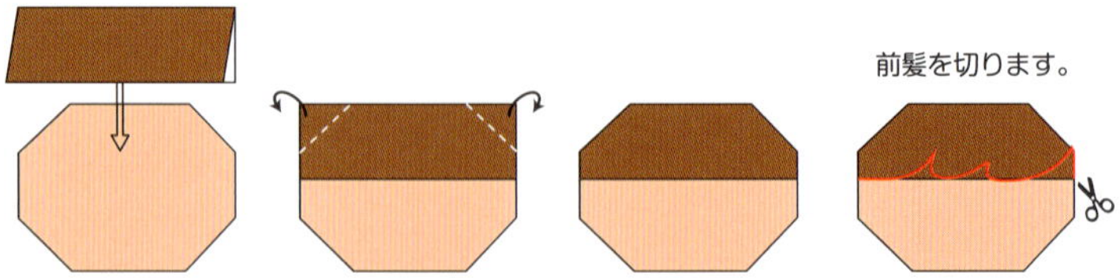

女の子の髪の作り方

4分の1に切った折り紙を半分に切り、半分に折って図のように切る

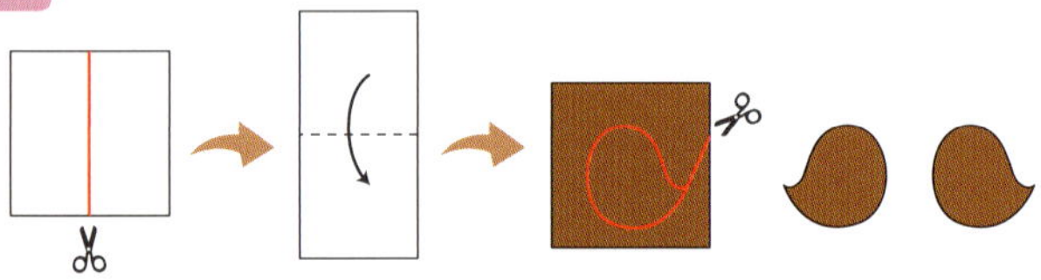

リボンの作り方

16分の1に切った折り紙を、図のように折って切る

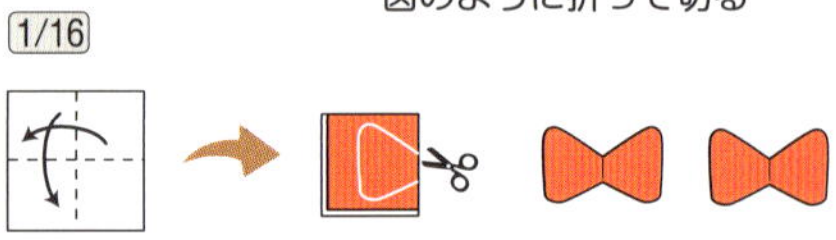

服

4分の1に切った折り紙を図のように折る

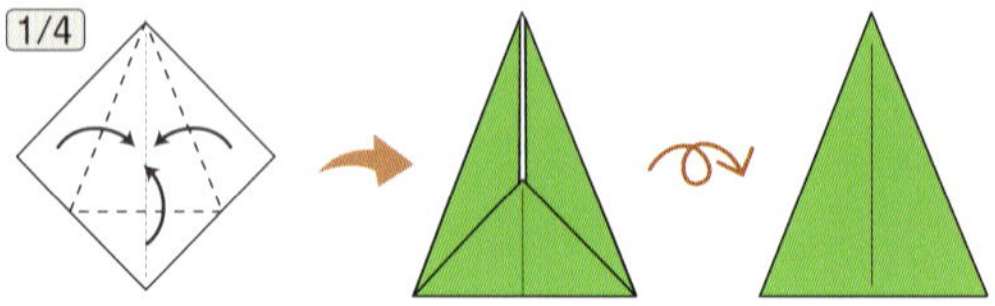

女の子には髪とリボンを付けて仕上げましょう。

貼り合わせ、ボタンを付けます。

コックさん

男の子と同じように折り、前髪を図のように切る

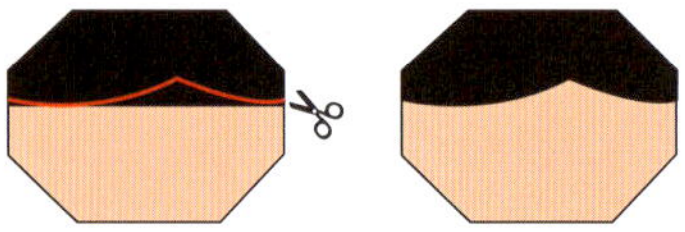

コック帽の作り方

4分の1に切った折り紙を半分に切り、図のように折って切る

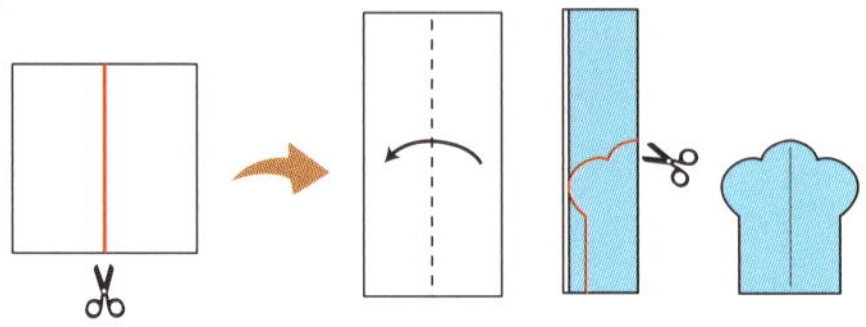

コック帽を貼ってコックさんに。

シャツ

❶ 中心に向かって折る

❷ 折り開く

❸ 半分に折る

❹ 手前の1枚に切り込みを入れて折る

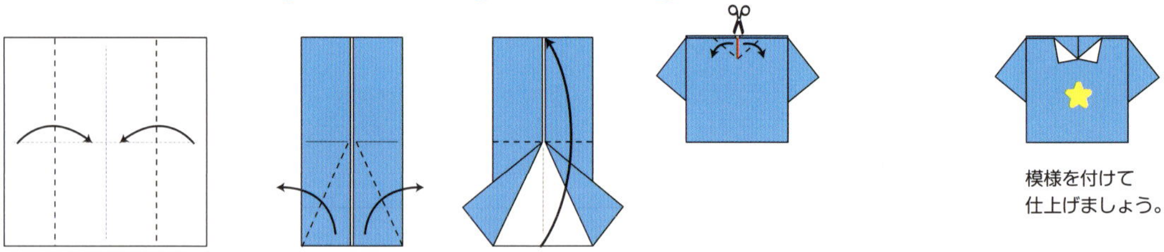

模様を付けて仕上げましょう。

-------- 谷折り線　-·-·-·-· 山折り線　裏返す　向きを変える　図を拡大する

どうぶつ

ぶた

❶ 2分の1に切った折り紙を半分に折る

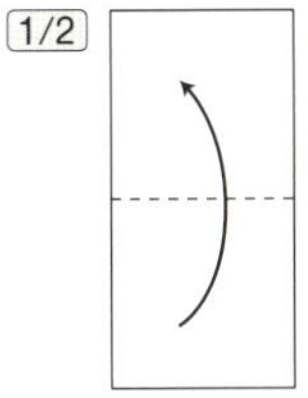

❷ 図のように折る

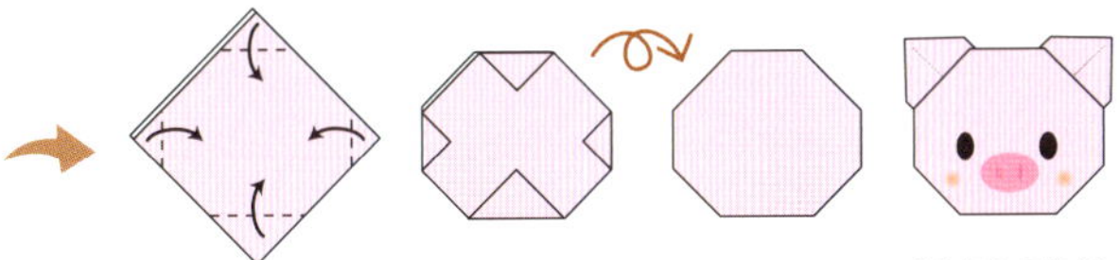

耳を2つ貼り、顔を描いて仕上げましょう。

ぶたの耳の作り方

❶ 4分の1に切った折り紙を半分に切り、半分に折る

❷ 図のように折る

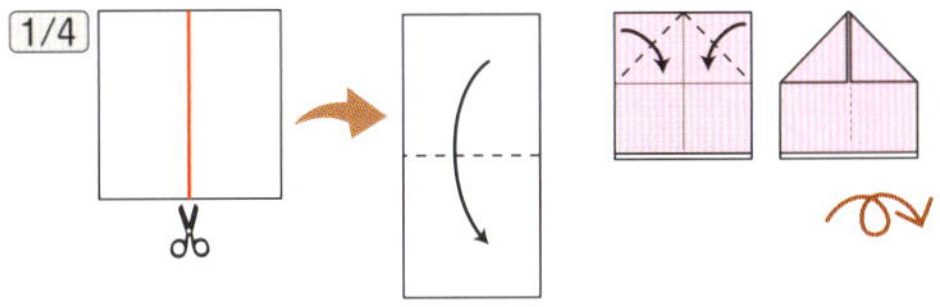

ねこ

顔はぶたと同じです。

耳を2つ貼り、顔を描いて仕上げましょう。

ねこの耳の作り方

❶ ぶたの耳と同じ

❷ 図のように折る

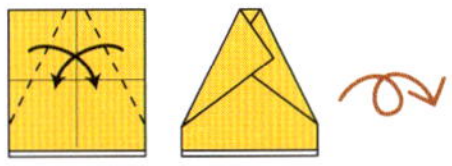

ねずみ

❶ ぶたと同じ

❷ 図のように折る

＊ぶたよりも顔の幅を狭くシャープで面長にします。

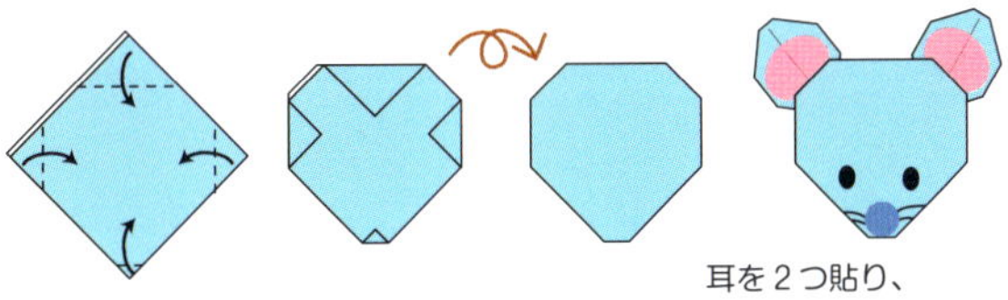

耳を2つ貼り、顔を描いて仕上げましょう。

ねずみの耳の作り方

4分の1に切った折り紙を図のように折る

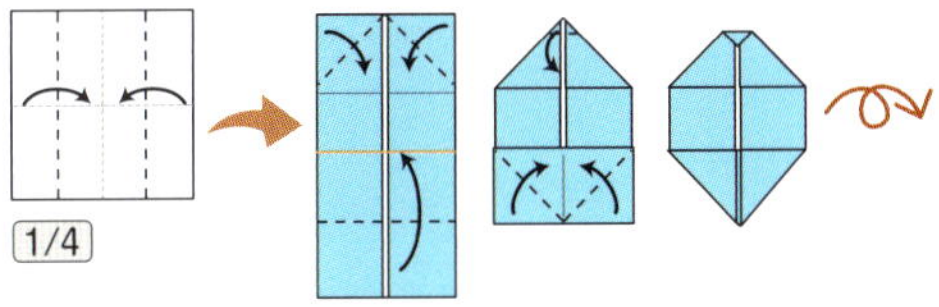

いぬ

❶ ぶたと同じ

❷ 図のように折る

＊ぶたよりも顔の幅を狭く長さを短くします。

耳は、ねずみと同じです。

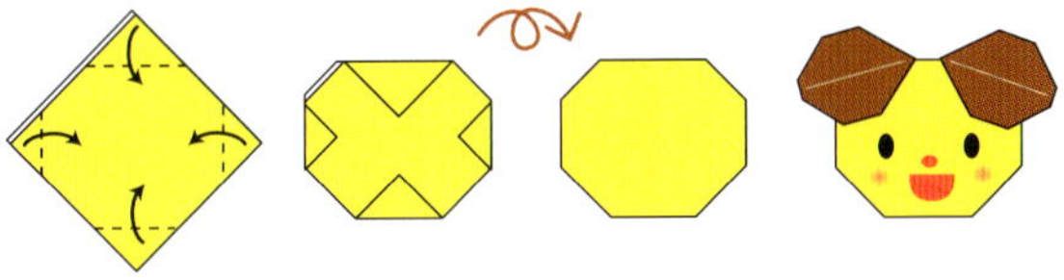

耳を横向きに貼りましょう。

りす

❶ ぶたと同じ

❷ 図のように折る

＊ぶたよりも顔の幅を広くあごをシャープにします。

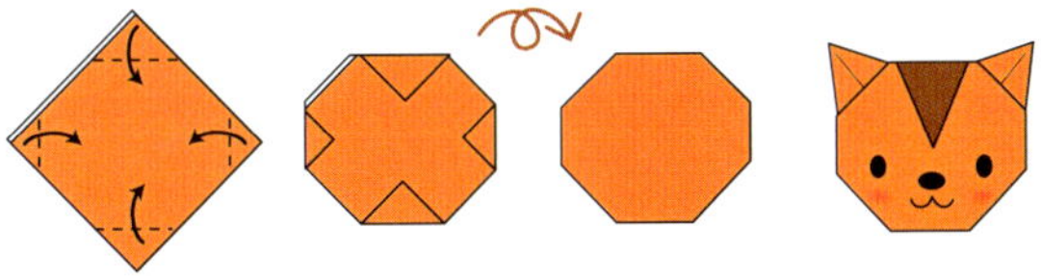

額の模様の間に顔をはさみ、耳を貼って顔を描きます。

りすの耳の作り方

ぶたの耳の完成形を図のように折る

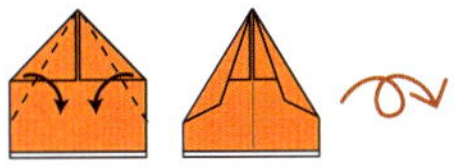

額の模様の作り方

16分の1に切った折り紙を図のように折る

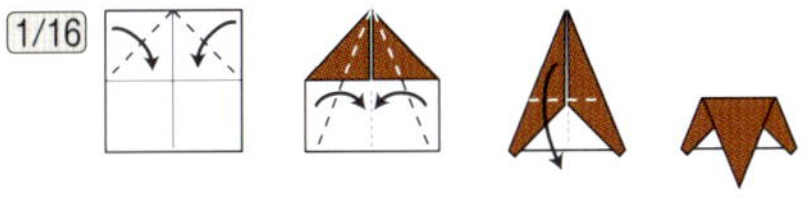

通年

ぞう

1 半分に折る

2 折り線をつけ、図のように切り込みを入れて折る

3 内側に斜めに折る

4 折り開く

5 角を折る

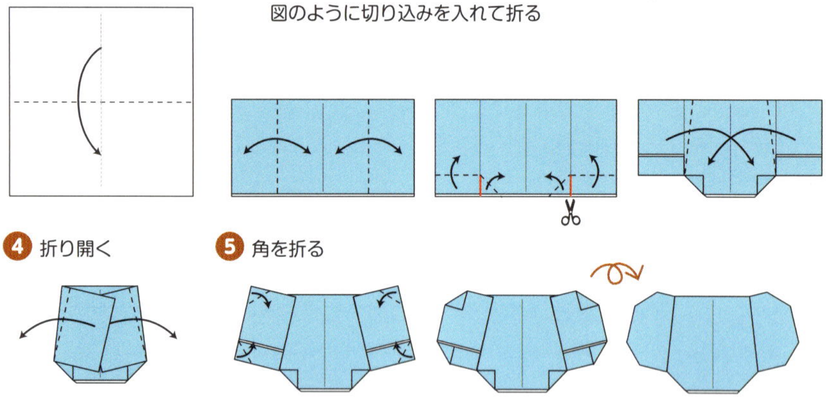

鼻を付け、顔を描いて仕上げます。

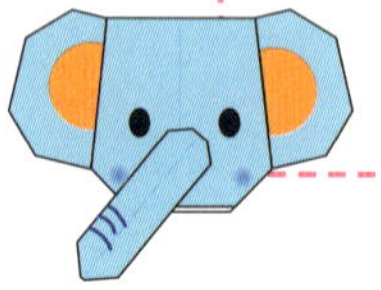

ぞうの鼻の作り方

4分の1に切った折り紙を3分の2に切って図のように折る

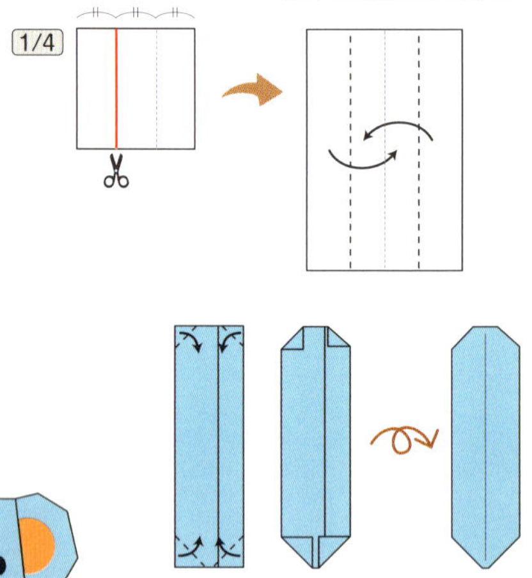

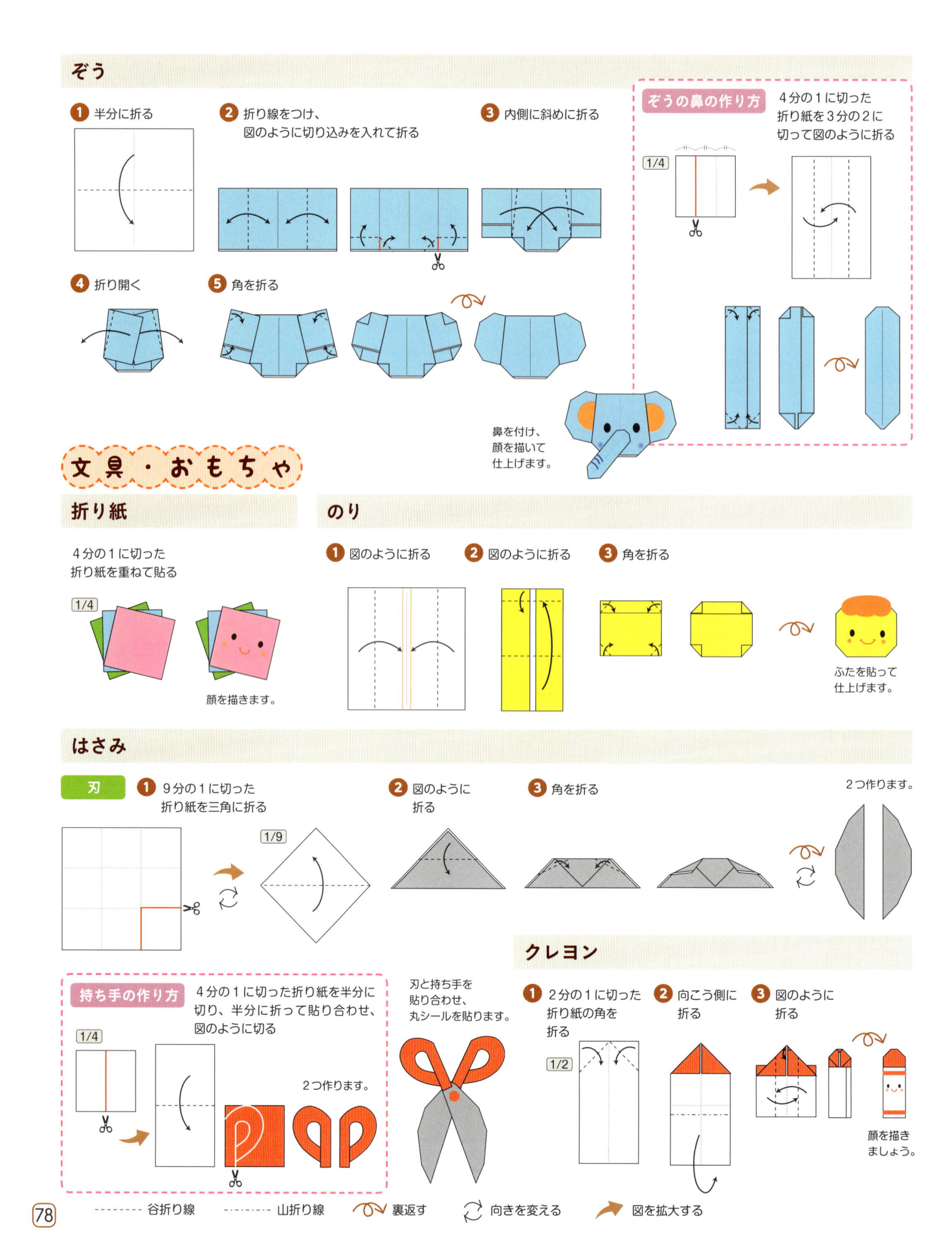

文具・おもちゃ

折り紙

4分の1に切った折り紙を重ねて貼る

顔を描きます。

のり

1 図のように折る

2 図のように折る

3 角を折る

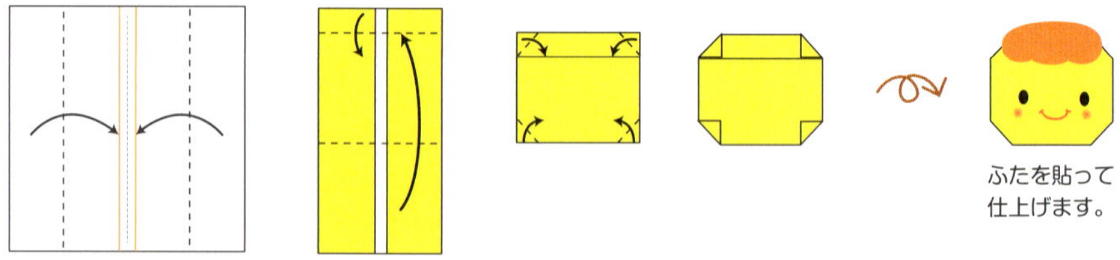

ふたを貼って仕上げます。

はさみ

刃

1 9分の1に切った折り紙を三角に折る

2 図のように折る

3 角を折る

2つ作ります。

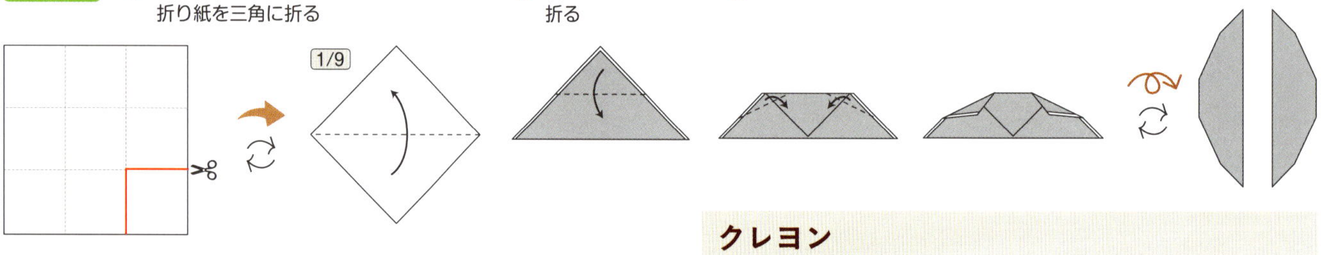

持ち手の作り方

4分の1に切った折り紙を半分に切り、半分に折って貼り合わせ、図のように切る

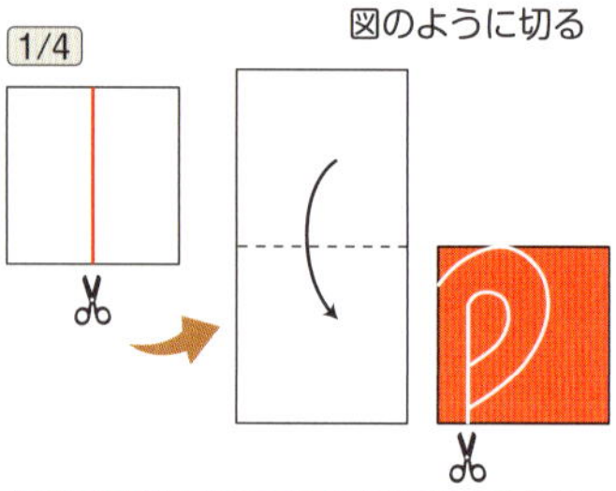

2つ作ります。

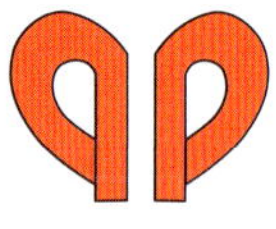

刃と持ち手を貼り合わせ、丸シールを貼ります。

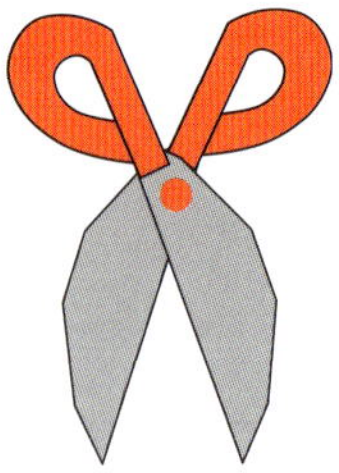

クレヨン

1 2分の1に切った折り紙の角を折る

2 向こう側に折る

3 図のように折る

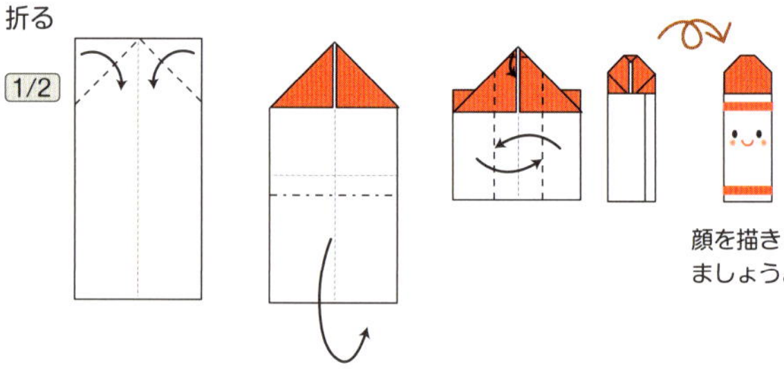

顔を描きましょう。

-------- 谷折り線　-·-·-·- 山折り線　裏返す　向きを変える　図を拡大する

くるま

❶ 4分の1と2分の1に切った折り紙を図のように折る

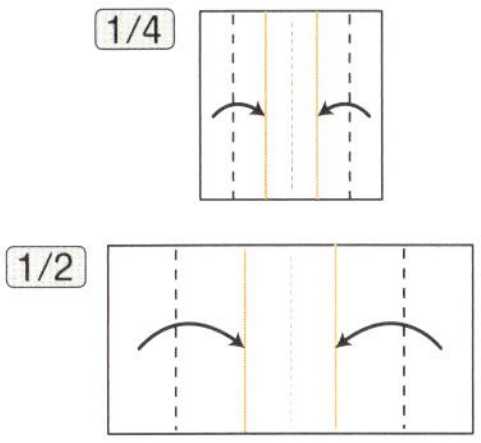

❷ 半分に折る

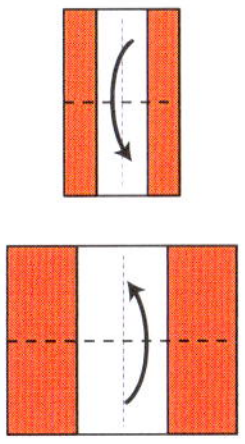

❸ 角を折る

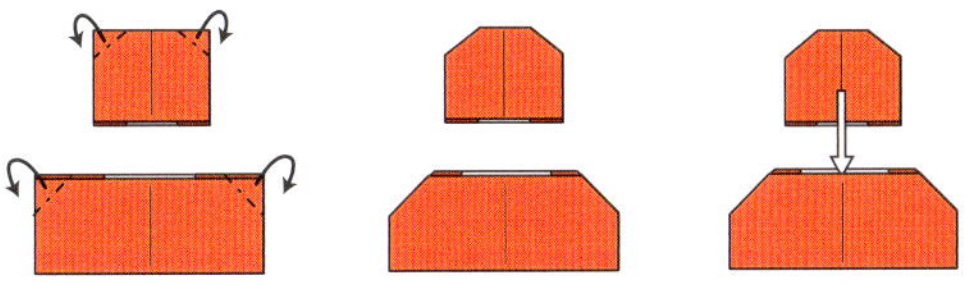

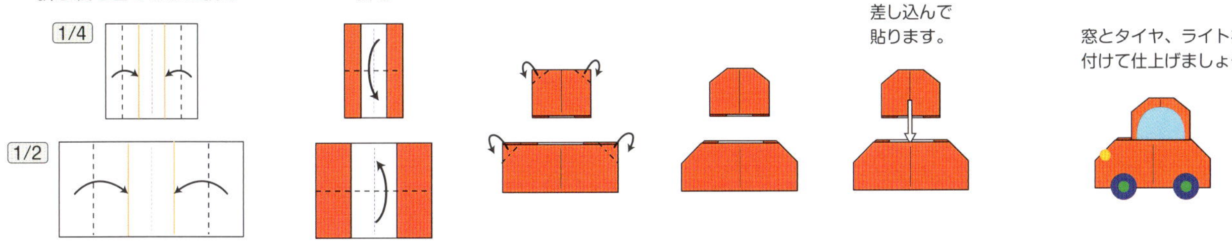

差し込んで貼ります。

窓とタイヤ、ライトを付けて仕上げましょう。

絵本

❶ 図のように切った折り紙を半分に折る（2色作ります）

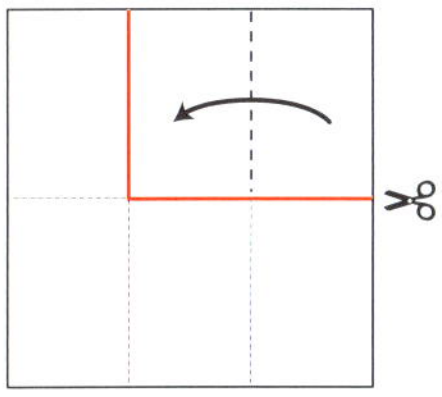

❷ カーブをつけて切り、前後に折り線をつけて開く

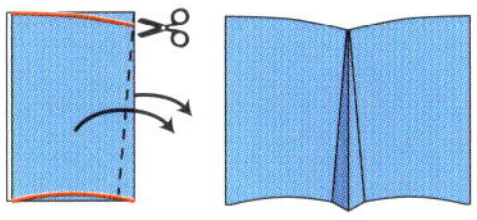

❸ もう1枚は小さめに切る

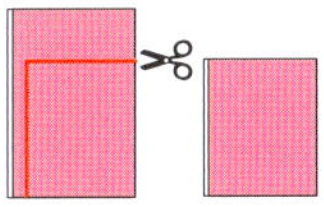

貼り合わせてできあがり

おたまの作り方 4分の1に切った折り紙を3分の1に切り、図のように折る

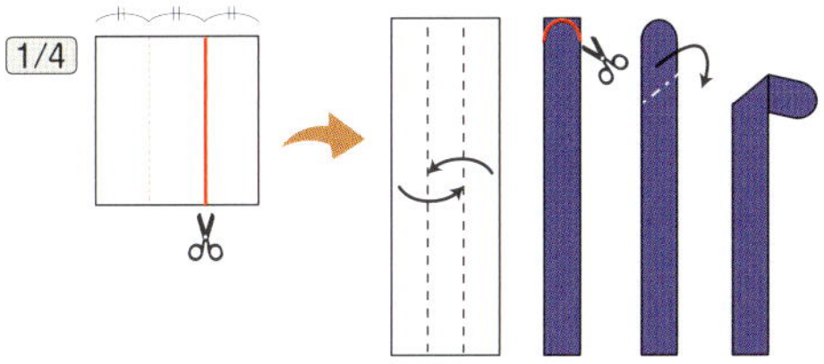

16分の1に切った折り紙を図のように切って折る

組み合わせておたまに。

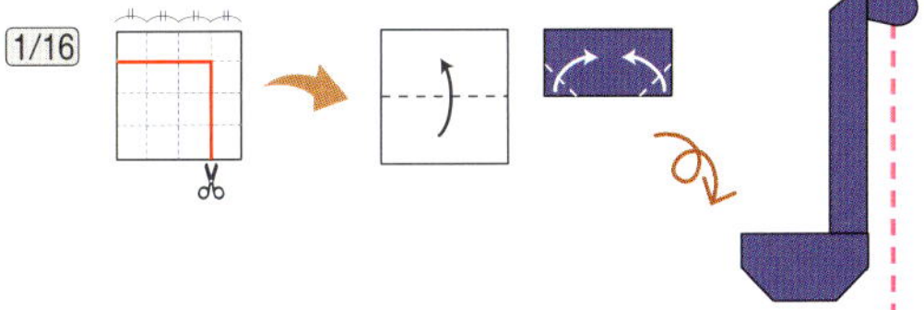

なべ

❶ 4分の1に切った折り紙を半分に折る

❷ 折り上げる

❸ 図のように切って下の角を折る

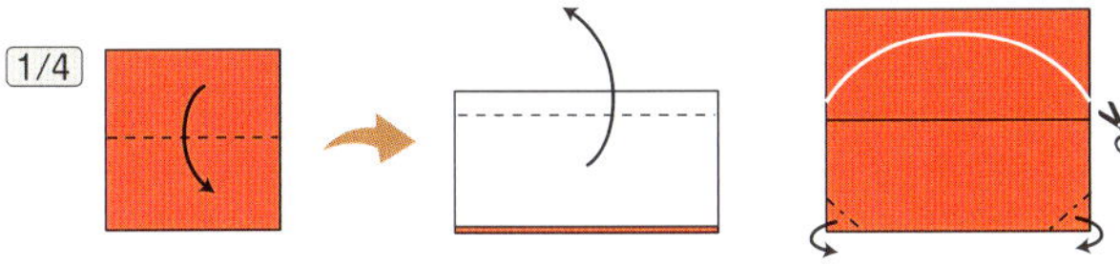

取っ手を付けます。

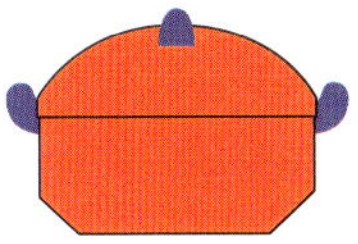

おたまを貼って仕上げます。

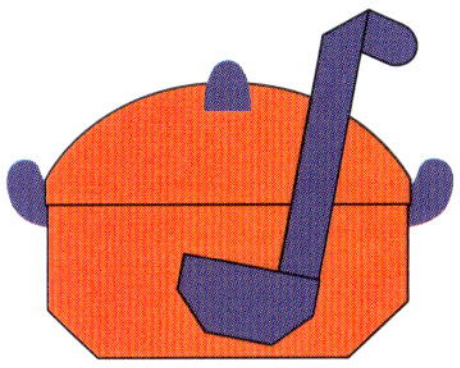

フライパン

❶ 4分の1に切った折り紙を図のように折る

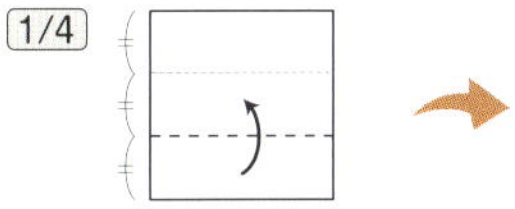

❷ 図のように切って下を向こう側に折る

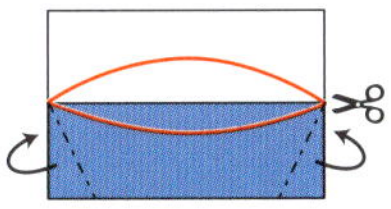

下は手前の1枚だけ切ります。

柄を貼ります。

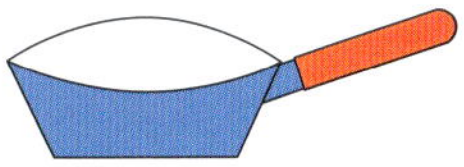

柄の作り方 4分の1に切った折り紙を3分の1に切り、図のように折って作る

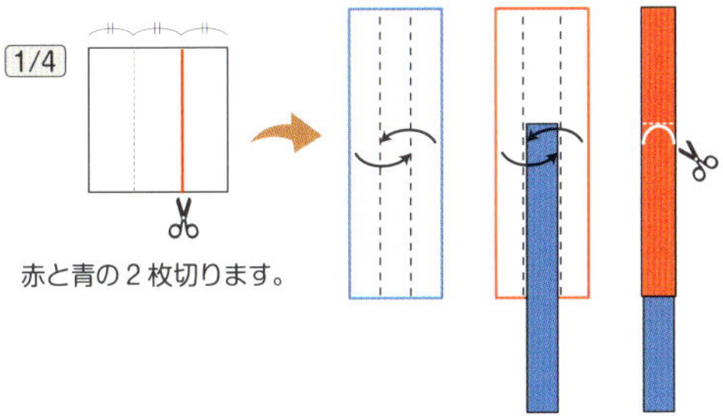

赤と青の2枚切ります。

フライ返しの作り方

4分の1に切った折り紙を図のように切り、右側を折って作る

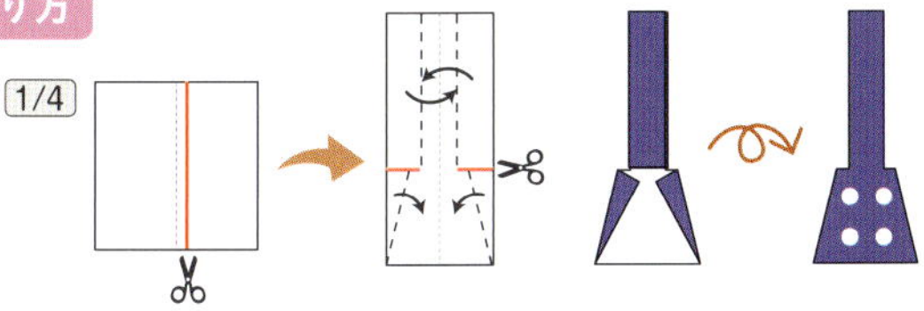

組み合わせて貼って仕上げます。

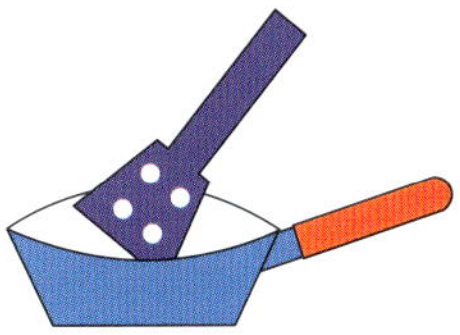

◆ 著者紹介 ◆

いまい みさ

造形作家、手作りおもちゃ普及会代表。
「手作りおもちゃやおりがみの楽しさと感動を、多くの子どもたちに届けたい」と、幼稚園・保育園・小学校などで、おりがみやリサイクル素材を利用したおもちゃ作りを指導している。保育誌、児童書、教科書などでも作品を紹介。著書に『おりがみでおみせやさん』『おりがみでミュージカルごっこ』（以上、毎日新聞社）、『女の子のかわいい折り紙』『男の子のかっこいい折り紙』（以上、PHP 研究所）、『よいこきらきらおりがみ 12 かげつ』（小学館）、『PriPri おりがみペープサート』（世界文化社）、『5 回で折れる！ おりがみ壁面 12 か月』『季節を楽しむかわいい童謡おりがみ』（チャイルド本社）など多数。

デザイン　小林峰子
折り図・イラスト　江田貴子
撮影　安田仁志
おりがみ制作協力　手作りおもちゃ普及会
（小川昌代、霜田由美、いまいりさ、Natsuki、Moko）
室内飾り案・制作　おりがみ飾り制作グループ
本文校正　有限会社くすのき舎
編集協力　東條美香
協賛　株式会社トーヨー
http://www.kidstoyo.co.jp
編集　石山哲郎、西岡育子

おりがみで作る かわいい室内飾り 12 か月

2015 年 3 月　初版第 1 刷発行
2023 年 10 月　第 12 刷発行

著　者　いまいみさ
発行人　大橋 潤
発行所　株式会社チャイルド本社
〒 112-8512　東京都文京区小石川 5-24-21
電　話　03-3813-2141（営業）03-3813-9445（編集）
振　替　00100-4-38410
印刷・製本　図書印刷株式会社

ISBN978-4-8054-0235-1
NDC376　26 × 21cm　80P